PUERTO RICO:
HISTORIA DE UNA NACIÓN

JORELL MELÉNDEZ-BADILLO

PUERTO RICO: HISTORIA DE UNA NACIÓN

Traducción de Aurora Lauzardo

Planeta

PRINCETON UNIVERSITY PRESS

Título original: *Puerto Rico: A National History*

Traducido por: © 2023, Aurora Lauzardo Ugarte
Créditos de portada: © 2023 Genoveva Saavedra / aciditadiseño
Fotografía de portada: iStock (Bandera / Nic_Taylor; textura papel / ke77kz)
Fotografía del autor: © Aurora Santiago-Ortíz

Coeditores:

PRINCETON UNIVERSITY PRESS   Planeta

© 2024, Princeton University Press
41 William Street, Princeton, New Jersey, 08540
99 Banbury Road, Oxford OX2 6JX
press.princeton.edu

© 2024, Editorial Planeta Mexicana, S.A. de C.V.
Bajo el sello editorial PLANETA M.R.
Avenida Presidente Masarik núm. 111,
Piso 2, Polanco V Sección, Miguel Hidalgo
C.P. 11560, Ciudad de México
www.planetadelibros.com.mx

Primera edición en esta presentación: febrero de 2024
ISBN Princeton University Press: 978-069-12-3127-3
ISBN Editorial Planeta: 978-607-39-0910-5

Impreso en los talleres de Bertelsmann Printing Group USA
25 Jack Enders Boulevard, Berryville, Virginia 22611, USA.
Impreso en U.S.A - *Printed in U.S.A*

Para Blanca G. Silvestrini
con gratitud, admiración y amistad

CONTENIDO

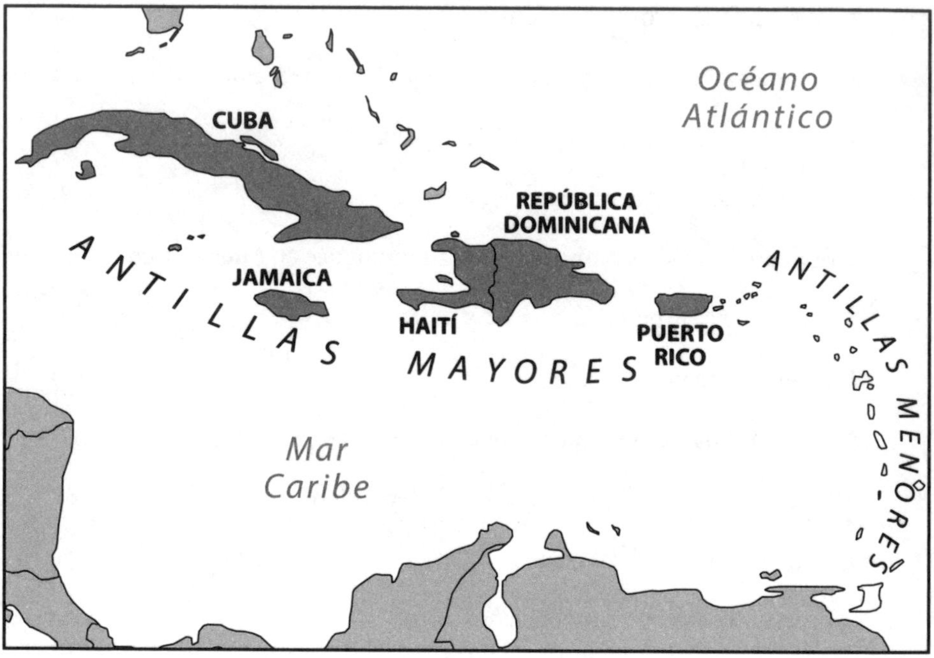

MAPA 0.1. Las islas de archipiélago caribeño.

PRÓLOGO

«NUNCA REGRESARÉ AQUÍ»

La realidad puertorriqueña es una realidad caótica
en muchos aspectos, sí, pero la tarea del escritor consciente
es la de arrojar luz sobre el caos, no la de retratarlo simplemente.

—JOSÉ LUIS GONZÁLEZ

Aguadilla, Puerto Rico, 1954. Carlos Alberto Nieves Rivera estaba desempleado, sin suerte y sin dinero. Con dieciocho años, sus únicas fuentes de ingresos eran los «chivos» o trabajos ocasionales de jardinería y construcción que hacía para sus vecinos. En una economía precaria, su educación de sexto grado no le ayudaba. Ahorró algo de dinero para comprar un billete de avión y probar suerte «allá afuera». Tres años antes, en 1951, Pan Am Airlines había inaugurado un vuelo sin escalas de San Juan a Nueva York. Eastern Airlines le siguió poco después. Tal vez sin darse cuenta, Carlos Alberto formaría parte de la primera migración aérea a gran escala de la historia.[1]

Todos soñaban con un futuro mejor en el Puerto Rico de la década de 1950. El Partido Popular Democrático lideró un esfuerzo titánico por la industrialización del país y con ella llegaron la transformación de los símbolos nacionales, grandes proyectos educativos de base y nuevas memorias históricas. Como ha señalado el académico Arcadio Díaz Quiñones, Puerto Rico olvidó sus propias memorias para crear «otras memorias» nuevas.[2] Era una época en la que todo parecía posible. En San Juan, Doña Fela —la primera mujer electa alcaldesa de una capital en las Américas— importó nieve de Nueva Inglaterra en cuatro ocasiones para celebrar una blanca navidad en el archipiélago caribeño. Los nacionalistas lideraron una revolución en el pueblo de Jayuya que se dejó sentir hasta en la capital de Estados Unidos. Y Puerto Rico se convirtió en un Estado Libre Asociado, forma en que se tradujo oficialmente el término «commonwealth».

Pero no todos se sentían esperanzados. Mientras en Puerto Rico muchos soñaban con un futuro resplandeciente, la realidad era que para que la industrialización tuviera éxito en un archipiélago cuya isla principal solo tiene unos 161 kilómetros de largo por 56 de ancho —o, como decimos con orgullo los puertorriqueños 100 x 35 [millas]—, mucha gente tuvo que emigrar. Carlos Alberto Nieves Rivera fue uno de los cientos de miles de puertorriqueños que hicieron las maletas y se dirigieron a Estados Unidos, deseosos de vivir el sueño americano. Antes de partir hacia el aeropuerto, se detuvo en la esquina de su antiguo barrio y gritó a la casa donde se había criado: «¡Nunca regresaré aquí! Gracias por nada». Sus palabras fueron el eco de una generación de familias obreras que se desarraigaron para dar paso a la modernización.[3]

Tras dos décadas de trabajo en empleos mal pagados entre Boston y New Haven, Carlos Alberto regresó a su barrio de Aguadilla. Se había casado y divorciado y dejó a su familia en Connecticut. Tras llegar a Puerto Rico, conoció a Ada Nilda Roldán Soto, con la que finalmente se casó. Al igual que Carlos Alberto, Ada Nilda provenía de la clase trabajadora y había probado suerte en Nueva York, para luego regresar a su barrio. La mayoría de sus catorce hermanos había hecho lo mismo. Viajaron a Estados Unidos en busca de una vida mejor, pero se encontraron viviendo en apartamentos hacinados y teniendo que enfrentar el racismo, el trabajo en condiciones deplorables y los crudos inviernos del norte. En Nueva York, Ada Nilda vivía con un marido maltratador y sus tres hijos. Se movían entre los proyectos de El Barrio y el Bronx. Cansada de los malos tratos de su marido, lo abandonó y regresó a Puerto Rico en busca de su comunidad. Fue tras su divorcio cuando conoció a Carlos Alberto.

Irónicamente, el 12 de junio de 2005, Carlos Alberto Nieves Rivera murió a pocos metros del lugar al que juró no volver nunca más. Carlos

IMAGEN 0.1. Carlos Alberto Nieves Rivera en Boston, c. 1954. Colección privada del autor.

y Ada eran mis abuelos. Carlos no era mi abuelo biológico, pero me crió como si lo fuera. Sus historias no son únicas. Más de 835.000 personas emigraron al Norte entre 1940 y 1970.[4] Mis dos abuelos formaron parte de procesos históricos y estructurales más abarcadores que no solo les obligaron a emigrar, sino que les permitieron construir diferentes concepciones de Puerto Rico, una nación que sigue siendo jurídicamente ambigua, diaspórica y siempre «en vaivén», por tomar prestada una frase del antropólogo Jorge Duany.[5]

Aunque las páginas que siguen pretenden ofrecer un relato exhaustivo de Puerto Rico —desde las comunidades indígenas que habitaron Borikén hasta nuestros días—, comienzo con mis abuelos para destacar las dimensiones personales e íntimas de esta historia.

Mis padres y tíos también emigraron. Se alistaron en el ejército de Estados Unidos para escapar de sus pequeños pueblos isleños, y yo nací en Fort Benning, Georgia, que ha servido de base militar para la Escuela de las Américas, una institución tristemente célebre por su papel en la perpetuación de la violencia y la cooperación con regímenes autoritarios

IMAGEN 0.2. Ada Nilda Roldán Soto y Carlos Alberto Nieves Rivera en su hogar en el residencial Muñecas, Aguadilla, Puerto Rico, c. 1970.

en toda América.[6] Dos semanas después de mi nacimiento, me trajeron al archipiélago y me criaron mis abuelos en un barrio de clase trabajadora. Desde jugar en la esquina donde mi abuelo juró que nunca regresaría hasta escribir este libro, mi vida ha sido moldeada por el imperio y el colonialismo. Pero mi historia, al igual que la de mi familia, no es única.

En años recientes, Puerto Rico ha adquirido una nueva visibilidad en los medios de comunicación estadounidenses, especialmente tras la destrucción causada por el huracán María en 2017. En la tormenta murieron más de 4.000 personas, mientras que millones de otras carecieron de acceso a agua potable, electricidad y las necesidades más básicas durante meses. Los medios de comunicación afirmaban que el gobierno federal estadounidense tenía que ofrecer ayuda porque los puertorriqueños eran ciudadanos estadounidenses. Aunque es una afirmación acertada, la relación de Puerto Rico con Estados Unidos no es tan sencilla. Tales argumentos pasan por alto la naturaleza de segunda clase de la ciudadanía de los puertorriqueños al tiempo que nos representan como necesitados de salvación. En esas conversaciones, la agencia de los puertorriqueños suele desaparecer.[7]

Lo que también suele faltar en esas conversaciones es el hecho de que Puerto Rico es un país caribeño y latinoamericano que fue colonizado por Estados Unidos en 1898. Pero la historia colonial de Puerto Rico no empezó allí ni entonces. Aunque las comunidades indígenas habían vivido en Borikén durante miles de años, la conquista militar del archipiélago por la Corona española comenzó en 1508, quince años después de que un marino genovés recalara brevemente en sus costas de camino a la vecina isla de La Española, hoy conocida como República Dominicana y Haití.

Se dice que Puerto Rico es la colonia más antigua del mundo.[8] Aunque algunos refuntan esta afirmación, la realidad es que la historia de Puerto Rico está marcada por cinco siglos de colonialismo, desde 1493 hasta nuestros días. Eso ha moldeado la forma en la que los puertorriqueños nos conceltpualizamos a nosotros mismos, nuestra política y nuestra idea de nación. Este libro sostiene que no podemos entender la actual crisis fiscal, política y social de Puerto Rico sin reconocer su realidad colonial. Para arrojar luz sobre el momento actual de Puerto Rico, debemos reconocer el colonialismo sin pasar por alto las vibrantes historias de resistencia de las comunidades indígena y cimarrona, así como las insurrecciones nacionalistas y las movilizaciones masivas que exigieron la renuncia de oficiales electos corruptos.

Escribir una historia nacional es siempre una tarea complicada y difícil. No he intentado escribir una historia de principio a fin. De hecho, la naturaleza ambigua de la nación puertorriqueña niega la idea de un comienzo o una conclusión. En ausencia de un estado-nación soberano, ¿cuándo se convirtió Puerto Rico en una «nación»? ¿Fue en el siglo XVIII cuando sus habitantes comenzaron a llamarse puertorriqueños y no españoles?[9] ¿O fue en el siglo XIX, con la consolidación del liberalismo y las primeras obras de historia nacional escrita?[10] ¿Se puede considerar el nacionalismo cultural que surgió a mediados del siglo XX una forma legítima de construcción nacional?[11] Estas preguntas guían la narrativa de mi libro para poner de relieve cómo durante siglos los puertorriqueños nos hemos atrevido a imaginar nuestras realidades de otro modo.

En años recientes, los académicos se han alejado de lo que algunos denominan «nacionalismo metodológico». Influenciados por las tendencias de las humanidades y las ciencias sociales, estos académicos señalan que centrarse en los estados-nación eclipsa las formas complejas en que los pueblos, las instituciones y las sociedades funcionan en un mundo altamente globalizado. Otros advierten, además, que centrarse en la nación puede reproducir lógicas nacionalistas intrínsecamente excluyentes.[12]

Si el nacionalismo justifica la creación de fronteras, sanciona la xenofobia y excluye a otros pueblos, entonces sí que debemos tener cuidado. Como ha señalado la académica interdisciplinaria Lisa Lowe, el imperialismo y otros sistemas de opresión están íntimamente conectados entre continentes.[13] Pero en lugares colonizados como Puerto Rico, la idea de nación y el modo en que se ha imaginado esa nación a lo largo de la historia ofrece otras posibilidades. En los espacios sin un estado-nación soberano, la idea de nación se convierte en un terreno de lucha en el que diferentes grupos sociales e instituciones negocian los entendidos de pertenencia, del pasado y, lo que es más importante para este libro, de otros futuros posibles.

Al escribir una historia nacional, no pretendo limitar geográficamente el relato al archipiélago puertorriqueño. Desde los tiempos en que los pueblos indígenas llegaron a Borikén hasta nuestros días, los habitantes de Puerto Rico han estado en cambio constante y, con frecuencia, se han relacionado con pueblos e ideas itinerantes. Aunque atento a los acontecimientos mundiales y a las metodologías transnacionales, he optado por centrarme en la nación como afirmación. Frente a siglos de colonialismo, los puertorriqueños se han negado a que los definan tan solo por sus metrópolis imperiales.

Centrar la nación no significa que haya consenso sobre su significado. Como demuestran las siguientes páginas, en el archipiélago han coexistido y siguen coexistiendo múltiples Puerto Ricos. Y aunque Puerto Rico no es un estado nación soberano, sus habitantes han creado espacios desde donde promulgar la autodeterminación y experimentar con prácticas de libertad, o lo que la académica feminista Aurora Santiago Ortiz ha denominado «circuitos de autodeterminación». Frente al abandono colonial y la austeridad neoliberal, los puertorriqueños ocupan espacios para recrear otros futuros en el presente.[14]

Al prestar atención a las múltiples formas en que la gente ha negociado la idea de nación, no pretendo idealizar el estatus de Estado Libre Asociado de Puerto Rico. Afirmar la existencia de la nación no niega el hecho de que Puerto Rico es una posesión colonial de Estados Unidos en el siglo XXI. Pero también es importante destacar que el colonialismo no ha sido aceptado tácitamente por todos. La historia que sigue es una historia de lucha. Es una historia de resistencia. Es la historia de una nación no soberana junto con sus contradicciones, esperanzas y futuros posibles. Es un intento de documentar la agencia que se ha hecho invisible en las representaciones de los medios de comunicación estadounidenses y en las narrativas de catástrofes por ignorancia voluntaria. Es íntima y dolorosa. Sin embargo, también es una hermosa historia de futuro que se escribe, se reescribe y se imagina cada día.

PUERTO RICO:
HISTORIA DE UNA NACIÓN

CAPÍTULO 1

LOS PRIMEROS PUEBLOS DE BORIKÉN: DE LA MIGRACIÓN A LA INSURRECCIÓN

Antes de la llegada de los europeos, la isla de Borikén estaba organizada política y administrativamente en docenas de cacicazgos. Además de proporcionar una cadena jerárquica de mando que organizaba y estratificaba las sociedades indígenas de la isla, esos cacicazgos establecían una estructura social para sus aldeas, pueblos y regiones. Aunque pudo haber tensiones entre algunos caciques, a muchos los unían lazos familiares, amistades y redes que trascendían las fronteras insulares de Borikén. De hecho, es probable que estas comunidades imaginaran los océanos, ríos y otros cuerpos de agua no como fronteras, sino como vías de conexión. Un indígena de la costa sur de Borikén podía sentirse más cercano a las comunidades de la vecina isla de Ayiti, más tarde rebautizada como La Española, que a la región montañosa de su propia isla.[1]

Los caciques de Borikén supieron de gente extraña que desembarcaba en las islas vecinas desde la llegada de los europeos en 1492. Cuando los españoles desembarcaron en 1508 para iniciar oficialmente la conquista de Borikén mediante la espada y la cruz, las comunidades indígenas comprendieron exactamente a qué se enfrentaban. Contrario a los mitos perpetuados por la historiografía tradicional, las comunidades indígenas (que luego serían llamadas taínos por los europeos) no consideraban dioses a los españoles. Los caciques se dieron cuenta de que los colonizadores no eran de fiar, ya que habían demostrado de lo que eran capaces en Ayiti, donde habían violado a mujeres, decapitado a insubordinados y aterrorizado a aldeas indígenas.[2]

Agüeybaná I, entonces uno de los caciques más poderosos del Caribe, tuvo que tomar una difícil decisión. De él dependía que su pueblo se resistiera a la conquista o negociara con los conquistadores. Su anciana madre le aconsejó que hiciera las paces.[3] No fue un signo de debilidad o docilidad, sino una maniobra política calculada. Los españoles traían armas que Agüeybaná nunca había visto ni imaginado, y resistirse a ellos bien pudo haber supuesto el exterminio inmediato de su pueblo. Los españoles también traían biblias, cruces y gérmenes; sus acciones estaban guiadas por el deseo de encontrar y acumular trozos de un metal reluciente que se encontraba en los ríos de la isla, a menudo utilizado como decoración por los líderes indígenas. Eso, a lo que los españoles llamaban oro, parecía inspirar una violenta codicia.[4] Pero, dicha violencia no quedó impune.

Las primeras migraciones

Cuando los españoles llegaron por primera vez al Caribe, se encontraron con pueblos indígenas a los que llamaron erróneamente indios, pensando que habían llegado a los dominios del Gran Khan. Más tarde, estos pueblos pasaron a llamarse taínos, aunque, como ha señalado la historiadora Ada Ferrer, «no sabemos cómo se llamaban a sí mismos en 1492 o 1511.»[5] Es mucho lo que desconocemos sobre las culturas y sociedades indígenas anteriores a la conquista, testimonio de la maleabilidad y la naturaleza siempre cambiante del pasado.

A finales del siglo XIX y principios del XX, los pensadores europeos comenzaron a crear categorías para entender el tiempo y el espacio. Para ellos, el planeta vivía en temporalidades diferentes, «con Europa en el presente y el resto del mundo en el pasado».[6] Esas categorías se consideraban universales, pero inevitablemente privilegiaban las experiencias y los conocimientos europeos. Los eruditos crearon una forma asimétrica de entender el mundo, con Europa en el centro y los pueblos sin historia, por tomar prestada una frase del antropólogo Eric R. Wolf, en la periferia.[7]

La Historia es la documentación y el registro intencionado del pasado, pero la documentación no puede limitarse únicamente a la escritura. Los pueblos que habitaron el Caribe siglos antes de que los europeos llegaran a sus costas tenían otras formas de conocimiento, conservación de la historia y creación de mitos. La tradición oral era una poderosa herramienta para documentar el pasado y, al mismo tiempo, mantener las tradiciones y crear comunidad; sin embargo, esas tradiciones plantean un serio desafío a quienes intentan escribir lo que ocurrió en el pasado. Tal vez esas tradiciones orales se hicieron poderosas evadiendo la mirada de forasteros como los historiadores que, al igual que yo, escribimos miles de años después.[8]

Elaborar una historia de las comunidades indígenas que llegaron al archipiélago que hoy llamamos Puerto Rico requiere un cuidadoso baile entre arqueología, antropología e historia. En el siglo XIX, el estudio de las comunidades indígenas de Puerto Rico estuvo a cargo de arqueólogos aficionados —abogados y médicos interesados en sentar las bases de la historia puertorriqueña.[9] Más tarde, en el siglo XX, las historias indígenas fueron retomadas por una comunidad intelectual caribeña transnacional que reunió cerámicas, caracolas marinas y otros artefactos que le permitieron empezar a elaborar relatos concretos, aunque fluidos y siempre cambiantes, de nuestros antepasados.[10]

De estos debates y metolodogías enfrentadas sobre las primeras migraciones de la región surgió cierto consenso. Al parecer, la primera migración de pueblos que llegó a Borikén se produjo hace unos 6.000 años.[11] Bautizados por los arqueólogos como arcaicos, es probable que migraran desde el estuario del río Orinoco, en la región amazónica, saltando de isla en isla por el Caribe. Eran sociedades seminómadas de cazadores-recolectores. Lo que sabemos de estas culturas arcaicas es el producto de las investigaciones arqueológicas. Y los estudiosos deben lidiar con la imposibilidad de llegar a comprender del todo cómo vivían esas comunidades o los imaginarios sociales que crearon.[12]

El término «arcaico» se utiliza para identificar a las sociedades indígenas que solo desarrollaron herramientas rústicas, aunque eso no niega la posibilidad de que existieran diferentes grupos étnicos y culturales en estas sociedades tempranas. Sin embargo, parece claro que los pueblos identificados como arcaicos formaban parte de múltiples oleadas migratorias que tuvieron lugar en todo el Caribe. Es probable que la región estuviera más interconectada de lo que imaginamos hasta ahora.

El segundo gran grupo cultural identificado por los arqueólogos son los arahuacos. Al igual que los arcaicos, esta amplia categoría creada por los estudiosos se utiliza para identificar a pueblos que podrían haber pertenecido a diferentes grupos culturales y étnicos. Los estudiosos creen que podrían haber compartido la lengua arahuaca y que también llegaron en varias oleadas migratorias. También existe un debate historiográfico y académico sobre si incorporaron a sus sociedades a los pueblos migrantes anteriores o si se enfrentaron entre sí.[13]

El antropólogo Irving Rouse se refirió de forma célebre a los taínos como el pueblo que saludó a Colón. En su lugar, propongo pensar en ellos como el pueblo que se resistió a la conquista de Colón.[14] Aunque el término «taíno» se ha aplicado tradicionalmente para describir a un único grupo étnico o cultural, es posible que existiera más de un grupo de este tipo, o que incluyera varias etnias con diferentes prácticas culturales que se extendieron por toda la región del Caribe.[15] Lo que parece claro, sin embargo, es que quienes habitaban Borikén cuando llegó Colón ya habían desarrollado sofisticados sistemas sociales y jerarquías.

Al principio de la conquista, los yucayeques —o pueblos— de Borikén solían establecerse junto a los ríos o en valles fértiles. A diferencia de migraciones anteriores de grupos nómadas, los conocidos como taínos eran agricultores. Su dieta consistía de tubérculos, pescado, aves de corral, reptiles e insectos. Los taínos también dedicaban parte de su tiempo a la producción de obras de arte vinculadas a su cosmovisión religiosa. Tallaban piedras o madera para crear collares, dibujos y artefactos rituales. El dujo, por ejemplo, era un pequeño asiento de madera o piedra que podía utilizarse para rezar o colocar objetos sagrados. Quizá el artefacto más importante de la cultura taína era el cemí. Se creía que estas pequeñas esculturas contenían dioses que representaban a las fuerzas de la naturaleza.[16]

El cacique estaba en la cúspide de la sociedad taína. Su papel no era únicamente político, ya que también debía dirigir las facetas religiosa, militar e intelectual de la vida cotidiana. Directamente por debajo de los caciques estaban los nitaínos, un grupo compuesto normalmente por los miembros de la familia del cacique o sus allegados. Los nitaínos administraban la vida social en nombre del cacique. Los bohíques eran los encargados de los rituales religiosos y la medicina. La gente común era conocida como naborías.[17]

Las mujeres desempeñaban un papel importante en la sociedad taína, que tenía un sistema matrilineal en el cual la herencia de los cacicazgos se basaba en el parentesco por parte de madre. Cuando fallecía un cacique, sus hermanos —no sus hijos— heredaban el cacicazgo. Las mujeres también desempeñan un papel importante en la toma de decisiones. Participaban activamente en la agricultura, las acciones militares e incluso la vida política. El historiador Jalil Sued Badillo ha documentado la existencia de cacicas en toda la región del Caribe.[18]

Gran parte de lo que sabemos sobre la cultura taína de las Antillas Mayores procede de testimonios de primera mano de europeos. En su diario, Colón documenta el paso de los días. Escribe cómo durante el primer viaje engañó a su tripulación haciéndole creer que navegaban más despacio de lo que realmente lo hacían para evitar un motín tras viajar durante semanas sin señales de tierra. Una vez llegados a lo que creían dominios del Gran Khan citado por Marco Polo, Colón dedicó algunas páginas a intentar comprender a los pueblos que habitaban aquellas tierras.[19]

Colón prestó especial atención al oro que adornaba sus cuerpos. Las primeras crónicas de la conquista documentan la existencia de perros mudos, humanos tuertos y caníbales con hocicos de perro. Aunque los perros mudos sí existían, esos pueblos de un solo ojo y hocico de perro no se extinguieron; nunca existieron. El historiador Jalil Sued Badillo ha argumentado que estas fantásticas descripciones de las Indias se utilizaron para justificar la financiación de futuras expediciones por parte de la Corona española. Borikén entró a menudo en guerra con los pueblos que vivían en las Antillas Menores, conocidos por los españoles como los caribes. Los europeos describían a los caribes como caníbales belicosos y salvajes. Al parecer, se destacaban en el arte de la guerra y atacaban con frecuencia a las comunidades indígenas de Borikén. Pero es posible que no pertenecieran a un grupo étnico diferente. Los informes sobre el canibalismo también se utilizaron para esclavizar a las poblaciones indígenas rebeldes.[20] Cuando la Conquista española desató su brutal violencia, las diferencias percibidas entre taínos y caribes se desvanecieron, dando paso a la colaboración y las solidaridades.[21]

Uno de los relatos más detallados que tenemos sobre la visión del mundo, la creación de mitos y la religiosidad de los taínos fue escrito por Ramón Pané, quien se autodefinía como un «pobre ermitaño de la Orden de San Jerónimo». Inspirado por el primer viaje de Colón, se unió a la segunda expedición y zarpó hacia el Caribe en septiembre de 1493. Para comprender la cultura taína con el fin de evangelizarla y conquistarla, Colón ordenó a Pané que se trasladara a las tierras de Guarionex, un poderoso cacique de La Española que había mostrado interés por la religión cristiana. Presionado por otros caciques, Guarionex abandonó sus inclinaciones cristianas hasta el punto de ordenar la profanación de símbolos católicos. Pané alega que la gente de Guarionex robaba reliquias religiosas, las tiraba al suelo y orinaba sobre ellas. Tras estos sucesos, Pané se instaló en las tierras del cacique Mayobanex, donde vivió varios años y aprendiendo la lengua y la cultura taína, al tiempo que proseguía su misión evangelizadora.[22]

Pané terminó su estudio y entregó su texto a Colón en 1498, durante el tercer viaje del almirante al Caribe. Tras facilitar el manuscrito, Pané desaparece de los archivos. Después de todo, explica que «se desgastó para aprender todo esto».[23] Al igual que el diario de Colón, el texto original de Pané, *Relación de las antigüedades de los indios,* se perdió. Afortunadamente, se reprodujo en la biografía que Fernando, el hijo de Colón, escribió para defender el honor y el legado de su padre. Fernando fue un bibliófilo que construyó una de las bibliotecas más impresionantes de su época. Sin embargo, el texto de la biografía de Fernando también desapareció, solo para ser reproducido en una mala traducción italiana publicada por el historiador español Alfonso de Ulloa en 1571.[24]

El palimpsesto sobreviviente ofrece una ventana —a través de la mirada de múltiples colonizadores— a las formas en que los pueblos taínos conceptualizaban su mundo. Documenta los mitos del origen: cómo se creó el océano y cómo se utilizó un pájaro carpintero para diseñar los genitales femeninos, creando así a las mujeres. También describe el miedo de los taínos a los muertos —que creían que caminaban entre los vivos por la noche— y cómo los bohíques se encargaban de curar a los enfermos, siendo víctimas de palizas o incluso de la muerte si fracasaban en su empeño. Una de las historias que relata Pané tiene visos proféticos. Cuentan que dos caciques de La Española se abstuvieron de comer y beber durante días para que sus cemíes les revelaran el futuro. Por fin, los cemíes hablaron y dijeron: «que cuantos después de su muerte quedasen vivos, gozarían poco tiempo de su dominio, porque vendría a su país una gente vestida, que los habría de dominar y matar, y que se morirían de hambre.»[25]

Aunque los taínos pensaron en un principio que esta premonición se refería a los caribes, está claro que era una profecía sobre la llegada de los europeos. Tras leer el texto de Pané, el historiador e intelectual Pedro Mártir de Anglería comentó sobre esta historia a mediados del siglo XVI que «ni queda ya memoria de los zemes [cemíes], que han sido transportados a España para que conociéramos el ludibrio de ellos y los engaños de los demonios».[26] Mártir de Anglería nunca pisó América, pero la proliferación de la prensa escrita le permitió hacer una descripción precisa de lo que se estaba gestando al otro lado del Atlántico. Los españoles empaparon de sangre las tierras y los ríos de Borikén. Pero los taínos contraatacaron.

1511: el camino hacia la insurrección

El primer enfrentamiento registrado entre comunidades indígenas y europeos se produjo durante el segundo viaje de Colón. Era el 14 de noviembre de 1493. Los europeos se habían detenido en la isla de Santa Cruz. Vieron una canoa con «cuatro hombres e dos mujeres e un muchacho».[27] Veinticinco europeos decidieron ir tras ellos. En defensa propia, los indígenas que huían «con mucha osadía pusieron mano a los arcos, también las mujeres como los hombres».[28] Lograron herir a un español y matar a otro antes de ser interceptados. Los hombres fueron decapitados. Las mujeres fueron violadas y posteriormente enviadas a España para ser exhibidas como caníbales. Michele de Cuneo, un soldado español que aseguraba haber estado en el barco, se vanagloriaba de haber violado a una de ellas: «baste con deciros que realmente parecía amaestrada en una escuela de rameras».[29] Las diez mujeres taínas permanecieron cautivas en sus barcos. Seis de ellas pudieron escapar saltando del barco y nadando en la oscuridad de la noche.[30] Ese fue el comienzo de un régimen de terror sustentado en la explotación laboral y sexual.

Los europeos llegaron a la isla que los taínos llamaban Burunquén o Borikén pocos días después, el 19 de noviembre de 1493. Durante décadas, los historiadores debatieron sobre el lugar exacto donde desembarcó la expedición de Colón. Sin embargo, parece que Colón nunca llegó a pisar la isla. Su tripulación se detuvo allí dos días para reponer abastos. Encontraron bohíos vacíos. Todos los indígenas habían huido. Colón anotó en su diario que los taínos les temían inicialmente, pero se mostraban amables después de que se ganaban su confianza. No obstante, en el Caribe, los cuerpos de agua servían como vías de comunicación. Durante su primer viaje, Colón anotó: «Algunas destas canoas he visto sesenta y ochenta hombres en ella, y cada uno con su remo».[31] La noticia de la llegada de los españoles debió de propagarse con rapidez por los diferentes cacicazgos, transportada por dichas canoas. Los bohíos vacíos podían significar que los taínos de Borikén ya se habían enterado de la brutalidad de los europeos.

Pocos días después, los europeos regresaron a La Española y encontraron el Fuerte de la Navidad —su primer asentamiento, establecido el 24 de diciembre del año anterior a partir de los restos del primer barco de Colón, la Santa María— reducido a cenizas y sin rastro de los treinta y ocho hombres que habían permanecido para protegerlo. Los historiadores han sugerido que el ataque fue organizado por el cacique Caonabo de Maguana para vengar la brutalidad de los españoles contra su pueblo.[32] Aunque nunca podremos reconstruir lo que ocurrió en realidad, las cenizas del fuerte podrían imaginarse como un símbolo de la primera insurrección indígena de América.

La Corona hizo de La Española su primer centro colonial en el Caribe. La explotación de las comunidades indígenas comenzó inmediatamente después del inicio de la conquista. Interesados por las limitadas reservas de oro que se encontraban en el Caribe, los europeos establecieron un sistema de trabajo indígena forzado conocido como repartimientos, que más tarde se convirtió en el sistema de las encomiendas.

De este modo, los españoles explotaban la tierra mediante el trabajo forzado. Cada colonizador, conocido como «vecino», recibía a los indígenas como súbditos.[33] Como señala la historiadora Ida Altman, «los indígenas podían ser trabajadores de encomienda, sirvientes permanentes (naborías) o esclavos, pero en todos los casos estaban sujetos a las exigencias laborales, las restricciones y los castigos de los españoles».[34] Este sistema se consolidó legalmente después de que, entre 1503 y 1504, una serie de edictos reales ordenara a los encomenderos remunerar a los indígenas por su trabajo, concederles tiempo para descansar, permitirles cultivar sus propias tierras y, en última instancia, evangelizarlos.[35] Como ha argumentado el historiador Juan Ángel Silén, el adoctrinamiento de los taínos formaba parte de una guerra más extensa que los iberos habían librado contra el paganismo y el Islam. La conquista de América comenzó inmediatamente después de que España expulsara a las comunidades musulmanas de la Península Ibérica tras casi un milenio de conflictos.[36]

La conquista oficial de Borikén, pronto rebautizada como Isla de San Juan Bautista, comenzó en 1508. La carta original para su colonización se concedió en 1505 a Vicente Yáñez Pinzón, quien había viajado con Colón en su primer viaje a América. La carta fue vendida y revendida, pasando por diferentes manos hasta que se le concedió a Juan Ponce de León, más tarde inmortalizado por su muerte mientras supuestamente buscaba la fuente de la juventud en Florida. (Sus verdaderas intenciones eran otras: buscaba indígenas a los que esclavizar).[37]

En 1508, el archipiélago estaba organizado en torno a dos o tres unidades geopolíticas repartidas entre decenas de cacicazgos, el más poderoso de los cuales era el de Agüeybaná I, quien dominaba la mitad de la isla mediante alianzas y relaciones familiares con otros caciques. Ponce de León había conocido a Agüeybaná I en un viaje anterior.[38] Su llegada, el 12 de agosto de 1508, se había visto retrasada por dos poderosos huracanes que, al parecer, predijeron la inminente tormenta que caería sobre los colonizadores.[39] Fernández de Oviedo, uno de los primeros cronistas de indias, señaló que fue la madre de Agüeybaná I quien lo convenció de recibir a los españoles en paz porque conocían los métodos utilizados para «pacificar» a las comunidades indígenas de la isla vecina.[40]

En un documento escrito y firmado el 4 de junio de 1516 y enviado al rey entrante, Carlos I, catorce sacerdotes arrojan luz sobre la brutalidad de la conquista durante sus primeros años. No reproduciré la violencia truculenta que se describe en el documento, pero valga saber que incluía infanticidio, terror sexual, deshumanización brutal y explotación laboral, entre otras atrocidades. En dicho documento, los frailes describen en detalle el impulso genocida de la conquista.[41] La decisión de Agüeybaná I de negociar la paz con los colonizadores no debe entenderse como un acto de docilidad sino como una decisión tomada tras una cuidadosa reflexión política y militar.

De vuelta a España, el hijo de Cristóbal Colón, Diego Colón, exigió ser nombrado Virrey de las Indias como parte de su herencia. Esto significaba que Nicolás de Ovando, el Gobernador de las Indias que había concedido a Juan Ponce de León una carta para colonizar Borikén, perdía su poder. Sabiendo que era cuestión de tiempo que llegara Diego Colón y reconfigurara el panorama político, Ponce de León se apresuró a establecer la ciudad de Caparra, el primer asentamiento oficial europeo de Borikén.[42] Poco después, en 1509, Diego Colón envió a Borikén al caballero gallego Cristóbal de Sotomayor. Como Ponce de León ya se había asentado en Caparra, se decidió que Sotomayor estableciera otra población en la parte sur de la isla, territorio que pertenecía al cacicazgo de Agüeybaná I.[43]

Dos tormentas habían recibido a Ponce de León en Borikén. Ahora comenzaban a soplar vientos de guerra. En noviembre de 1510, un grupo de indígenas de la región de Yagüecas, en el actual pueblo de Añasco, recibió el encargo de transportar a Diego Salcedo, un joven conquistador español, a través del río Guaorabo. Mientras lo transportaban, su destino quedó sellado. Al parecer, el cacique Uroyoán había ordenado su asesinato. Los taínos lo ahogaron, un incidente que aún hoy resulta poderoso. Algunos estudiosos creen que Salcedo pudo haber jugado y perdido una partida de *batú* con los taínos. Este juego de pelota no solo se jugaba para divertirse, sino también con fines ceremoniales y, a menudo, se sacrificaba al perdedor.[44] En la mitología puertorriqueña, sin embargo, el asesinato se cometió para demostrar que los españoles eran mortales. Relatada en las crónicas de Gonzalo Fernández de Oviedo de

IMAGEN 1.1. Asesinato del conquistador Diego Salcedo. Cortesía de la Biblioteca John Carter Brown.

1535, la historia fortaleció el mito de la docilidad taína.[45] Sin embargo, también podría entenderse como un grito de guerra.

Descontento con los taínos que había recibido como parte de sus repartimientos, Cristóbal de Sotomayor comenzó a organizar incursiones para capturar indígenas de comunidades y cacicazgos del interior. De hecho, Sotomayor fue la primera persona en recibir un estatuto que le permitía esclavizar a los pueblos indígenas. Eso creó tensiones entre los colonizadores y los cacicazgos del sur, obligando a Cristóbal de Sotomayor a trasladar al oeste la ciudad de Guánica, que pronto pasaría a llamarse Aguada.[46] Los conquistadores españoles comenzaron a documentar la resistencia de las comunidades indígenas que se negaban a ser sometidas y circularon rumores sobre el asesinato planeado de Cristóbal de Sotomayor.

Desgraciadamente para Cristóbal de Sotomayor, Agüeyabaná I, que había sido pacífico con los colonizadores, falleció dos años después de su llegada. Su hermano, Agüeybaná II, heredó su cacicazgo. Conocido como Agüeybaná el Bravo, es probable que creciera escuchando historias sobre las acciones de los colonizadores en la vecina Ayiti y ahora veía cómo esa violencia se desarrollaba en su propia tierra. A diferencia de su hermano, decidió actuar. Como líder político, religioso y militar, comenzó a organizarse para la guerra contra los colonizadores.[47]

En septiembre de 1510, la hermana de Agüeybaná II aconsejó a Sotomayor que huyera.[48] Tras recibir la confirmación del asesinato planeado, Sotomayor reunió a cuatro soldados y se dirigió a Caparra para alertar a las autoridades de la rebelión. Mientras viajaban por el río Jauca, Agüeybaná II los interceptó. Todos los españoles fueron asesinados excepto Juan González, un explorador español que se había infiltrado en el areyto y conocía su lengua. Juró por su vida que sería leal a Agüeybaná II. Lo hirieron, pero lo dejaron con vida, y no tardó en alertar a las autoridades españolas de lo ocurrido aquella noche. Enterraron los cuerpos de los conquistadores de cabeza con los pies por fuera y la cabeza apuntando hacia el infierno del que tanto hablaban los cristianos. La guerra era inevitable.[49]

En 1511, Agüeybaná II contaba ya con un ejército de 3.000 soldados. Destruyeron la ciudad que Sotomayor había establecido en el sur y atacaron simultáneamente otros asentamientos por toda la isla. Mataron entre 150 y 200 españoles en una época en que la población no pasaba de unos cientos.[50] En el caos del momento, los que sobrevivieron huyeron a Caparra, donde Juan Ponce de León estaba organizando un ejército. Cuando marcharon hacia territorios indígenas, se encontraron con que los taínos habían barrido los caminos de tierra, dando simbólicamente la bienvenida a los españoles a la batalla. La ofensiva española tuvo éxito y la represión fue brutal. Los españoles quemaban cualquier pueblo taíno que se interpusiera en su camino, arrestaban y esclavizaban a un gran número de taínos, grabándoles con fuego una F en la cabeza para recordarles que eran propiedad del rey español, Fernando de Aragón.[51]

Estaba claro que los taínos habían sufrido una gran derrota. Pero la guerra no terminó ahí. Cuando Juan Ponce de León ofreció un indulto a los caciques que se habían alzado en armas, solo dos aceptaron. Tras la fase inicial de la guerra, las comunidades indígenas cambiaron de estrategia. En lugar de la guerra frontal, optaron por ataques furtivos a los asentamientos españoles y una estrategia naval. De hecho, parece que muchas comunidades indígenas huyeron de Borikén y se refugiaron en las islas de Sotavento, hogar de los llamados indios caribes, que antaño habían sido sus enemigos.

Una de esas primeras batallas famosas tuvo lugar en Yahuecas, en la región centrooriental de Borikén. Según el cronista Fernández de Oviedo, Juan Ponce de León mató a un cacique que llevaba un gran guanín dorado al cuello. De ahí surgió la historia prevaleciente de que Ponce de León había matado a Agüeybaná II en batalla. No obstante, el historiador Jalil Sued Badillo ha demostrado de forma convincente que los españoles registraron avistamientos de Agüeybaná II durante las décadas siguientes. De hecho, la figura de Agüeybaná II se convirtió en un poderoso mito, y la gente decía haberlo visto luchar en múltiples batallas. Lo más probable es que se uniera a los que se asentaron en las islas de Sotavento y siguiera dirigiendo ataques contra los colonizadores de Borikén durante años.[52]

La guerra que comenzó en 1511, y continuó en forma de ataques furtivos durante décadas, marcó un punto de inflexión en las etapas iniciales del proyecto colonial español en Puerto Rico. Tras las primeras batallas, los españoles asesinaron con saña y esclavizaron a muchas comunidades indígenas; otras murieron a causa de los gérmenes europeos. La explotación y la violencia consolidaron el impulso genocida de la conquista. Un informe español de 1530 contabiliza 1.553 «indios», esclavizados o en encomiendas.[53] Esa cifra, por supuesto, es cuestionable si consideramos los métodos utilizados para generar los datos. Muchos pueblos indígenas se trasladaron a las montañas para vivir fuera de los límites del Estado y, por tanto, no figuran en el archivo histórico. Tales silencios plantean retos a los historiadores. Pero, si adoptamos una perspectiva indígena, esas ausencias también podrían ser motivo de celebración. Desaparecer de los archivos y de la historia puede haber significado sobrevivir al empuje genocida de la conquista. En las comunidades que los pueblos indígenas crearon en los márgenes de las sociedades algunos de ellos entablaron amistad con otro grupo de personas que escapaban de la violencia incalificable del proyecto colonial español: los afrodescendientes que huían de la esclavitud.

CAPÍTULO 2

CONSOLIDAR EL PROYECTO COLONIAL

Los españoles lograron reprimir mediante la violencia la insurrección indígena de 1511. Pero esa insurrección fue solo el inicio de las campañas de los pueblos indígenas contra los colonos. Hubo decenas de ataques organizados desde dentro y fuera de Borikén a lo largo del siglo XVI. Los caciques rebeldes del interior montañoso se unieron a sus antiguos enemigos de las islas cercanas para luchar contra los españoles. Estos ataques variaron en magnitud y eficacia. Si bien la insurrección de 1511 había sido una batalla frontal, ahora los indígenas utilizaban ataques estratégicos por sorpresa.

A mediados de 1513, más de 350 indios caribes atacaron el asentamiento de Caparra. Consiguieron quemar varios edificios, entre ellos la biblioteca del obispo Alonso Manso, quizá la primera biblioteca de América.[1] En el ataque también murieron dieciséis colonos.[2] Ese año hubo otros dos atentados estratégicos. Dichas acciones no solo iban dirigidas contra los colonos, sino también contra los caciques que habían traicionado a los suyos y colaborado con los españoles. La cacica Luisa fue asesinada durante estos ataques.[3] Algunos caciques habían empezado a colaborar con los colonos españoles proporcionándoles mano de obra para trabajar en las minas por un periodo determinado. Durante la temporada minera, una persona designada como «recogedor de indios» recorría los cacicazgos reuniendo a los que estaban obligados a trabajar.[4]

Cuando se produjo el ataque a la cacica Luisa, Francisco Mexía se encontraba allí como recogedor de indios. También murió en la batalla. Francisco había acompañado a sus padres, Antón Mexía y Violante Gómez, en sus viajes a La Española y luego a Borikén durante los primeros tiempos de la conquista. Los Mexía fueron probablemente la primera familia afrodescendiente que llegó a América. Antón Mexía pudo invertir en la economía minera y ya en 1514 había acumulado suficiente riqueza y capital social como para ser el único negro propietario de indígenas esclavizados.[5]

Hubo otro grupo pequeño de negros libertos que llegaron a Borikén durante las dos primeras décadas del siglo XVI. Habían recibido su libertad en España y luego viajaron a las Indias en busca de mejores oportunidades. Algunos participaron en la economía minera, mientras que otros se alistaron en el ejército o se convirtieron en asalariados de la Corona española. Pero sus oportunidades se fueron reduciendo con el paso del tiempo. En la segunda mitad del siglo, todos los «vecinos» oficiales —título que requería el reconocimiento de la corona, similar a la ciudadanía actual— eran españoles blancos.[6] A medida que la población indígena disminuía debido a las enfermedades y la explotación o porque huían a las montañas u otras islas, los colonos empezaron a buscar mano de obra en otros lugares. Ese periodo marcó el inicio de la esclavitud africana en Puerto Rico.

Desde su llegada al Caribe, los españoles quedaron maravillados por la abundancia de oro. El reluciente metal que los taínos parecían dar por sentado abundaba en las riberas y el suelo. La vida social y económica de los primeros tiempos de la conquista giraba en torno a la extracción de oro. La cantidad de oro producida durante las dos primeras décadas del siglo XVI fue asombrosa. De 1509 a 1546, por ejemplo, la Corona española recibió dos millones de pesos de oro de la isla de San Juan.[7]

La práctica de la minería requería mucha mano de obra y se entendía como antitética al estilo de vida de los colonos españoles. En su lugar, los españoles obligaban a los indígenas a soportar duras condiciones de trabajo mientras ellos se encargaban sobre todo de fundir el preciado metal. Pero los trabajadores autóctonos pronto empezaron a escasear. La violencia de la conquista, los gérmenes traídos por los colonos y los peligros de la minería hicieron mella en las comunidades indígenas de Borikén. Los primeros colonos se quejaban constantemente a la Corona de que había abundancia de oro pero escasez de trabajadores para extraerlo. Esto se convirtió en la justificación para importar africanos esclavizados.

No todos los afrodescendientes disfrutaron de los privilegios de los Mexía, que habían llegado como libertos y pudieron acumular una pequeña fortuna durante las etapas tempranas de la conquista. La mayoría de los africanos que desembarcaron en la isla de San Juan durante los primeros tiempos de la conquista llegaron con grilletes y eran obligados a trabajar de sol a sol.[8] Los colonos argumentaban que los pocos cientos de personas esclavizadas no daban abasto y pidieron a la Corona que les concediera licencias para importar más. La mayoría trabajaba en las minas de oro y, después, en la floreciente industria azucarera. El primer ingenio azucarero comenzó a funcionar en 1522.[9] Al igual que la minería, el corte de la caña también requería mucha mano de obra. En la década de 1520, los colonos también pedían más esclavos porque los que había en las islas ya estaban muriendo en grandes cantidades.[10]

Al igual que los pueblos indígenas, los africanos sufrieron lo peor del impulso genocida de la conquista. Y, al igual que los pueblos indígenas, no se conformaron pasivamente. Aunque los registros son confusos y vagos, parece que la primera revuelta de esclavos en América tuvo lugar en Borikén en 1514. Ese año, una gran tormenta azotó la isla. Las tormentas, como sabían desde hacía siglos las comunidades indígenas y los europeos no tardarían en descubrir, son un acontecimiento recurrente en la región.[11] La tormenta no solo hizo que escasearan los alimentos, sino que también afectó a la economía minera. Al parecer, ese año se había modificado el calendario minero, lo que permitió a los trabajadores disfrutar de un mes de descanso entre una temporada minera y otra. La tormenta llegó cuando los trabajadores regresaban a las minas, y fue para esa época que los pueblos esclavizados se rebelaron.[12] Al año siguiente, en una carta dirigida a la Corona española se menciona a los «negros alzados», término utilizado para designar la rebelión. La amenaza no era solo que los negros se alzaran, sino que se aliaran con los «indios alzados».[13]

La rebelión abierta no fue la única estrategia utilizada por los pueblos indígenas y afrodescendientes para resistir a la conquista. Algunos utilizaron acciones individuales. En 1527, Juan Garcés, un taíno que trabajaba en la Real Hacienda del Toa —la hacienda oficial de la Corona en Puerto Rico— cruzó el océano Atlántico para entrevistarse en privado con el rey Carlos I. Garcés llegó a Sevilla y se dirigió a Burgos, donde se reunió con el rey el 15 de febrero de 1528. Las fuentes no aclaran cuál era el propósito del viaje ni cómo pudo financiarlo. Sin embargo, parece que la Corona quería investigar a Blas de Villasante por irregularidades fiscales y administrativas. Villasante, uno de los hombres más poderosos de Puerto Rico, dirigía la Real Hacienda donde trabajaba Garcés. Aunque no hay constancia de la conversación entre el monarca y Garcés, Villasante, que también era notoriamente violento con los indígenas, fue destituido de su cargo y detenido poco después.[14]

Administración de la colonia

Los españoles se asentaron por primera vez en Caparra, pueblo situado en el noreste de la isla, en 1508. Unos años más tarde, la gente empezó a quejarse de su ubicación. El acceso al agua potable era limitado, el comercio resultaba difícil porque el asentamiento carecía de puerto y los colonos arguían que las malas condiciones provocaban la muerte de niños pequeños, a menudo antes de que cumplieran los tres años. La mayoría de los vecinos defendía el traslado de la villa. Juan Ponce de León, por entonces la máxima autoridad de la isla, no estaba de acuerdo. Había invertido en terrenos que perdería con el traslado. Tras una serie de batallas legales, la Corona se falló a favor de los vecinos de Caparra. El traslado al islote de San Juan, donde se encuentra la capital desde entonces, comenzó en 1519, y se completó oficialmente en 1522.[15]

Mientras que el poder político máximo residía en la Capitanía General de Santo Domingo, Puerto Rico estaba dividido administrativamente en dos unidades: la ciudad de San Juan, que controlaba el área este, y San Germán, que controlaba el área oeste. Como la población española era tan reducida —entre cuatro y 5.000 personas entre 1510 y 1520—, dichas unidades administrativas se basaban en fronteras ficticias.[16] Al igual que Caparra, que fue atacada varias veces por los indígenas, la ciudad de San Germán tuvo que ser trasladada en múltiples ocasiones. Fue saqueada e incendiada varias veces por comunidades indígenas, corsarios y piratas. En 1573 se asentó definitivamente en su emplazamiento actual.[17] Más allá de San Juan y San Germán, había zonas en las que los cimarrones podían vivir y prosperar fuera del estado colonial.

Para administrar adecuadamente la colonia, la Corona española implantó un sistema de cabildos. Estos consejos medievales gestionaban la organización política y económica de la colonia al tiempo que consolidaban el proyecto colonial español con el fin de poblar la isla y establecer un aparato político. El cabildo de San Juan comenzó a funcionar en 1511 y el de San Germán, en 1514.[18] Los cabildos supervisaban la creación de nuevos asentamientos y ciudades, además de recaudar impuestos y supervisar el reparto de tierras, lo cual adquirió especial importancia en la segunda mitad del siglo XVI, cuando la ganadería se convirtió en la principal actividad económica de la colonia.[19]

Aunque los cabildos crearon una estructura administrativa, la isla permaneció deshabitada en su mayor parte. Cuando empezaron a llegar noticias sobre la conquista de México en 1521 y, más tarde, de Perú en 1531, la mayoría de los colonos soñaban con abandonar Puerto Rico. La frase «Que Dios me lleve a Perú» se hizo muy común. Las promesas de riqueza debieron de ser una enorme motivación, más aún cuando muchas personas habían acumulado grandes deudas, en parte debido al comercio de personas esclavizadas. Al parecer, casi todos los vecinos de Puerto Rico habían comprado una, incluso cuando no podían permitírselo.[20]

El éxodo potencial se convirtió en un verdadero problema para las autoridades coloniales. El gobernador Francisco Manuel de Lando le escribió a la Corona española que interviniera:

> Esta es la entrada y clave de todas las Indias: somos los primeros con quien topan los franceses e ingleses, corsarios, como lo han hecho; los caribes nos llevan vecinos y amigos a su salvo, y si un barco viniese de noche con sólo cincuenta hombres, quemaría y mataría cuantos aquí vivimos. Pido mercedes y franquicias para tan noble isla, ahora

> tan despoblada que apenas se ve gente española, sino negros... Sé que algunos han suplicado licencia para sacar de aquí los esclavos negros para el Perú; no consienta tal Vuestra Majestad, ni a ellos ni a los negros...[21]

La petición de Lando es bastante reveladora. Le preocupaba el escaso número de colonos blancos en relación con el creciente número de negros esclavizados. Según un informe que ordenó redactar, en 1530 había 347 españoles, 2.077 negros y 1.537 indígenas.[22] Ya entonces, tanto los trabajadores indígenas como los africanos habían organizado revueltas contra los españoles, y los caribes continuaban sus ataques furtivos en distintas partes de la costa de Puerto Rico. Dada esta situación, el éxodo potencial de colonos sería perjudicial para España. El gobernador tomó cartas en el asunto. Cuando las autoridades descubrían a personas que intentaban marcharse sin la documentación adecuada, azotaban públicamente a algunas y les cortaban las plantas de los pies con cuchillos.[23]

En la segunda mitad del siglo XVI, los ataques indígenas y la despoblación no eran los únicos problemas a los que se enfrentaban las autoridades coloniales. Nuevas potencias europeas comenzaron a llegar a la región. A partir de la década de 1530, todas las guerras que España libraba en Europa repercutían en el Caribe. En la era de las guerras navales, las islas del Caribe se convirtieron en otro escenario bélico.[24]

La administración del gobernador Lando comenzó a dar forma a la isla de otras maneras. Facilitó préstamos para la creación de centrales azucareras y tomó las primeras medidas para fortificar la capital, San Juan, en 1531. Dos años después, el gobierno erigió un torreón para proteger el puerto. La Corona también empezó a experimentar con diferentes formas de gobierno. En 1537, un sistema de alcaldes ordinarios funcionó como el primer autogobierno de la isla. Era un modo de darles poder a los vecinos en la administración de los cabildos. Sin embargo, este experimento duró poco. En 1545, la Real Audiencia de Santo Domingo comenzó a nombrar gobernadores civiles para hacerse cargo de la administración de Puerto Rico. En los años siguientes, una serie de ataques de corsarios franceses estremecieron a la Corona. Debido a las guerras que España libraba en Europa contra los franceses, los corsarios franceses comenzaron a atacar las colonias españolas en el Caribe. En 1565, la Corona española decidió sacar a Puerto Rico del dominio de Santo Domingo y asignar gobernadores militares para gobernar la isla.[25]

Para proteger sus intereses, la Corona recurría a los corsarios. A diferencia de los piratas, que atacaban y saqueaban cualquier barco que encontraran para su beneficio personal, los corsarios tenían licencia real para hacerlo. Se ponían al servicio de un determinado país europeo para atacar a sus enemigos. Los corsarios franceses eran bien conocidos y temidos en Puerto Rico. Después de todo, habían incendiado la ciudad de San Germán en ocho ocasiones.[26] Los ingleses y holandeses también se interesaron por las islas del Caribe. La respuesta de España fue crear un sistema de flotas en 1561, que incluía un convoy militar que acompañaba a los barcos mercantes hacia y desde España. Posteriormente se utilizó para proteger el situado mexicano, el dinero procedente de los beneficios generados en México. El situado se creó en 1582 y se enviaba a las colonias del Caribe para sostener el aparato militar. En ocasiones, el situado era la única fuente de fondos que llegaba a estas islas,[27] y el sistema de flotas era muy eficaz para proteger el situado. Aunque fue atacada en múltiples ocasiones, solo en dos ocasiones durante sus más de dos siglos de funcionamiento las potencias extranjeras lograron apoderarse del tesoro protegido por la flota.[28]

En la segunda mitad del siglo XVI, Puerto Rico comenzó a perder importancia económica. La minería había sido el motor inicial de la conquista y en la década de 1530 no cabía duda de que se estaba debilitando. La producción de azúcar, que requería grandes inversiones y mucha mano de obra, se convirtió en una importante empresa económica, que casi desapareció en el siglo siguiente.[29] La economía estaba diversificada entre la ganadería, la producción agrícola y el contrabando. Este último se convirtió en el salvavidas de muchos puertorriqueños en un momento en el que la comida abundaba, hasta el punto de que solo se mataba al ganado por la piel, mientras que otros productos, como la tela para vestir, el aceite o el vino, escaseaban.[30]

Una carta del gobernador Juan de Céspedes en 1581 se hacía eco de la apreciación anterior de Lando: la isla estaba despoblada y era objeto cons-

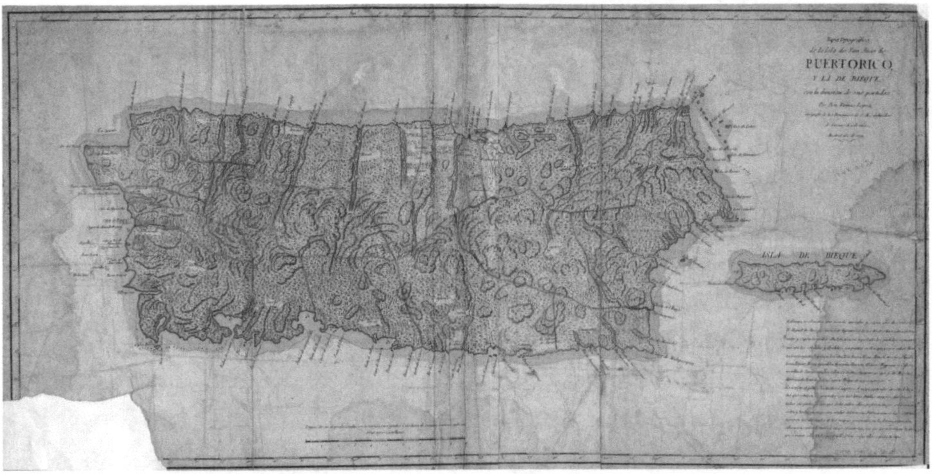

IMAGEN 2.1. Mapa topográfico de Puerto Rico, c. 1791. Cortesía de la Biblioteca del Congreso de los E.E. U.U.

tante de los ataques de los indios caribes.[31] En una carta anterior, el gobernador Diego de Caraza también había expresado que la isla carecía de gente que pudiera trabajar porque «los pocos indios que hay no sirven… y los negros se han acabado».[32] Se trataba, por supuesto, de exageraciones, pero son bastante reveladoras de la situación social que se vivía en la segunda mitad del siglo XVI. El gobernador Lando señaló que en 1530 solo había 1.043 indígenas. Esa cifra era sin duda mayor pero, como ha señalado el historiador Francisco Moscoso, parece que al menos el noventa por ciento de la población indígena de Puerto Rico huyó a las montañas y a otras islas del Caribe, o murió a causa de la explotación laboral, los suicidios y las epidemias.[33] Sin embargo, contrario a lo que sostienen las historias tradicionales, no se extinguieron sin más. Los taínos que huyeron a las montañas continuaron con sus actividades y costumbres, que acabaron impregnando el tejido social de Puerto Rico con nombres, alimentos y prácticas agrícolas que han sobrevivido por siglos.[34]

Aunque el Caribe había sido el primer epicentro de la Corona española en América, perdió su importancia económica tras el agotamiento de sus reservas de oro y después de la conquista de México y Perú. No obstante, Puerto Rico conservó su relevancia estratégica y se convirtió en un puesto militar del Imperio español. Su ubicación lo hacía ideal para proteger los intereses españoles en la región. Era, como a menudo señalaban los colonos e incluso el rey en su correspondencia, «la llave de las Indias» y, por tanto, había que protegerlo de las potencias extranjeras.

En 1595, el gobierno colonial español se enfrentó a la amenaza de una posible ocupación. Ese año, Sir Francis Drake, corsario inglés temido por los españoles, intentó tomar la capital, San Juan. El atentado no fue del todo sorpresivo para las autoridades españolas. Nueve años antes, en 1585, la Corona había enviado dos mensajes a San Juan advirtiéndoles que se prepararan para un posible ataque inglés.[35] En agosto de 1595, Drake recibió información de que el buque insignia de la flota española se había detenido en Puerto Rico para que le hicieran algunas reparaciones mientras transportaba múltiples tesoros.[36] Armado con estas noticias, consiguió que la Corona inglesa autorizara su expedición. Semanas antes de su llegada a Puerto Rico, la red de espionaje de la Corona española también obtuvo información sobre el inminente asalto de Drake. En noviembre de 1595, la impresionante flota de Drake, compuesta por veintisiete navíos y 2.500 soldados, se aproximó a la bahía de San Juan. Las fortificaciones españolas de El Morro fueron puestas a prueba por primera vez en su historia. Al principio de la batalla, el 22 de noviembre, el barco de Drake fue alcanzado por una bala de cañón, hiriéndole. Al día siguiente, los ingleses esperaron a la noche para intentar tomar San Juan, pero un barco en llamas iluminó la bahía y el blanco de la artillería española. Al día siguiente, Drake volvió a intentarlo, pero los españoles le hundieron tres barcos en la bahía, obligándole a retirarse.[37]

El ataque de Drake formó parte de la guerra anglo-española, un conflicto entre España e Inglaterra que tuvo lugar entre 1585 y 1604. La guerra no solo se libró en Europa, sino que provocó escaramuzas por todo el Caribe. Tres años más tarde, en 1598, los ingleses volvieron a atacar la isla de Puerto Rico. Sir George Clifford, conde de Cumberland, consiguió tomar la capital, San Juan, y la bandera de Inglaterra se izó en El Morro hasta que los acontecimientos dieron un giro inesperado.

El 16 de junio de 1595, Clifford dirigió una expedición de veinte barcos y 1.700 hombres. A diferencia de Drake, no intentó tomar San Juan a través de la bahía, sino que sus tropas desembarcaron a kilómetros de la capital. Tras una serie de batallas, los ingleses consiguieron obligar a las tropas españolas a retirarse. Los españoles se encerraron en El Morro mientras los ingleses se apoderaban de la capital, San Juan. Casi dos semanas después, las tropas españolas se rindieron. Puerto Rico se convirtió en posesión inglesa y se izó la bandera de Inglaterra en El Morro. Sin embargo, en septiembre una epidemia de disentería se propagó entre las tropas de Cumberland, obligándole a abandonar la isla. La ocupación había sido un desastre. Clifford perdió seiscientos soldados y no pudo cubrir el costo de la expedición aun después de saquear la capital.[38]

El 25 de septiembre de 1625, veintisiete años después de la ocupación de Clifford, otro ataque militar sacudió a las autoridades coloniales de Puerto Rico. Tras un intento fallido de retomar San Salvador de Bahía en Brasil, los holandeses intentaron atacar las posesiones españolas en América. Puerto Rico se convirtió en el objetivo de una escuadra dirigida por el general Boudewijn Hendricks. Su flota, compuesta por diecisiete navíos holandeses, entró sin dificultad en la bahía de San Juan, tomando a los españoles por sorpresa. La batalla duró más de un mes.[39] Cuando Hendriksz exigió la rendición de España por segunda vez, también amenazó con incendiar la ciudad. El recién nombrado gobernador español, Juan de Haro, señaló: «Y si quemaren el lugar, valor tienen los vecinos para hacer otras casas, porque les queda la madera en el monte y los materiales de la tierra.»[40] Fiel a sus amenazas, Hendriksz destruyó la ciudad de San Juan. Pero no fue capaz de ocuparla. Las tropas españolas resistieron y se les unieron milicias bajo las órdenes de Patricio de la Concepción, un hombre de color.[41] Los holandeses abandonaron San Juan el 1 de noviembre de 1625, dejando tras de sí una destrucción de la que tardarían décadas en recuperarse.[42] Pero la guerra no fue lo único que afectó al pueblo de Puerto Rico.

Al margen de la ley

La historia de Puerto Rico no puede limitarse a las batallas o el arte de gobernar de los europeos. La mayoría de los habitantes de la isla vivían fuera de los núcleos urbanos y estaban abandonados a su suerte. Aunque la comida nunca faltaba, otros artículos de primera necesidad escaseaban. La Iglesia católica se quejaba constantemente de que, como la gente carecía de tela para hacerse ropa, no podía asistir a misa. La situación era tan grave que algunos servicios religiosos comenzaron a celebrarse en las noches para que la oscuridad pudiera cubrir los cuerpos de la gente.[43]

La Corona española también participó en el sistema mercantilista de la época, que dependía de la acumulación nacional de riquezas. España lo hizo a través de un monopolio estatal. A los comerciantes no se les permitía hacer negocios con países extranjeros. Para complicar las cosas, San Juan era el único puerto autorizado por la Corona. Estas políticas monopolísticas fueron especialmente duras en un momento en que España estaba en guerra y un número limitado de barcos llegaba a las costas puertorriqueñas. Entre 1651 y 1699, por ejemplo, solo llegaron a Puerto Rico veintiocho barcos procedentes de España, setenta y uno de América y tres de las Islas Canarias. Ni un solo navío español llegó a Puerto Rico entre 1700 y 1706.[44]

Dada la grave situación económica, el contrabando, o comercio no oficial, se convirtió en un salvavidas para muchos durante los siglos XVII y XVIII. Quienes vivían en Puerto Rico comerciaban a menudo con barcos que navegaban bajo varias banderas. Esto era sabido y reconocido incluso por las autoridades religiosas y seculares. En la primera historia amplia de Puerto Rico, publicada en 1788, Fray Íñigo Abbad y Lasierra afirma que en la isla había al menos doce puertos no autorizados que se utilizaban para el contrabando.[45]

A finales del siglo XVII, España había perdido su primacía en los mares a medida que Francia, Inglaterra y Holanda ampliaban su alcance naval. Estos países también reclamaban territorios en el Caribe. La economía colonial de Puerto Rico, mientras tanto, sufría su contracción más grave hasta la fecha.[46] Esto se vio agravado por una crisis monárquica en la Península Ibérica tras la muerte de Carlos II de España y la infructuosa lucha de la Casa de Habsburgo contra la Casa de Borbón entre 1702 y 1713.[47]

El conflicto europeo tuvo consecuencias inmediatas en Puerto Rico. Los ingleses atacaron sin éxito la isla en 1702 y, como había ocurrido en el pasado, pasaron años sin que llegaran a la isla barcos oficiales ni suministros del exterior. Ahora España utilizaba corsarios para defender sus costas. Miguel Enríquez logró fusionar el sistema legal del corsarismo con el contrabando para convertirse en la persona más rica y poderosa de Puerto Rico. A diferencia de la élite sanjuanera de la época, Enríquez era un «pardo», hijo de una mujer negra anteriormente esclavizada y de un padre blanco que nunca lo reconoció. Estos dos rasgos sociales eran marcadores de inferioridad social en la época colonial española.[48]

La historia de Enríquez pone de relieve las múltiples formas en que los individuos tuvieron que idear estrategias para sortear las jerarquías sociales. Las acciones de Enríquez desafiaron las normas coloniales, pero sin embarcarle por fuerza en una confrontación abierta. Arcadio Díaz Quiñones ha llamado a estas maniobras «el arte de bregar» de los puertorriqueños. Para Díaz Quiñones, bregar —cuya definición no se ajusta del todo a la de «luchar»— es una práctica estratégica de lidiar con la violencia colonial sin oponerse a ella o hacerle concesiones públicamente.[49]

En el momento en que España atravesaba la Guerra de Sucesión, Enríquez ascendió al poder en Puerto Rico protegiendo los intereses de la Corona y alejando las amenazas europeas sobre el Caribe español. Aunque llegó a ser una de las personas más poderosas del Caribe, no disfrutó de una infancia privilegiada.

Miguel Enríquez nació el 29 de septiembre de 1674. Su abuela era una mujer esclavizada nacida en África y posteriormente llevada a la fuerza a Puerto Rico. Su madre, Graciana, nació en la esclavitud en Puerto Rico. Aunque el padre de Graciana nunca la reconoció, se le concedió la libertad cuando era una bebé y más tarde se crió en casa de su padre, donde fue obligada a servir como criada durante su adolescencia. Enríquez, nacido libre, también era hijo de un blanco. No era raro que los hombres blancos violaran o mantuvieran relaciones no reconocidas con mujeres de color liberadas o esclavizadas.[50]

Desde muy joven, Enríquez tuvo como mentor a un clérigo que también tenía buenas conexiones con el mundo de la política de San Juan. Bajo su tutela, Enríquez aprendió a escribir y finalmente consiguió un puesto de aprendiz en un taller de zapatería. Cuando, en 1700, probó suerte por primera vez con el contrabando, Enríquez fue apresado y detenido. Fue condenado a trabajos forzados en El Morro, pero los contactos del clérigo le ayudaron a conseguir una condena más leve trabajando en la artillería. El clérigo, según supo más tarde Enríquez, era su padre.

Mientras cumplía su condena, las habilidades de Enríquez llamaron la atención del gobernador Gabriel Gutiérrez de la Riba, quien acabó convirtiéndolo en su mano derecha en las actividades de contrabando. Para protegerse, el gobernador puso varias propiedades, incluidas casas y barcos, a nombre de Enríquez. Cuando Gutiérrez de la Riba murió inesperadamente en 1703, Enríquez heredó todas estas propiedades junto con los contactos que había acumulado mientras colaboraba secretamente con el gobernador. Eso impulsaría su carrera como corsario y contrabandista.[51]

Durante las primeras tres décadas del siglo XVIII, Enríquez acumuló una de las mayores fortunas de América; sin duda, poseía más riqueza que todos los demás puertorriqueños juntos. Su flota contaba con más de ciento cincuenta barcos y era dueño, además, de unas trescientaas personas esclavizadas. Enríquez también podía comprar puestos políticos para sus aliados, incluidas las gobernaciones. En un momento en que la mayoría de la población vivía en la precariedad, Enríquez disfrutaba de los mejores vinos, carnes y quesos. Su papel en la defensa de la isla no pasó desapercibido para la Corona española. El rey lo nombró capitán y más tarde le concedió la medalla de la Efigie Real, convirtiéndose de hecho en caballero con el título de «don». Esos fueron los honores más altos que jamás recibió un puertorriqueño durante el dominio colonial español, a pesar de ser un pardo ilegítimo, algo que sus enemigos repetían constantemente.[52]

Aunque Enríquez acumuló riqueza y poder, la élite de San Juan siempre le miró con desdén. Cuando la Corona consolidó su control sobre el Caribe en la década de 1730, dejó de ser un activo para España y perdió la protección real.[53] En Puerto Rico, la élite también conspiró contra él. Antaño el hombre más poderoso de la isla, en 1735 se vio obligado a buscar refugio en un convento católico. Allí pasó los últimos siete años de su vida. Murió sin un céntimo. A pesar de que había pagado los funerales de las personas más poderosas de San Juan, fue enterrado en una tumba sin nombre. Como señala el propio Enríquez en sus memorias —que dictó a su sobrino durante sus años de enclaustramiento—, mientras fue un hombre libre, a Puerto Rico nunca le faltó de nada.[54] Se aseguró de proporcionarles los suministros y la protección que tanto necesitaban. Pero la élite blanca no era capaz de comprender que un hombre de color poseyera semejante poder. La historia de la vida de Enríquez resalta algunas de las contradicciones que se produjeron durante y después de la consolidación del proyecto colonial de España.

Hacia finales del siglo XVII, los documentos oficiales empiezan a referirse a los nacidos en Puerto Rico como «naturales». Un documento de 1647 es uno de los primeros en describir la condición física de los naturales o nacidos en Puerto Rico.[55] Ya en 1705, exisitían algunos documentos oficiales que se referían a los nacidos en Puerto Rico como puertorriqueños. Ese año, un soldado militar se quejó a la Corona española de la precaria situación de San Juan. Como parte de su queja, señaló que había 400 soldados, y ni siquiera 250 eran de utilidad. «Bastante de éstos», señaló el soldado, «son *puertorriqueños* (sic.), bastardos de los gobernadores, de oficiales reales y del ejército» El militar se quejó de que estas personas eran indignas de los puestos que se les concedían mientras que a los españoles se les abandonaba a su suerte.[56]

Aunque aún queda mucho por investigar, parece que la categoría «criollo», que empezó a utilizarse en el siglo XVIII para referirse a los nacidos en Puerto Rico, estaba reservada a la élite blanca. Según el historiador Mario R. Cancel-Sepúlveda, «para los criollos puertorriqueños blancos, los pardos, como se denominaba a los no blancos desde fines del siglo 18, no merecían el título de criollos». Esas mismas élites criollas consideraban que «[s]er negro o mulato era equivalente a un error o una carencia en este caso de honra, dignidad o decoro».[57]

A medida que emergía la categoría social «puertorriqueño», la blancura era celosamente vigilada por las élites coloniales. Mientras tanto, el contrabando estaba prácticamente autorizado por las autoridades coloniales, lo cual brindaba a una persona de color que tuviera las conexiones, la voluntad y los conocimientos de Enríquez, una oportunidad de movilidad social. A través del contrabando, Enríquez se convirtió en un reconocido naviero con una impresionante flota que protegía la «llave de las Indias» que pertenecían a España en un momento en que la metrópoli estaba inmersa en luchas contra otras potencias europeas. La fusión del mundo de los corsarios y el contrabando permitió a Enríquez adquirir poder y prestigio. Pero la élite colonial nunca le permitió olvidar que seguía siendo descendiente de gente esclavizada.

Enríquez no fue el único desafío al que se enfrentaron las élites coloniales. En una sociedad convencida de que la raza de una persona era indisociable de su valía, a los europeos les tomó por sorpresa cuando, a finales del siglo XVIII, las personas de color libres y esclavizadas de la colonia francesa de Saint Domingue recurrieron a las armas y declararon una revolución. La revolución, que duró trece años, tuvo como resultado la abolición de la esclavitud, el fin del colonialismo francés y la creación de la república de Haití, la segunda república del continente, después de Estados Unidos, y, quizá lo más importante, la primera república negra del mundo. Los vientos de libertad que soplaban desde Haití dieron esperanza a muchos, pero también aterrorizaron a las autoridades coloniales de Puerto Rico.

CAPÍTULO 3

VIENTOS REVOLUCIONARIOS: DE LA REFORMA A LA INSURRECCIÓN

Durante los primeros dos siglos de colonización española en América, Puerto Rico fue gobernado con mano de hierro. España creó virreinatos para controlar los vastos territorios de América, que se extendían desde la actual Patagonia hasta Alaska. Hubo importantes excepciones, por supuesto. Puerto Rico no formaba parte de un virreinato. Además, los portugueses reclamaron los territorios de Brasil, mientras los imperios se enfrentaban en el Caribe con el propósito de ampliar sus mercados productores de azúcar o sus esferas de influencia.

Puerto Rico tenía importancia militar para la Corona española, pero no así la gente que habitaba el archipiélago. Para las clases trabajadoras, la vida en la colonia era difícil. El contrabando se había prohibido oficialmente, pues el Estado promovía el comercio a través de los canales oficiales. No obstante, la realidad era muy distinta. Se comerciaba ilegalmente con marineros de barcos que navegaban bajo distintas banderas imperiales: francesa, holandesa e inglesa. Los colores de la bandera que ostentara un barco no importaban si traía provisiones necesarias. Esos barcos transportaban suministros, per también ideas. Y representaban una amenaza para los administradores coloniales.[1]

El siglo XVIII fue una época de transformación para el imperio español. Tras la Guerra de Sucesión, que duró desde 1701 a 1714, la Casa de Borbón se apropió de la Corona española y promulgó una serie de reformas destinadas a engrasar la maquinaria burocrática imperial que España había creado en América. Entre otras medidas, se redujo el poder de la Iglesia, el contrabando se convirtió en un delito punible y se centralizó el control administrativo del Estado.[2] Las jerarquías sociales ancladas en la raza y el género eran importantes para el funcionamiento del aparato colonial español. Cuando los esclavos se unieron y declararon una revolución en la vecina isla de Saint Domingue, las autoridades coloniales y la clase terrateniente de Puerto Rico se inquietaron.[3]

Saint Domingue, más tarde llamada Haití, era la colonia más rentable del mundo a finales del siglo XVIII. Posesión del imperio francés, producía suficiente azúcar para suplir al mundo entero. Sin embargo, esa enorme riqueza se produjo a costa de, y mediante la explotación de los pueblos negros. En 1789, Saint Domingue estaba habitada por 32.000 blancos, 55.000 personas de color y casi 450.000 personas esclavizadas. El número de personas esclavizadas puede haber sido mayor, ya que se les consideraba bienes muebles y a menudo los hacendados que intentaban evadir impuestos los contabilizaban de forma inexacta en los censos.[4]

Lo que comenzó como una insurrección de esclavos en 1791 pronto se convirtió en una revolución de la cual surgió la segunda nación independiente de América y la primera república negra del mundo. Según el antropólogo Michel-Rolph Trouillot, la Revolución haitiana era «impensable» porque los europeos no podían concebir la idea de que los pueblos esclavizados tuvieran la capacidad de organizar una revolución.[5] Sin embargo, lo que ocurrió en Haití en 1791 ocurrió al margen de lo que pensaran, quisieran o desearan los europeos. Tal vez por eso sigue siendo algo poderoso: la revolución pudo haber ocurrido fuera de Europa, pero reorganizó toda la modernidad occidental.[6] «Las personas esclavizadas, que eran consideradas bienes muebles en vez de seres humanos», escribe el historiador Laurent Dubois, «insistieron con éxito en que tenían derecho a ser libres y, por consiguiente, que tenían derecho a gobernarse según un nuevo conjunto de principios». En el proceso, «impulsaron de formas inesperadas los principios del universalismo de la Ilustración insistiendo en el principio evidente —aunque luego ampliamente rechazado— de que nadie debe ser esclavo».[7]

Tras la revolución, Haití pasó a significar cosas diferentes para personas diferentes. Era un fantasma que perseguía a las élites blancas de las colonias y las metrópolis imperiales. Para los esclavizados, Haití se convirtió en un rayo de esperanza. Las revueltas proliferaron alrededor de todo el Caribe y no era raro encontrar dibujos de los líderes revolucionarios de Haití, como Henri Christope y Toussaint Louverture, entre las pertenencias de los capturados.[8]

La Revolución haitiana formó parte de un momento revolucionario más amplio que barrió el mundo atlántico. En Estados Unidos, los insurgentes lograron crear un país independiente en su revolución de 1776. El pueblo de Francia derrocó a la monarquía y creó un gobierno republicano en una revolución que comenzó en 1789. Dos años más tarde, sonaron los primeros disparos de la Revolución haitiana. Como ha señalado el historiador Laurent Dubois, las revoluciones francesa y haitiana «surgieron simbióticamente a medida que las noticias, las ideologías y las personas cruzaban el Atlántico; a medida que los actores del Caribe desplegaban los ideales y símbolos del republicanismo e impulsaban el significado de la ciudadanía y la pertenencia nacional en nuevas direcciones».[9] Estas ideas suponían una enorme amenaza para la Corona española y sus posesiones coloniales en toda América. En menos de dos décadas, la revolución se hizo inevitable en muchas posesiones coloniales españolas. Por su situación geográfica, Puerto Rico estaba en el centro de la tormenta.

Entre la reforma colonial y la crisis imperial

En el siglo XVIII, las guerras europeas crearon un efecto dominó en todo el mundo atlántico. Durante las guerras revolucionarias de Francia, Napoleón Bonaparte sobresalió como estratega militar y político. En 1799 ascendió al poder y creó un gobierno burocrático y dictatorial. Poco después, en 1803, inició una serie de ataques militares y guerras conocidas después como las Guerras Napoleónicas, que duraron hasta 1815 y tuvieron enormes repercusiones en todos los territorios que hoy conocemos como América Latina y el Caribe. Fue una época de fervor revolucionario y de expansión de las ideas de la Ilustración. Las revoluciones estadounidense y francesa infundieron temor en los sistemas monárquicos europeos. El llamado a la *liberté, egalité, fraternité* fue un poderoso lema que movilizó a los pueblos para reclamar más derechos y desafiar los sistemas monárquicos de gobierno exigiendo la soberanía popular.[10]

En 1807, Portugal cerró sus puertos y le declaró la guerra a su antigua aliada, Inglaterra. Napoleón Bonaparte aprovechó la oportunidad para atacar Portugal. El príncipe João huyó a Brasil, junto con la Corona portuguesa, trasladando el centro de gravedad del imperio de Lisboa a Río de Janeiro. Napoleón intentó llegar a un acuerdo con Carlos IV y su hijo, el príncipe Fernando, para permitir que su ejército atravesase España con el fin de invadir Portugal. El 2 de mayo de 1808, al tiempo que sus tropas marchaban pacíficamente hacia Madrid, Napoleón le declaró la guerra a España, obligando al rey y al príncipe a exiliarse en Francia. Las cortes españolas se trasladaron de Madrid a Cádiz para resistir la invasión napoleónica. Esto creó una lucha de poder en España entre José Bonaparte, conocido popularmente como Pepe Botella por sus hábitos de bebedor, en representación del Imperio Napoleónico, y la Regencia, que se convirtió en símbolo de la resistencia monárquica española.[11]

Aunque la Corona portuguesa mantenía un fuerte control sobre Brasil, esos acontecimientos crearon inmediatamente una crisis de legitimidad para España en sus colonias. En la América española surgieron facciones que querían mantenerse fieles a la Corona, mientras que otras veían la oportunidad para crear nuevas naciones soberanas. Entre 1808 y 1826, los movimientos revolucionarios se propagaron como la pólvora por la América española y condujeron a la independencia de las antiguas colonias españolas, excepto Cuba y Puerto Rico.

Tanto el gobierno napoleónico como la Regencia española enviaron emisarios a sus colonias americanas para conseguir apoyo. Cuando los franceses llegaron a Puerto Rico, el gobernador Toribio Montes los arrestó y los mandó al patíbulo en el fuerte El Morro de San Juan. También envió un mensaje de lealtad a España. Mientras tanto, la élite puertorriqueña, compuesta entonces por hacendados blancos de ascendencia europea, se enzarzaba en debates candentes sobre cómo proceder. En medio de las tensiones políticas entre liberales y conservadores que se desarrollaban en las Cortes de Cádiz, la Regencia permitió que representantes de sus colonias americanas se unieran a ellos en las Cortes Reales.[12]

En mayo de 1809 se convocaron las primeras elecciones de la historia de Puerto Rico para escoger un representante ante las Cortes. En aquella época, el archipiélago estaba dividido en cinco cabildos o consejos administrativos: San Juan, San Germán, Aguada, Arecibo y Coamo. Cada cabildo eligió a cinco candidatos que fueron remitidos a la junta electoral provincial de San Juan. La junta estaba compuesta por el gobernador, el obispo y un miembro del cabildo de San Juan. Tras tensas conversaciones, los cabildos eligieron a un teniente de navío educado en España y Francia, Ramón Power y Giralt.[13]

Los cabildos supervisaron la creación de un documento con «instrucciones» para el primer representante de Puerto Rico ante las Cortes españolas. Todos declararon su lealtad a la monarquía y, a continuación, se quejaron del gobierno «opresivo, arbitrario y tiránico» de España y sugirieron una serie de reformas.[14] Dichas reformas incluían, entre otras, la creación de una Universidad de Puerto Rico con recintos en San Juan y San Germán, más escuelas, la abolición de impuestos onerosos y reformas laborales.[15] El cabildo de San Germán fue más allá y también proclamó que, si España caía en manos francesas, «quede Independiente esta Isla y en libre arbitrio de elegir el mejor medio de la conservación y susbsitencia de sus habitantes en paz y Religión Cristiana».[16] El hecho de que los puertorriqueños entendieran su lucha como parte de otros movimientos independentistas suele ser minimizado por los historiadores. En el contexto de las guerras por la independencia en la América española, el cabildo de San Germán se hacía eco de un sentimiento quizá más generalizado de lo que han documentado los historiadores.

El pueblo de San Germán tenía una larga historia de protesta contra el gobierno colonial, que se remonta al siglo XVIII. También había varios miembros de la élite criolla local —como se llamaba a los puertorriqueños de ascendencia europea— que tenían fama de separatistas. De hecho, el mismo año en que Ramón Power y Giralt fue electo para las Cortes españolas, Francisco Antonio Ramírez de Arellano, un destacado miembro de la élite de la ciudad que había ejercido como alcalde, estaba organizando en secreto un levantamiento armado que tendría lugar durante las celebraciones navideñas de 1811 en San Germán.[17] La insurrección planeada se detuvo unos días antes de la fecha prevista porque los rebeldes recibieron información de que un barco español había llegado a Puerto Rico con 4.000 soldados. Lo que no sabían era que el barco transportaba solo cuatrocientos soldados, que en realidad tenían como destino México y Venezuela para luchar allí contra los independentistas.[18]

Las noticias del levantamiento planeado llegaron al gobernador Salvador Meléndez Bruno, quien inició una investigación el 21 de enero de 1812. Aunque a fin de cuentas se retiraron los cargos contra los detenidos o acusados, la lista incluía a miembros destacados de la élite de San Germán. Los temores del gobernador ante una posible rebelión aumentaron con la aparición de panfletos y carteles que abogaban por la independencia. Por las calles de San Germán circulaban volantes en los que se argumentaba que ningún puertorriqueño sería enviado a Venezuela para luchar contra sus hermanos que luchaban por la independencia. Las autoridades también creían que los separatistas de Puerto Rico estaban siendo protegidos por personas poderosas, entre ellas Ramón Power y Giralt y el primer obispo nacido en Puerto Rico, Juan Alejo de Arizmendi.[19]

En 1823, cuando la Regencia volvió a derogar la Constitución y otorgó a los gobernadores coloniales poder absoluto para gobernar a su antojo, el aparato represivo del gobierno se endureció. La medida fue ampliamente disputada por los representantes coloniales en los tribunales y, posteriormente, abolida. En Puerto Rico, los separatistas no eran el único grupo al que temer. El fantasma de Haití atormentaba a los funcionarios del gobierno y una serie de revueltas de esclavos acrecentaron esos temores.

Cuatro años después de la Revolución haitiana, los esclavizados intentaron una insurrección en la ciudad occidental de Aguadilla. Aunque la insurrección fracasó, infundió pánico por la influencia de Haití en Puerto Rico.[20] Tras la Paz de Basilea de 1795, cuando España firmó la paz con los franceses y se reanudó el comercio entre ambos países, comenzaron a circular por la América española artículos alusivos a la Revolución francesa. El gobernador Ramón de Castro prohibió las importaciones francesas a Puerto Rico. También ordenó a las autoridades locales que vigilaran de cerca a los extranjeros, en especial, a los de ascendencia francesa.[21]

Los temores coloniales volvieron a aflorar en 1805, cuando las autoridades informaron que un agente haitiano llamado Chaulette andaba de viaje por Puerto Rico. El gobernador Toribio Montes envió un aviso a todos los tenientes de la isla sobre su llegada y lo describió como un mulato de entre dieciocho y veinte años versado en inglés, francés y español. Terminó el aviso ordenando su captura antes de que «derrame su maldita semilla en esta isla que gozaba de lealtad y Castro a su Majestad».[22] Nunca fue capturado, y más tarde se supo que había sido enviado por el general haitiano Jean-Jacque Dessalines para abogar por la insurrección y la revolución, no solo en Puerto Rico sino en todo el Caribe.[23]

Durante la ocupación napoleónica de la Península Ibérica, España se convirtió, por primera vez en su historia, en una monarquía constitucional. En 1812, las Cortes de Cádiz aprobaron su primera Constitución, conocida popularmente como La Pepa, que reconocía por primera vez en la historia colonial de la América española que los españoles de ambos lados del Atlántico eran ciudadanos de la nación española, no súbditos del rey. La constitución fue revocada en 1814, cuando el rey Fernando VII regresó al trono tras expulsar a las fuerzas de Napoleón. Con las tensiones políticas a flor de piel, la Corona española restableció la Constitución en dos ocasiones, para volver a abolirla en 1823.[24]

La noticia de la constitución llegó a Puerto Rico el 9 de julio de 1812. Un año antes, las Cortes habían aprobado una ley conocida como la Ley Power, en referencia al representante colonial de Puerto Rico, Ramón Power y Giralt. Esta ley permitió la apertura de puertos en diferentes poblaciones costeras, aboliendo así el monopolio portuario de San Juan. También autorizó la libre importación de harina y alivió algunos impuestos. Al gobernador Meléndez no le gustaba la política que empezaba a operar en España; no obstante, declaró vigente la Constitución de 1812. Se celebraron grandes festejos en distintos puntos de la isla.[25] Entre la población esclavizada de San Juan circulaban rumores de que, siguiendo el ejemplo de los franceses y los británicos, las cortes españolas habían abolido la esclavitud, pero los funcionarios locales no estaban cumpliendo. Las autoridades fueron informadas de un plan de insurrección que nunca llegó a confirmarse. Los rumores dieron al gobierno colonial una excusa para acusar y detener a decenas de personas. Estos acontecimientos confirieron al gobierno carta blanca para el terror, la explotación y la violencia patrocinados por el Estado.[26]

Reforma, represión y revolución

Aun después de que Fernando VII aboliera la Constitución española en 1814, la situación en América seguía preocupando a su administración. A España le convenía ofrecer reformas a Puerto Rico con la esperanza de que la administración colonial se mantuviera leal a la Corona. Soplaban vientos revolucionarios en la élite criolla, y la aparición de panfletos y carteles se lo dejó muy claro a las autoridades. En octubre de 1814, el rey Fernando pidió al cabildo de San Juan que enviara una lista de posibles reformas. Al año siguiente, en 1815, promulgó la Real Cédula de Gracias, un decreto que concedía una serie de reformas sociales y económicas a Puerto Rico por un periodo de quince años, salvo prórroga por decretos posteriores.[27]

La Cédula de Gracias pretendía que Puerto Rico pasara de una economía de subsistencia a una de plantación capaz de exportar su producción agrícola. Para ello, el decreto aliviaba los impuestos y las restricciones a la migración. Las reformas funcionaron. Como señaló la historiadora Olga Jiménez de Wagenheim, «aunque no existe un desglose estadístico de cuántos inmigrantes atrajo la Cédula a Puerto Rico, hay pruebas de que entre 1815 y 1834 la población de la isla creció en un 38%, es decir, 138.000 habitantes».[28] La población de la isla también siguió creciendo exponencialmente a lo largo del siglo, aumentando de 155.426 habitantes en 1800 a 953.243 en 1897. Esta explosión demográfica se debió a una mayor tasa de natalidad, a las migraciones provocadas por la Revolución haitiana (1791-1804) y las Guerras de Independencia Hispanoamericanas (1808-1833), y a la trata de personas esclavizadas.[29]

En 1819, el valor per cápita de los productos exportados era de 1.098.083 pesos y en 1844 había alcanzado los 6.204.704. Puerto Rico comenzó a exportar café, tabaco y azúcar a gran escala. En esa tríada, el azúcar se convirtió en rey. Sin embargo, su producción dependía de la continuación ininterrumpida del sistema de esclavitud.[30]

Presionada por los ingleses, la Corona española firmó en 1814 el Tratado anglo-español, que la comprometía a limitar el comercio de personas esclavizadas en sus colonias. Dicho tratado se convirtió en letra muerta cuando Puerto Rico vio aumentar su población esclavizada de 13.333 personas en 1802 a 51.265 en 1846.[31] El historiador Guillermo Baralt ha identificado al menos veinticinco rebeliones, insurrecciones o conspiraciones durante ese mismo periodo, en las que los pueblos esclavizados lucharon por su libertad. En algunos casos, simplemente buscaban escapar de sus plantaciones, mientras que en otros abogaban por una revolución. Estos acontecimientos deben situarse junto a las comunidades cimarronas que también existían en esa época en lugares como Jamaica, Haití y otras regiones del Caribe. En todos esos casos, la lucha por la liberación eludió los archivos y los libros de historia.[32]

Las acciones realizadas por los esclavizado para conseguir su libertad no eran el único problema que preocupaba a las autoridades españolas. En la década de 1820, los separatistas comenzaron a organizarse de nuevo para abogar por la independencia de Puerto Rico a través de la revolución. Las autoridades siempre vigilaron a un grupo, conocido públicamente como liberales, del que formaban parte María de las Mercedes Barbudo y su hermano José Antonio de los Reyes, Juan Nepomuceno Otero, el sacerdote Juan Abreu, el teniente español Manuel Suárez del Solar, el diputado Demetrio O'Daly y el teniente puertorriqueño Matías Escuté.[33] Los liberales eran miembros de la élite puertorriqueña, y tenían contactos en toda la isla y en el extranjero. Algunos fueron detenidos mientras María de las Mercedes Barbudo se exiliaba a Cuba y después pasaba una temporada en Venezuela, donde se dice que conoció a Simón Bolívar, más tarde celebrado como el libertador de América por su papel militar en la independencia de varios países latinoamericanos.[34] Los integrantes del grupo de Barbudo no eran los únicos puertorriqueños que hacían campaña por la revolución. En 1822, otro grupo liberal del distrito occidental de Puerto Rico envió una invitación a Guillermo Lafayette Docoudray Holstein, veterano del ejército de Bolívar en Venezuela, para que organizara una expedición para luchar por la independencia de Puerto Rico.[35]

Tras una aplastante derrota en Venezuela, Holstein se había trasladado a la isla de Curazao. Estudiaba francés y piano cuando recibió la invitación para liberar a Puerto Rico, algo por lo que los revolucionarios latinoamericanos habían abogado abiertamente en más de una ocasión. Aceptó y se trasladó a Filadelfia para recabar apoyo financiero para la expedición. Allí reclutó a hombres de negocios deseosos de comerciar con un Puerto Rico independiente. También formó un ejército de 200 a 400 hombres listos para luchar. El plan era invadir a través del pueblo de Arecibo y luego trasladarse a la ciudad de Mayagüez, que se convertiría en el cuartel militar de la República Boricua.[36]

Los preparativos se interrumpieron. En 1822, llegó a la isla un nuevo gobernador militar, Miguel de la Torre. El ejército de Simón Bolívar había expulsado hacía poco a las tropas españolas de Venezuela y de la Torre había sido uno de los derrotados en la batalla de Carobobo (1822). Atormentado por esta vergonzosa derrota, Miguel de la Torre gobernó a Puerto Rico sin piedad.[37] Poco después de su llegada, ordenó la persecución y detención de los considerados subversivos, entre ellos los Barbudo, Escuté y otros. El diputado O'Daly se vio obligado a exiliarse en la isla de Santo Tomás.[38] Todos los estrategas de la revolución fueron encarcelados o exiliados.

Los rumores de la inminente invasión de Holstein, filtrados por contactos en Filadelfia, también llegaron a la oficina del gobernador. Las autoridades españolas trasladaron sus fuerzas a la ciudad de Añasco, donde desembarcaría la expedición. Sin embargo, Holstein nunca llegó a Puerto Rico. Zarpó de Estados Unidos rumbo a la isla de San Bartolomé, pero la expedición fue azotada por una tormenta. Cuando llegó a Curazao, su barco estaba a punto de hundirse. Presionados por la Corona española, los holandeses lo detuvieron antes de que pudiera zarpar hacia Puerto Rico.[39]

La fallida revolución de Holstein fue la bienvenida del Gobernador Miguel de la Torre al archipiélago. Al igual que las administraciones anteriores, el tiempo que duró su mandato —de 1822 a 1837— se vio consumido por la preocupación por Haití. A partir de 1821, otro espectro comenzó a acechar a los españoles en el Caribe: Simón Bolívar.

Las autoridades puertorriqueñas prestaron mucha atención a un congreso que se celebró en Panamá en junio de 1826. Allí, Bolívar propuso la creación de una federación de naciones, plan que finalmente no fue aprobado. El congreso también discutió la posibilidad de crear una expedición militar compuesta por fuerzas de la Gran Colombia y México para luchar por la independencia de Puerto Rico. Esos planes se abandonaron posteriormente. Mientras tanto, en México, los generales independentistas José Antonio Paéz y José Antonio Valero organizaban un ejército de unos 25.000 hombres para luchar en Cuba y Puerto Rico. Aunque esta guerra no llegó a materializarse, aterrorizó a las autoridades coloniales. Circularon rumores sobre una posible invasión de Bolívar en enero de 1827, marzo de 1828 y febrero de 1829. Los temores de invasión disminuyeron después de 1829 con la guerra del Perú, la separación de Venezuela, Ecuador y Panamá de la Gran Colombia, y con la muerte de Bolívar en 1830.[40]

En esta tensa atmósfera, la Corona española volvió a suspender los derechos constitucionales en 1823. Hasta entonces, Puerto Rico había estado gobernado por dos fuerzas: un gobernador civil y un general militar. Después de ese año, el cargo de gobernador civil fue abolido, dando paso al gobierno de militares a los que la Corona española otorgó un poder dictatorial. Reconociendo los poderes que se le otorgaban, Miguel de la Torre aprobó el Bando de Policía y Buen Gobierno, que pretendía moldear, controlar y dominar las relaciones sociales en Puerto Rico.[41]

El bando estaba compuesto por decenas de ordenanzas que regulaban la movilidad, el trabajo y el espacio. Tras su aprobación el 2 de enero de 1824, se leyó en voz alta en las calles de todos los municipios.[42] Los alcaldes de los pueblos y ciudades también recibieron una copia y se les ordenó que lo aplicaran de inmediato. Algunas ordenanzas exigían a los alcaldes que informaran a las autoridades de cualquier extranjero o forastero que pasara por sus ciudades o pueblos. También les obligaban a crear registros diarios con información sobre todo lo que ocurría en su municipio. Los residentes no podían admitir a desconocidos en sus casas sin la aprobación del alcalde. La isla fue sometida a un toque de queda nocturno y también se prohibieron las reuniones privadas.

Por último, el bando prohibía la vagancia, incluida la juventud desempleada. A los que eran hallados culpables los arrestaban y los enviaban a servir en el ejército español.[43] El documento era una respuesta a Haití y a Bolívar, así como un testimonio de la circulación de ideas separatistas en Puerto Rico.

Miguel de la Torre pretendía vigilar y controlar a las masas trabajadoras al tiempo que atendía a los hacendados y comerciantes. Concedió licencias especiales a los hacendados esclavistas para vender a los esclavizados incluso cuando los mercados mundiales estaban cerrados. En 1823, España firmó con Inglaterra el Tratado anglo-español para abolir el comercio de esclavos. Sin embargo, durante la administración de Miguel de la Torre llegaron a Puerto Rico más esclavizados que nunca.[44] «El mecanismo represivo del Estado», señala el historiador Fernando Picó, también «hizo posible que muchos [hacendados] contrajeran hipotecas que se incrementaban con tipos de interés que, al menos en teoría, eran ilegales».[45] Los puertos recién abiertos por las reformas recién aprobadas recibían abundantes mercancías y el gobierno de Miguel de la Torre purgó de piratas la región del Caribe.[46]

Aunque algunos disfrutaron de la fugaz sensación de prosperidad, muchos sufrieron las duras políticas de De la Torre. Los campesinos que no poseían o poseían pocas propiedades, los trabajadores asalariados y los artesanos también fueron blanco de su gobierno. A pesar de su autoritarismo, al gobernador Miguel de la Torre se le recuerda por su política en torno a las celebraciones públicas. Se sabe que gobernaba con las «tres B»: baile, botella y baraja. Con la esperanza de sofocar las ideas revolucionarias de las Américas que circulaban entonces por Puerto Rico, trató de entretener a las masas.[47]

La aparente prosperidad fiscal por la que atravesaba Puerto Rico dependía de leyes laborales draconianas y de la explotación de los esclavizados. En respuesta a una conspiración de esclavizados descubierta en Ponce en 1826, de la Torre aprobó nuevas normas. Basándose en un decreto real de 1789, ordenó la vigilancia y el control de los negros que viajaban fuera de sus plantaciones. También ordenó encerrar a los esclavizados por la noche. El gobierno ofrecía recompensas a los esclavizados que descubrieran conspiraciones o planes de insurrección. En última instancia, estas normas pretendían disuadirlos de desafiar sus condiciones de opresión, pero no funcionaron. El historiador Guillermo A. Baralt ha identificado al menos otras cinco conspiraciones en Puerto Rico en la década siguiente.[48]

De la Torre sentó las bases de otras normas laborales opresivas que después fueron promulgadas por los gobernadores Miguel López de Baños (1837-1841), Juan Prim y Prats (1847-1848) y Juan de la Pezuela (1848-1851).[49] Tras las revoluciones de 1848 en Europa, el gobierno francés abolió la esclavitud en Martinica y Guadalupe el 29 de abril. Cansados de su continua explotación, los esclavizados de Martinica no esperaron a que llegaran las noticias oficiales e iniciaron una insurrección que llegó a otras islas del Caribe. Alarmado, el gobernador Prim y Prats envió un batallón a Santa Cruz con quinientos soldados y dos piezas de artillería. Aunque la insurrección fue sofocada, el gobernador temía que se propagara por Puerto Rico. Para ello, aprobó el Bando contra la raza negra.[50] En esas décadas, lo que ahora llamamos antinegritud se instituyó mediante leyes cuyoss efectos persistirían en la vida de los negros durante siglos.

La proclama de Prim y Prats iba dirigida a los negros, liberados o esclavizados. Según el Artículo I, si un negro cometía algún delito, sería juzgado y condenado por un juez militar. El segundo artículo afirmaba la superioridad de los blancos ante la ley. Si un negro hacía daño a un blanco —aunque fuera de forma justificada y en defensa propia— era declarado culpable. Si un negro esclavizado insultaba, amenazaba o maltrataba a un blanco, era condenado a cinco años de prisión y, si era libre, «a la pena que las circunstancias del hecho corresponda». A los propietarios de los esclavizados también se les otorgaba el poder de matarlos si intentaban sublevarse.[51]

Por sus impulsos dictatoriales, que incluían también ejecuciones extrajudiciales de bandoleros, la Corona española destituyó a Prim y Prats de su cargo. Su sucesor, Juan de la Pezuela, abolió el Bando contra la raza negra, aunque exhortaba a los negros esclavizados a ser sumisos y someterse a su condición.[52] El gobernador también actuó para regular el trabajo decretando el 11 de junio de 1849 el Reglamento de Jornaleros, que ordenaba que todos los jóvenes estuviesen empleados. Además, los trabajadores debían llevar consigo una libreta de registro expedida por el juez municipal. En esa libreta, su empleador anotaba datos como dónde estaba empleado el trabajador y cuánto cobraba. Si se detenía a alguien y se le sorprendía sin su libreta, se le obligaba a pagar una multa y a trabajar en obras públicas por la mitad de su salario habitual.[53]

Conocido como el «régimen de la libreta», el sistema era una forma de controlar a la población trabajadora de la isla y complementaba el Bando de Policía y Buen Gobierno del Gobernador de la Pezuela, que restringía la movilidad entre ciudades, prohibía las reuniones privadas y prescribía el toque de queda nocturno a las diez de la noche. Con dichas proclamas y reglamentos, de la Pezuela se ganó la antipatía entre las masas trabajadoras. También se ganó la desconfianza de la élite sanjuanera al señalar públicamente en la inauguración de la Real Audiencia en 1849 que «la sociedad puertorriqueña se arrastra torpe y perezosamente, sin más estímulos que el de los apetitos carnales, con una generación vagabunda, sin religión, sin fe, sin pensamiento».[54] Mientras de la Pezuela se quejaba y menospreciaba a los puertorriqueños, una nueva generación de intelectuales y revolucionarios reflexionaba sobre lo que significaba ser puertorriqueño.

Las semillas de la revolución

España abrió a Puerto Rico a los mercados extranjeros en el siglo XIX, pero no logró crear una infraestructura para que la colonia prosperara económicamente. La Guerra Civil estadounidense había generado una demanda de azúcar en los mercados extranjeros, sobre todo a causa del bloqueo que el Norte impuso a los estados del Sur. Cuando terminó la guerra y esos estados se reincorporaron a los mercados atlánticos, la economía de Puerto Rico se contrajo gravemente. Pero esa no fue la única contracción que tuvo lugar en el siglo XIX. Como señaló Salvador Brau, uno de los principales historiadores de la época, el sistema de trabajo esclavizado había producido riquezas suficientes para que los hacendados enviaran a sus hijos a estudiar al extranjero. Una generación de jóvenes llegó a París, Madrid y Michigan para estudiar Derecho o Medicina. También conoció el liberalismo, llegando de vuelta al Caribe con fervientes ideas abolicionistas, o en palabras de la historiadora Silvia Álvarez Curbelo, «el primer discurso puertorriqeño moderno».[55]

En Puerto Rico, el sentimiento de nación o de pertenencia a algo distinto del Imperio español no comenzó en el siglo XIX. Como se ha señalado antes, la categoría «puertorriqueño» ya se utilizaba desde principios del siglo XVIII.[56] La categoría «criollo» también surgió en América para diferenciar a los nacidos en la Península Ibérica, denominados peninsulares, de los nacidos en Puerto Rico. Estas categorías de identidad también conllevaban poder, ya que quienes ocupaban los estratos superiores de la estructura social solían ser peninsulares. Sin embargo, los múltiples intentos de los puertorriqueños por independizarse nos permiten ver los límites de la lealtad española en la colonia.

Descubrir los orígenes de la puertorriqueñidad puede resultar una empresa imposible. Es importante señalar que Puerto Rico comenzó a ser imaginado y teorizado a través del mundo de las letras. La historia también se convirtió en esos años en una herramienta de afirmación de la nacionalidad, en la medida en que los historiadores trataban de localizar los fundamentos de la sociedad en la que vivían e intentaban comprender. Los pueblos indígenas de Puerto Rico se convirtieron en tema recurrente de la producción literaria contemporánea, y los intelectuales también empezaron a crear cánones nacionales que incluían al pintor del siglo XVIII José Campeche y al primer representante de Puerto Rico en las Cortes españolas, Ramón Power y Giralt.

Dos miembros de esta generación intelectual y política fueron Ramón Emeterio Betances y Segundo Ruiz Belvis. Se conocieron en París, donde Betances estudiaba Medicina y Ruiz Belvis terminaba la carrera de Derecho. Cansados de la condición colonial y dotados de una inteligencia preclara, comenzaron a trabajar por la independencia de Puerto Rico. Ambos murieron en el exilio, pero su labor no fue en vano. La revolución que habían ayudado a organizar ocurrió en Lares, en 1868. La revolución de Lares fracasó en sus objetivos, pero su éxito no puede medirse únicamente con rúbricas militares y políticas. Lares se convirtió en un símbolo de afirmación nacional que aún hoy se recuerda y celebra.

CAPÍTULO 4

IMAGINAR LA GRAN FAMILIA PUERTORRIQUEÑA

En el Puerto Rico del siglo XIX coexistían dos mundos sociales diferentes: uno rural y otro urbano. Los administradores coloniales estaban a la cabeza. Les seguían los propietarios de plantaciones en la zona rural y los de fábricas en las ciudades y zonas urbanas. Los comerciantes tendían un puente entre ambos grupos. Estas élites no eran homogéneas. Como en el resto de la América española, criollos y peninsulares rivalizaban por el estatus y el control. Los peninsulares tenían mayores privilegios y poder entre las jerarquías sociales que operaban en Puerto Rico. En los pueblos de Lares, Yauco, San Germán y Mayagüez, por ejemplo, los sistemas de comercio y plantación estaban dominados por inmigrantes corsos y mallorquines. Apenas empleaban a criollos, lo que abonaba a las ya tensas relaciones entre las élites.[1]

La clase hacendada había logrado amasar una gran riqueza a costa de los esclavizados hasta la llegada de los retos financieros de la década de 1860. La Guerra Civil estadounidense (1861-1865) benefició a las posesiones coloniales españolas en el Caribe. Mientras en Estados Unidos el Norte cerraba las rutas comerciales de los estados del Sur, en Cuba y Puerto Rico se intensificaba la exportación de azúcar. Tras la guerra, con la reincorporación de los estados del sur de Estados Unidos a los mercados internacionales, la economía de Puerto Rico se contrajo.[2]

El azúcar era un rey brutal. Endulzaba el té en Inglaterra y el café en España, pero también dependía de las más horribles formas de explotación laboral. Sin embargo, en el Puerto Rico del siglo XIX, otro producto básico comenzó a dominar la producción y las exportaciones: el café. El comercio del café dependía menos de la mano de obra esclavizada, en parte porque en las regiones montañosas donde se producía vivían trabajadores liberados y desempleados.[3] Los aparceros, los jornaleros atados al odiado sistema de la libreta y los campesinos pobres se habían convertido en un grupo estancado y flotante que se entendía en la base de la jerarquía social.[4]

Algunos criollos soñaban con la libertad y la creación del Estado-nación soberano puertorriqueño desde el archipiélago, y otros lo hacían desde el exilio. Uno de éstos era Ramón Emeterio Betances. Su madre había fallecido cuando él tenía diez años. Su padre, un acaudalado hacendado del pueblo occidental de Cabo Rojo, decidió enviar a su hijo a estudiar a Francia bajo la custodia de amigos de la familia, una conexión que fue posible gracias a sus contactos francmasones. Betances recibió su educación primaria en Toulouse, y más tarde se trasladó a París para estudiar medicina en el momento en que la ciudad se veía sacudida por las revoluciones de 1848. Esa fue su primera lección de activismo político. Más tarde, afirmó con orgullo que, al llamado de la República, se hizo soldado de la República de Francia. Tras terminar sus estudios, regresó a Puerto Rico justo cuando una epidemia de cólera se extendía por las ciudades costeras, matando a miles de personas. Rápidamente abrió sus puertas a cualquier necesitado, ganándose el respeto de la gente del pueblo y el apodo «Médico de los pobres».[5]

Betances formó parte de una generación de jóvenes intelectuales que recibieron su educación formal en Europa. Sus experiencias en la lucha por la República Francesa avivaron su imaginación política. Influido por el liberalismo, abogó abiertamente por la abolición de la esclavitud, los derechos individuales y las elecciones democráticas. Estas ideas fueron percibidas como una amenaza por el gobierno español. Betances y su íntimo amigo, Segundo Ruiz Belvis, fueron expulsados de Puerto Rico en dos ocasiones por sus actividades abolicionistas; incluso una vez fueron acusados de comprar niños esclavizados cuando eran bautizados y concederles inmediatamente la libertad. En 1867, el gobierno ordenó su detención, pero escaparon a la vecina República Dominicana y se dirigieron a Nueva York, donde se unieron a una comunidad de revolucionarios latinoamericanos.[6]

Esos revolucionarios escribieron desde la clandestinidad o el exilio una serie de textos incendiarios en los que hacían un llamado a los puertorriqueños a tomar las armas. «¡Viva la revolución!» y «¡Viva Borinquen!» puntuaban sus hojas sueltas y manifiestos, que probablemente se imprimían en el extranjero y más tarde se circulaban por la red clandestina que organizaba la inminente revolución. Es difícil imaginar lo que se sentiría al llevar una bolsa o un maletín lleno de tales materiales, saber que esas palabras estaban impresas en papel. Palabras que reclamaban otro orden social. Palabras que podían enviar a una persona al paredón de fusilamiento.[7]

En 1867, Betances redactó un documento llamado «Los diez mandamientos de los hombres libres». Era un ultimátum a la Corona española. «Si España se siente capaz de darnos, y nos da estos derechos y estas libertades», escribió Betances, «podrá entonces mandarnos un capitán general, o un gobernador… de paja, que ahorcaremos y haremos quemar en los días de Carnestolendas, en conmemoración de todos los Judas que hasta hoy nos han vendido». Estas reivindicaciones se leen como un típico manifiesto liberal: se pedía la abolición de la esclavitud, el derecho al voto y la libertad de asociación, prensa y comercio, entre otras cosas.[8]

Sabiendo que España nunca lo consentiría, Betances utilizó los diez mandamientos para documentar y promover ideas liberales. Pero la revolución no se basó únicamente en la reivindicación de más derechos individuales. Para Betances, y posiblemente para algunos de los que arriesgaron la vida en el empeño, la revolución crearía la república puertorriqueña. En muchos sentidos, la nación puertorriqueña ya era una realidad porque existía un sentimiento generalizado de pertenencia distinto de la afiliación a España. Como señalaba uno de los panfletos revolucionarios: «Todo nos separa de España». Y continuaba: «La raza primitiva destruida; tras ella la raza africana, sacrificada, y con ella el criollo esclavizado, abatido, despreciado, le piden justicia a los cielos piadosos… Y todavía se atreven a gritarnos: '¿No queréis ser españoles? Bien, seréis indios o mulatos.' ¿Y qué? ¿Desde cuándo no ha valido más ser hijo de la víctima que no hermano del verdugo?».[9]

La organización no se limitó únicamente al archipiélago puertorriqueño. Los revolucionarios de Nueva York, la República Dominicana y Santo Tomás crearon una impresionante red de comunicaciones. El 27 de octubre de 1867, mientras Betances intentaba recabar apoyos y asegurarse armas en el Caribe, Ruiz Belvis viajaba a Chile en busca de aliados diplomáticos. Contaban con la solidaridad de sus hermanos hispanoamericanos. Como había señalado Simón Bolívar décadas antes, la liberación de las Américas no estaría completa sin la liberación de Cuba y Puerto Rico. Desgraciadamente, Ruiz Belvis falleció por causas naturales cuatro días después de llegar al puerto de Valparaíso. Ese fue el primer gran revés de la revolución.[10]

A pesar de la muerte de Belvis y el fracaso de su misión, los preparativos de la insurrección armada continuaron. La revolución comenzaría el 29 de septiembre de 1868 en el pueblo de Camuy. Otros pueblos seguirían su ejemplo y se esperaba que más de veinte sociedades secretas hicieran lo propio. Entre tanto, Betances planificaba llegar con un cargamento de armas y municiones desde Santo Tomás. Nada de esto ocurrió. Ante los rumores que circulaban sobre las posibles insurrecciones, las autoridades españolas se pusieron en alerta máxima. Sus sospechas se confirmaron la noche del 20 de septiembre, cuando el sobrino de uno de los líderes revolucionarios escuchó una conversación entre miembros de la sociedad secreta Lanzador del Norte de Camuy y alertó a las autoridades. El aparato represivo se activó de inmediato. Siguieron conversaciones tensas y una rápida toma de decisiones entre los líderes: tras años de planificación y organización, ahora la revolución debía producirse en menos de cuarenta y ocho horas, y comenzar en un pueblo totalmente distinto, Lares. Como la mayoría de las sociedades secretas no estaba al corriente de lo ocurrido, los que comenzaron a luchar lo hicieron con la esperanza de que sus camaradas se les unieran tan pronto como supieran que la revolución había comenzado.[11] De hecho, algunos revolucionarios solo se enteraron del cambio de planes cuando fueron detenidos por las fuerzas españolas después de que todo terminara.

La noche del 23 de septiembre de 1868, Lares estaba de fiesta. Unas horas antes, unos seiscientos residentes, liberados y esclavizados, se habían reunido en la finca de Manuel Rojas. Rojas era propietario de una plantación que lo había perdido todo en la reciente crisis económica. Unas semanas antes, se había declarado en quiebra tras no poder devolver unos préstamos que le había costado pagar durante años. Rojas era también presidente de la Junta Centro Bravo nº 2, una de las sociedades secretas que llevaban meses organizando la revolución puertorriqueña.[12]

En una sociedad en la que cualquiera que celebrara una reunión pública se convertía en blanco del gobierno y en la que hablar públicamente de política podía llevar a la cárcel, debió de ser estremecedor escuchar a cientos de personas gritar por la liberación de Puerto Rico aquella noche en la finca de Manuel Rojas. Entre la multitud había gente de todas las clases sociales. A los esclavizados se les ofreció la libertad por participar; los jornaleros que habían sido obligados a trabajar mediante el odiado sistema de libretas hicieron una hoguera con las suyas. Las mujeres no formaron parte de la acción militar, aunque participaron en la conspiración.[13]

La pasión abundaba aun cuando no tenían armas ni preparación militar. Había pocos caballos y solo un puñado de rifles. El resto de los rebeldes se armaron con cuchillos, palos y machetes. Cuando llegó la hora de partir, Manuel Rojas pronunció un discurso para reunir a las tropas que gritaban «¡Muerte a España!», «¡Viva la Libertad!», «¡Viva Puerto Rico Libre!», «¡Libertad o Muerte!» mientras marchaban hacia Lares. La revolución había comenzado.[14]

En pocas horas, habían tomado el pueblo y declarado la República de Puerto Rico, junto con un gobierno provisional. Bernabé Pol, un mestizo recién expulsado de su trabajo civil por el color de su piel, fue nombrado Secretario de Estado. El gobierno recién establecido también redactó una «Declaración de Puerto Rico al mundo». En su primera comunicación oficial a la comunidad internacional, Bernabé Pol escribió:

> De acuerdo en que es llegado el momento de tomar las armas para sacrificar la causa a sus derechos, declaran estar resueltos a morir antes que continuar bajo el dominio español; y para que no se le dé carácter de asonada o motín de mal género y sea considerado como un movimiento patriótico con tendencias a sacudir el ominoso yugo y crear una patria libre lo manifiestan para que conste al mundo entero.[15]

En lugar de marchar al siguiente pueblo, San Sebastián del Pepino, los rebeldes decidieron celebrar un *Te Deum* —una misa religiosa de agradecimiento—, que fue el primer y último servicio religioso que se celebró en la breve existencia de la República de Puerto Rico. Otros saquearon las tiendas de la ciudad mientras una hoguera alimentada por los registros de deudas iluminaba la noche. Esas celebraciones dieron tiempo a que llegaran refuerzos españoles desde distintos puntos de la isla.[16]

De este modo, cuando los rebeldes llegaron a San Sebastián después del amanecer del 24 de septiembre, habían perdido el factor sorpresa. Tras múltiples ataques, no lograron tomar la plaza del pueblo. Soldados mejor equipados y más entrenados les obligaron a retirarse a las montañas. Tal vez pudieron ponerse a cubierto hasta que Betances llegara con refuerzos o esperar a que otras sociedades secretas comenzaran sus ataques. El gobierno español ordenó refuerzos desde la cercana ciudad de Mayagüez y comenzó a barrer la zona. En Santo Tomás, los españoles presionaron a las autoridades locales para que confiscaran el barco de Betances, *El telégrafo,* junto con las armas y municiones que había estado reuniendo durante el último año. Betances huyó de la isla antes de que las autoridades pudieran atraparlo.[17] Aunque los historiadores suelen argumentar que la revolución solo duró unas cuarenta y ocho horas, parece que las tácticas de guerrilla continuaron durante al menos dos meses. En diciembre, 551 personas habían sido detenidas en relación con la insurrección: tres de ellas eran mujeres y cuarenta y nueve eran personas esclavizadas. De ellas, siete fueron condenadas a muerte y ochenta murieron en prisión, víctimas de la fiebre amarilla a causa de las condiciones insalubres de la cárcel. A quienes sobrevivieron se les liberó en enero de 1869.[18]

Los rebeldes de Lares no pertenecían a una sola clase o grupo social. Eran una multitud agitada para la cual independencia y liberación significaban cosas distintas. Había hacendados, como Manuel Rojas, que lo habían perdido todo y quizá deseaban poder. Había otros, desilusionados por las estructuras racistas del colonialismo español, como Bernabé Pol, a quien se le habían denegado un puesto administrativo por su raza. Los esclavizados se unieron con la esperanza de alcanzar la libertad y la liberación, mientras que los jornaleros buscaban mejores condiciones de vida. Es posible que existiera un proyecto de clase concertado por parte de las élites que querían derrocar a la administración española para establecer la suya propia, pero centrarse únicamente en las élites sería un acto de injusticia histórica hacia quienes sacrificaron sus vidas por imaginar las posibilidades de vivir de otra manera.

Imaginar la nación

Aunque los revolucionarios de Lares fracasaron en su empeño militar, ganaron una batalla simbólica decisiva. A lo largo del siglo XIX se habían producido acciones e intentos separatistas, pero Lares marcó un punto de inflexión. Les dejó claro a las autoridades españolas lo que debió ser obvio para muchos: que se había construido un sentido único de puertorriqueñidad en oposición a España. Los revolucionarios lucharon por construir el aparato político de la nación.

La Corona española se enfrentó a otros problemas a finales de 1868. La Revolución puertorriqueña formó parte de un movimiento más amplio que se expandió por el Imperio español. Las autoridades aún perseguían a los revolucionarios puertorriqueños en las montañas cuando, el 10 de octubre, los revolucionarios cubanos se levantaron en armas. El *Grito de Yara* proclamó la independencia de Cuba y el establecimiento de un gobierno provisional. Aunque empezó siendo pequeño, en la década de 1870 el movimiento por la independencia de Cuba había atraído a más de 40.000 voluntarios de todas las razas y clases sociales. A diferencia de Lares, que fue inmediatamente reprimido y se limitó a unos pocos municipios, los cubanos iniciaron una guerra de diez años que sentó las bases de tres décadas de lucha.[19]

En España, donde los liberales estaban descontentos con el gobierno de la reina Isabel II, se gestaba otra revolución. En 1868, una rebelión encabezada nada menos que por Juan Prim y Prats logró derrocar a la reina y crear una regencia. Prim y Prats había sido Capitán General de Puerto Rico en 1847, aunque su mandato solo duró un año antes de que fuera destituido por sus tendencias dictatoriales. Fue bajo el gobierno de Prim y Prat que se aprobó el Bando de la raza negra, que otorgaba a los propietarios de personas esclavizadas un poder ilimitado para explotar, castigar y asesinar legalmente a las personas esclavizadas.[20] La llamada Revolución Gloriosa en España marcó el inicio de años de inestabilidad política, incluido el asesinato de Prim y Prats. Con el tiempo, esa revolución configuró las condiciones políticas que condujeron a la creación de la Primera República Española en 1873.

Aunque el gobierno republicano solo duró once meses, fue un experimento político que conmocionó el deteriorado Imperio español. Nuevas leyes y reglamentos concedieron a los puertorriqueños libertad de prensa y de asociación, y propiciaron la creación de nuevos partidos políticos. Una convergencia de factores —entre ellos, la intervención de los esclavizados, la proliferación de políticas abolicionistas entre la élite intelectual y los recientes acontecimientos en la península española— condujo a la aprobación y aplicación de la Ley Moret en 1870. Esta legislación, redactada por intelectuales liberales, se consideró un paso hacia la abolición porque concedía la libertad a los niños nacidos de madres esclavizadas. La Ley Moret, el impacto simbólico de Lares y la inquebrantable insurgencia cubana alertaron a España de la amenaza independentista. Tres años después, el 22 de marzo de 1873, las cortes españolas declararon la abolición de la esclavitud en Puerto Rico. Sin embargo, a los esclavizados no se les concedió la libertad de inmediato. En su lugar, tenían que firmar acuerdos contractuales con sus antiguos amos, o encontrar otros nuevos, por un periodo de tres años.[21]

Aunque la Ley Moret prometía libertad, los puertorriqueños seguían atrapados en estructuras decadentes. Al tiempo que las nuevas tecnologías modernizaron el sistema de plantaciones en las últimas tres décadas del siglo XIX, los mundos de las letras y la política operaban en el ámbito, y a instancias, del gobierno colonial. Los partidos políticos solo podían abogar por la plena integración en la órbita imperial o, en el caso más radical, por cierto grado de autonomía. Las ideas separatistas no podían profesarse ni promoverse públicamente. Pero eso no significa que tales ideas no existieran. Aunque el café y el tabaco eran las exportaciones principales, el azúcar volvería a cobrar importancia en el siglo siguiente. Mientras tanto, liberales, profesionales y hacendados se unieron en torno a un mito fundacional que opera hasta nuestros días: la idea de la Gran Familia Puertorriqueña.

La Gran Familia Puertorriqueña

En noviembre de 1870, con solo cinco días entre sus convenciones inaugurales, se crearon los primeros partidos políticos de Puerto Rico: el Partido Liberal Reformista y el Partido Conservador. El sufragio se limitaba a los propietarios ricos y casi todos los votantes eran blancos. Se celebraron elecciones para elegir diputados a las Cortes españolas y un puñado de senadores locales. En las primeras elecciones de 1871, los liberales ganaron catorce de los quince distritos electorales de Puerto Rico. Ya en 1878, cuando los conservadores ganaron todos los distritos, la marea liberal había cambiado.[22]

Las ideas europeas de progreso e ilustración animaron e inspiraron a las élites intelectuales puertorriqueñas. El desarrollo de la política electoral estuvo ligado al surgimiento de la esfera pública de Puerto Rico, un espacio fuera del gobierno donde individuos y ciudadanos buscaban transformar la sociedad y fomentar la acción política.[23] Impulsadas por la proliferación de medios impresos en forma de periódicos, libros y obras de teatro, las municipalidades acogían compañías teatrales ambulantes y albergaban librerías, mientras que una arquitectura lujosa y moderna engalanaba las avenidas.[24]

Muchos de los principales intelectuales del país habían estudiado y debatido ideas en las aulas europeas, se habían juergueado por las calles de Madrid o París, y ahora regresaban a Puerto Rico con el deseo de modernizarlo. Las Ferias Mundiales les habían dado una visión del mundo desde una óptica muy occidental, a través de la cual Asia y África se imaginaban como países bárbaros, lugares y gentes a los que negar y de los que alejarse. La élite puertorriqueña, considerada inferior por la metrópoli imperial, buscó refugio en la civilización occidental, aun cuando no se la consideraba digna de ella. Para algunos, España ya no prometía modernidad, así que soñaban con el lujo parisino y envidiaban el espíritu capitalista de Londres desde sus elegantes casas coloniales de Ponce, San Germán o San Juan. Habiendo absorbido ideas sobre el progreso y la civilización, la élite puertorriqueña se imaginó a sí misma como líder capaz, amo y maestro de las masas perezosas, indolentes e incivilizadas.[25]

Independientemente de lo que creyera la élite intelectual, las masas trabajadoras también participaban activamente en los intercambios políticos e intelectuales. *El artesano*, el primer periódico dirigido por artesanos, se publicó en 1874, y pronto le siguieron otras publicaciones cuyos títulos documentan la aparición de una incipiente conciencia obrera: *El obrero, Eco proletario, Justicia, El clamor obrero* y *El criterio libre*. En esos años se crearon bibliotecas improvisadas, escuelas nocturnas y sociedades de ayuda mutua, y se celebraban veladas literarias y banquetes. La *Sociedad protectora de la integencia del obrero*, organización fundada en la década de 1880, era particularmente explícita sobre sus aspiraciones intelectuales: «el levantamiento intelectual de la clase obrera, haciéndose fuerte y respetable a la vez que una garantía para el porvenir... ».[26] La clase trabajadora se autofiguraba activamente como intelectual, pero en la mayoría de los casos se la ignoraba en las conversaciones sobre el desarrollo del país.

De gran importancia para la élite intelectual —principalmente los jóvenes profesionales criollos educados en el extranjero— era la noción de la «Gran Familia Puertorriqueña», como un discurso de democracia racial que buscaba crear la ilusión de consenso. Gracias a los esfuerzos de las élites, que utilizaron la política, la literatura y la historia para dar forma y sustancia a la idea, todo el mundo pertenecía a la nación puertorriqueña.[27] Dados los códigos patriarcales de la época, en esta familia imaginaria solo a los hombres se les permitía hablar. Como cabezas de la Gran Familia Puertorriqueña, los hombres de las clases altas hablaban en nombre de las masas, que podían unirse a la familia, pero solo como súbditos acomodaticios, silenciados y, en última instancia, blanqueados. De hecho, los intelectuales liberales que lideraron los debates abolicionistas en las Cortes españolas crearon lo que la historiadora Ileana Rodríguez Silva ha acuñado como el «discurso de la gratitud».[28] Las élites pensaban que los antiguos esclavos debían sentirse agradecidos por su libertad. Por supuesto, esto significaba ignorar voluntariamente la agencia de aquellos que lideraron docenas de revueltas, crearon comunidades cimarronas y participaron en actos sutiles de resistencia no documentados.

La fundación de un mito nacional unificador también requería una recreación del pasado. En la década de 1850, una nueva generación de estudiantes puertorriqueños en Madrid comenzó a sentar las bases para el estudio de la historia. Uno de ellos fue Alejandro Tapia y Rivera, hombre de letras por excelencia. Tapia y Rivera nació en 1826 en el seno de una familia acomodada, descendiente por ambas partes de la nobleza española; su padre era también militar. Su familia viajaba entre Madrid y Puerto Rico, por lo que Tapia y Rivera jugó en Madrid de niño, pero se educó en San Juan. De joven, se batió a duelo con un militar —para la élite adinerada del Puerto Rico del siglo XIX, el honor era una cualidad importante que había que defender a toda costa— y, aunque sobrevivió, el gobernador de la Pezuela ordenó su destierro, que le llevó de vuelta a Madrid en 1849.[29]

En aquel momento, España se había llenado de jóvenes intelectuales puertorriqueños que añoraban su isla idealizada, y Barcelona se había convertido en un importante centro intelectual. En la década de 1840 se publicaron nada menos que tres libros que documentaban costumbres, canciones y poemas de Puerto Rico. Por esa época también, Manuel Alonso Pacheco, físico y hombre de letras, publicó *El gíbaro*, uno de los primeros intentos de retratar la puertorriqueñidad a través de la literatura. Cuando Tapia y Rivera llegó a Madrid, otro grupo de estudiantes e intelectuales puertorriqueños se afanaban en imaginar la nación a través de su pasado. El 20 de marzo de 1851 crearon la Sociedad recolectora de documentos históricos de San Juan Bautista de Puerto Rico.[30]

El grupo incluía a algunos hombres que dominarían los círculos intelectuales y políticos puertorriqueños en las décadas siguientes: Román Baldorioty de Castro, José Julián Acosta, Calixto Romero, Ramón Emeterio Betances y Segundo Ruiz Belvis, entre otros. De jóvenes estudiantes, pasaban el tiempo en las viejas bibliotecas, rebuscando en archivos y leyendo documentos enmohecidos. No se trataba de un mero ejercicio intelectual, sino de un intento de trazar las coordenadas históricas de la nación puertorriqueña. Empapados de las tendencias intelectuales positivistas de la época, imaginaban la historia no como una interpretación del pasado, sino como algo estático a lo que se podía llegar a través de fuentes primarias. Había una especial fascinación por el pasado indígena, algo que tanto Betances como Tapia y Rivera exploraron también en sus novelas.

En el exilio sintieron lo que significaba ser puertorriqueño. Aunque algunos se vieron obligados a vivir en un exilio perpetuo, la mayoría de los miembros de la Sociedad recolectora acabaron regresando a Puerto Rico. Tapia y Rivera, por ejemplo, editó varios periódicos, se afilió al Partido Liberal Reformista y dictó cursos de arte y literatura en el Ateneo Puertorriqueño, núcleo del emergente mundo de las letras y la esfera pública de Puerto Rico. De hecho, Tapia y Rivera propuso por primera vez la creación del Ateneo en 1855, pero tuvieron que pasar casi veinte años para que abriera sus puertas al público.[31] No todos estos hombres de letras tenían formación literaria; muchos eran profesionales del mundo del derecho y la medicina. Algunos abogaron por la participación de las mujeres en la vida intelectual del país, pero estos espacios estaban dominados por los hombres. Las actividades intelectuales de las mujeres se limitaban a sus hogares, donde podían celebrar tertulias. Y, aunque algunos periódicos incluían secciones femeninas, las publicaciones periódicas estaban escritas en su mayoría por hombres.[32]

Al tiempo que imaginaban los cimientos de Puerto Rico, estos intelectuales también trataban de reformular la relación del país con su metrópoli imperial. El Partido Liberal Reformista se convirtió en un campo de batalla político entre dos facciones que mantenían puntos de vista diferentes sobre la correcta relación con sus homólogos españoles. Una facción liderada por José Celso Barbosa, médico negro educado en Estados Unidos, abogaba por resistir a los políticos conservadores de Madrid para conseguir la autonomía.[33] Esperaban que la situación de Cuba, en guerra intermitente por la independencia desde 1868, acabara concediendo mayores libertades a los puertorriqueños. Luis Muñoz Rivera, abogado, poeta y periodista, no estaba de acuerdo. Lideró otra facción dispuesta a negociar con España para conseguir beneficios políticos para Puerto Rico. Finalmente, las tensiones llevaron a la creación de dos partidos diferentes, el Partido Autonomista y el Partido

Autonomista Ortodoxo.[34] Ambos luchaban por un Puerto Rico autónomo, es decir, autogobernado, aunque diferían en sus estrategias.

Apoyar la autonomía podría ser peligroso. El año 1887 es conocido por los historiadores puertorriqueños como «el año terrible». Las autoridades coloniales españolas persiguieron, y en algunos casos torturaron, a los autonomistas. Tras unas tensas elecciones en 1886, los conservadores comenzaron a agredir físicamente a los autonomistas y a atacar sus propiedades. En respuesta a estos ataques, se crearon varias sociedades secretas, como La torre del viejo y Los secos —alusión a los nacidos en Puerto Rico— para abogar por un boicot a las empresas propiedad de los conservadores, es decir, los españoles.[35] Temiendo que los autonomistas estuvieran detrás de estas sociedades, el gobernador Romualdo Palacios ordenó la detención de los principales líderes autonomistas, entre ellos Román Baldorioty de Castro, mediante un sistema conocido como los compontes. El plan era torturarlos para que confesaran. La Guardia Civil irrumpió en decenas de casas de autonomistas, los detuvo y los arrastró a lugares solitarios para torturarlos.[36]

Estas acciones horrorizaron a la élite política en Puerto Rico y tuvieron ramificaciones inmediatas en Madrid. Palacios fue acusado de abuso de poder y el Consejo de Ministros de España acordó su destitución el 9 de noviembre de 1887. Mientras tanto, los autonomistas se debatían sobre el fin de su boicot a los comerciantes españoles y empezaban a considerar con qué partido debían negociar en España. Las tensiones entre los autonomistas volvieron a aflorar mientras ponderaban en quién confiar en Madrid. La facción liderada por Luis Muñoz Rivera no quería saber nada de los españoles locales, pero estaba dispuesta a transigir con las facciones conservadoras de la metrópoli.[37]

En la vecina isla de Cuba se declaró otra guerra en 1895. Llevaba años gestándose con comités organizados en Cuba, Nueva York y Florida. Esta vez, los revolucionarios cubanos llevaron la guerra a La Habana. La victoria, y con ella la independencia, se vislumbraba como una posibilidad. En octubre de 1895, en diálogo y colaboración con sus homólogos cubanos, un grupo de separatistas puertorriqueños creó el Comité Revolucionario Puertorriqueño en la ciudad de Nueva York.[38] Algunos puertorriqueños, como el poeta arecibeño Pachín Marín, se unieron a los revolucionarios cubanos y murieron luchando entre sus filas.[39]

Contando con la presión generada por la guerra de Cuba, Luis Muñoz Rivera y una facción del Partido Autonomista reavivaron un debate de décadas sobre la creación de pactos estratégicos con partidos progresistas en España. Tras varias asambleas y debates internos, destacados miembros del Partido Autonomista viajaron a Madrid para reunirse con algunos políticos, entre ellos el presidente del Gobierno, Antonio Cánovas del Castillo, y la principal fuerza del Partido Liberal y expresidente del Gobierno, Práxedes Mateo Sagasta. Las reuniones fueron en general fructíferas. El primer ministro abogó tímidamente por una mayor autonomía para Puerto Rico y Sagasta firmó un pacto de colaboración con sus homólogos puertorriqueños.[40]

Mientras los autonomistas puertorriqueños se afanaban en impulsar su proyecto político, el viejo revolucionario Ramón Emeterio Betances seguía soñando, maquinando y organizando desde su exilio en París. En las décadas posteriores a El grito de Lares, Betances trabajó como diplomático para la República Dominicana, Haití y los revolucionarios cubanos. También ayudó a organizar dos insurrecciones fallidas en Puerto Rico. Una de ellas, conocida como «la intentona de Yauco de 1897» fue suprimida y la otra nunca tuvo lugar.[41]

Betances entraba en su última década de vida, pero seguía siendo un republicano radical comprometido con la independencia de Puerto Rico. Su oficina de París era lugar de encuentro de agitadores y activistas de todo el espectro político, incluidos anarquistas de renombre internacional como Carlos Malato. Es probable que el contacto de Betances con los anarquistas fuera facilitado por su amigo Louis Bonafoux, quien conocía personalmente al anarquista italiano de fama internacional Ericco Malatesta.[42] La fama y las credenciales de Betances le precedían e hicieron de su despacho una parada de rigor para muchos radicales. Y, entonces, en 1897, un anarquista italiano llamó a su puerta. Se llamaba Michel Angiolillo Lombardi.[43]

Ambos tenían razones para despreciar al gobierno español. Betances detestaba el gobierno de Cánovas del Castillo por la guerra que libraba en Cuba. Angiolillo tenía una vendetta contra la Corona española, conocida por torturar y asesinar a los anarquistas encarcelados. Unos meses antes de su encuentro, Angiolillo había participado en una pequeña reunión de «ocho o nueve camaradas». Según el historiador Mark Bray, en la reunión participaron Juan Bautista Oller, Francisco Gana y Fernando Tárrida del Mármol, antiguos presos de Montjuich.[44] En lugar de los acalorados discursos habituales, Gana utilizó su cuerpo como propaganda. Se quitó la ropa para mostrar las cicatrices, marcas y deformidades infligidas por el brutal régimen español. Se dice que Angiolillo abandonó el acto sin más que una lacónica despedida.[45] Su silencio estaba alimentado por la ira y el deseo de llevar a los autores ante la justicia.[46]

No todos los anarquistas estaban de acuerdo en las tácticas a seguir. Algunos favorecían la organización de las masas trabajadoras y repudiaban el uso de la violencia. Para otros, las acciones individuales podían adelantar procesos sociales más amplios. En este último grupo, algunos eran partidarios del uso de la violencia revolucionaria, que denominaban «propaganda por el hecho».[47] Era una época en la que circulaban por todo el mundo periódicos anarquistas con instrucciones sobre cómo construir bombas caseras. Con la llegada de la fotografía, algunos llevaban consigo imágenes de anarquistas que habían asesinado con éxito a jefes de Estado, como si fueran santos católicos. Los anarquistas, reales o imaginarios, eran vistos como una amenaza para los gobiernos occidentales.[48] Probablemente fueron las credenciales revolucionarias de Betances las que llevaron a Angiolillo a solicitar una reunión con él.

Lo que ocurrió en esa reunión solo puede ser objeto de especulaciones. Se sabe que Angiolillo le confió su plan de asesinar a miembros jóvenes de la familia real española. Algunos estudiosos sostienen que Betances disuadió a Angiolillo de asesinar a miembros de la Corona española, pero en su lugar sugirió el asesinato de Cánovas del Castillo. Después de todo, él era responsable de la represión del movimiento anarquista en España. Cánovas del Castillo también se encargó de enviar a Cuba a Valeriano Weyler, un general puesto al mando de las fuerzas militares españolas contra los revolucionarios cubanos, que pronto se ganó el apodo de «el carnicero».[49]

Aunque es imposible asegurarlo, parece que Betances no estaba formalmente de acuerdo con Angiolillo. Sin embargo, pocos días después de su encuentro, el dinero que Angiolillo le había pedido a Betances para financiar su viaje llegó de forma misteriosa a su apartamento. Quizá por eso Betances contaba con orgullo a sus visitantes durante sus últimos años de vida: «en esa silla donde estás, estuvo sentado Angiolillo».[50]

En agosto de 1897, Cánovas del Castillo, entonces primer ministro y el político conservador más conocido de España, realizó un viaje al balneario de Santa Águeda de Mondragón. Los baños tibios eran un tratamiento para su glucosuria. El primer ministro viajaba con su esposa, Joaquina de Osma, nueve policías y veinticinco guardias civiles. Un joven de veintiséis años llamado Emilio Rinaldi también se registró en el balneario. Era librero y redactor del diario italiano *Il Popolo*. El nombre y la profesión eran falsos, por supuesto. Se trataba del seudónimo y la identidad falsa de Angiolillo. Una vez allí, Angiolillo estudió cada movimiento del primer ministro. El 8 de agosto de 1897 vio una oportunidad y la aprovechó. Cánovas del Castillo estaba solo sentado en el patio.[51]

Hacia el mediodía, Angiolillo subió a buscar su revólver y un par de botas que amortiguaran sus pasos. Se precipitó al patio y, sin decir palabra, disparó al primer ministro en la sien derecha y en el cuello. Cuando el cuerpo cayó al suelo, Angiolillo disparó por tercera y última vez al primer ministro en la espalda. Cánovas del Castillo había dicho que solo necesitaba tres balas para acabar con la guerra en Cuba: una para José Martí, otra para Máximo Gómez y la última para Antonio Maceo.[52] Irónicamente, Angiolillo acabó con la vida de Cánovas con tres de las cuatro balas de su propio revólver. Al ser abordado por la esposa de Cánovas y los agentes de policía, se rindió tranquilamente y dijo: «Yo he venido a cumplir con mi deber. He venido a vengar a mis hermanos de Montjuich».[53]

Tal vez sin saberlo, las acciones de Angiolillo desencadenaron una serie de acontecimientos que acabaron moldeando la historia de Puerto Rico. En los meses siguientes, Práxedes Mateo Sagasta se convirtió en el nuevo primer ministro y reconfiguró el gobierno español. Poco después de asumir el cargo, liberó a la mayoría de los presos de Montjuich. También concedió la amnistía a los presos políticos puertorriqueños y cubanos, y destituyó al general Valeriano Weyler. Lo más importante para nuestra historia es que, el 9 de noviembre de 1897, la reina regente María

Isabel II firmó una serie de decretos que extendían la Constitución española a Puerto Rico, concedían el sufragio masculino a los mayores de veinticinco años y permitían la creación de un gobierno autónomo en la isla.[54] Como ha señalado el historiador Mark Bray, «se podría argumentar que el asesinato de Angiolillo fue el acto de propaganda por el hecho más eficaz llevado a cabo por un anarquista en esa época».[55]

Dos semanas más tarde, el 25 de noviembre de 1897, se aprobó una Carta Autonómica para Cuba y Puerto Rico. Mientras los cubanos, a punto de ganar su lucha de tres décadas por la independencia, rechazaron la carta, los autonomistas en Puerto Rico la celebraron como una victoria. La celebración, sin embargo, duró poco. Si tres balas consolidaron la autonomía de Puerto Rico, un bombardeo a su capital selló su futuro colonial.

CAPÍTULO 5

CRÓNICA DE UNA GUERRA ANUNCIADA

En 1897, no había un solo Puerto Rico, sino muchos. Un censo realizado ese año por el historiador Cayetano Coll y Toste documentó que en Puerto Rico vivían personas de 32 nacionalidades diferentes. Coll y Toste también identificó a 869.681 personas como puertorriqueños, es decir, nacidos en el archipiélago.[1] Dos años más tarde, otro censo mostraba que el sesenta y nueve por ciento de la población era analfabeta.[2] Para quienes escribían los libros e historias de Puerto Rico, ser puertorriqueño significaba algo completamente distinto para quienes ni siquiera sabían deletrear su nombre. Había un Puerto Rico habitado por los desesperadamente pobres, y otro imaginado y escrito por quienes recordaban sus vidas bohemias en París o Madrid. Muchos soportaban largas jornadas de trabajo en el campo por poco dinero, y algunos aún conservaban el recuerdo de haber sido esclavizados. Mientras tanto, un pequeño grupo de intelectuales discutía las últimas tendencias literarias europeas en el Ateneo Puertorriqueño, centro intelectual del país.[3]

Ante realidades tan complejas, no todos eran partidarios de la autonomía ni aceptaban pasivamente el colonialismo. Las ideas separatistas seguían debatiéndose e imaginándose. En Nueva York, puertorriqueños y cubanos se reunieron para conspirar por la independencia de sus países caribeños. En 1892, una comunidad revolucionaria de cubanos en el exilio creó el Partido Revolucionario Cubano junto con su influyente periódico, *Patria*. En el primer artículo de su plataforma, señalaban:

«El Partido Revolucionario Cubano se constituye para lograr, con los esfuerzos reunidos de todos los hombres de buena voluntad, la independencia absoluta de la isla de Cuba y fomentar y auxiliar la de Puerto Rico».[4] La organización se convirtió en un espacio de acogida para los puertorriqueños que buscaban acabar con el colonialismo español.

La ciudad de Nueva York se convirtió en un nodo dentro de las redes más amplias del Caribe revolucionario.[5] Los cubanos iniciaron su guerra en 1895 y algunos puertorriqueños no solo conspiraron solidariamente desde lejos, sino que también se unieron a ellos para luchar en los campos. En Nueva York, este vínculo de solidaridad se conmemoró con la creación de la bandera puertorriqueña.[6] El 22 de diciembre de 1895, un grupo de puertorriqueños creó la Sección Puerto Rico del Partido Revolucionario Cubano e inauguró una nueva bandera que unificaba las luchas nacionales de ambos países caribeños, de ahí las similitudes entre las banderas cubana y puertorriqueña.[7] Incluso entre los que participaron en la Sección Puerto Rico y compartían sentimientos anticoloniales, había facciones y creencias divergentes sobre el rumbo de Puerto Rico. Algunos, como Ramón Emeterio Betances, creían en la independencia, mientras que otros, como Julio J. Henna, que llegó a ser presidente de la Sección, querían romper con España para unirse a Estados Unidos.[8] En los años siguientes, Nueva York se convirtió en destino de miles de personas procedentes de distintas partes del Caribe, y de personas que habitaban múltiples Puerto Ricos.[9]

Las ideas separatistas no se limitaron a la diáspora puertorriqueña. Algunos seguían debatiéndolas en el archipiélago. Es difícil localizar a los partidarios de la independencia porque hacerlo abiertamente podía llevar a cualquiera a la cárcel o el exilio. A medida que los cubanos ganaban terreno en su lucha por la independencia y la sombra de Estados Unidos se cernía sobre la región, las autoridades españolas temían cualquier forma de rebelión o insurrección. Sus temores se materializaron el 24 de marzo de 1897, cuando una banda de revolucionarios volvió a tomar las armas para declarar la República de Puerto Rico. Esta insurrección fue dirigida por Antonio Mattei Lluveras en coordinación con la Sección Puerto Rico del Partido Revolucionario Cubano en la ciudad de Nueva York. Mattei Lluevras era un terrateniente que había comprado y contrabandeado 5.000 machetes a Puerto Rico. La Sección creía que, una vez encendida la rebelión, la población del archipiélago y del extranjero se uniría a su lucha.[10] Esto, una vez más, no ocurrió.

Al igual que en la revolución de Lares de 1868, alguien alertó a las autoridades de Yauco sobre el levantamiento. Cuando los rebeldes iniciaron el ataque, las autoridades coloniales ya estaban apostadas y preparadas para combatirlo. La insurrección no tuvo éxito y se convirtió en blanco de las críticas de la élite autonomista.[11] Los periódicos se burlaron y criticaron a los revolucionarios de Yauco; algunos libros de historia los han ignorado por completo. Aunque fracasó en términos militares, Yauco tuvo éxito en otros aspectos. Demostró que las ideas separatistas seguían circulando en Puerto Rico y que la hegemonía autonomista era solo una realidad entre muchas otras.

Dos meses después del levantamiento de Yauco, las calles de San Juan retumbaron con explosiones de dinamita. No se trataba otro intento de revolución, sino de una acción del gobierno. Después de dos siglos, las murallas de la ciudad estaban siendo demolidas. El 28 de mayo de 1897, los habitantes de San Juan y sus alrededores se reunieron para presenciar el acontecimiento, que se convirtió en una celebración multitudinaria. Los trabajadores que se ofrecieron de voluntarios para participar en la demolición se autodenominaron Brigadas de Honor.[12] Los espectadores debieron de sentirse partícipes de un momento histórico: el derribo de las murallas permitiría que los vientos del progreso soplaran libremente por la ciudad.

Sin embargo, lo que probablemente no sabían las autoridades era que las ideas socialistas también impulsaban esos vientos. En su estudio pionero sobre los orígenes del socialismo en Puerto Rico, el sociólogo Rubén Dávila Santiago ha utilizado la demolición de esas murallas para simbolizar la proliferación de ideas socialistas a principios de siglo.[13] Los obreros y artesanos no habían observado con pasividad los enormes cambios sociales de las últimas décadas del siglo XIX. Desde la década de 1870, publicaban sus propios periódicos, improvisaban escuelas nocturnas para educarse y organizaban sociedades de ayuda mutua. Mientras las élites intelectuales constituían los cimientos de una nación puertorriqueña imaginada, los trabajadores y artesanos construían diferentes tipos de pilares en sus márgenes.[14]

La proliferación de organizaciones artesanales y obreras fue un fenómeno urbano, y sus periódicos marcaron la aparición de un nuevo público obrero. La lectura, sin embargo, no era una mera práctica individual. En un mundo donde la mayoría de las masas trabajadoras eran iletradas, la lectura era un ejercicio colectivo. La práctica de leer en voz alta en espacios públicos era habitual. Pero los artesanos y las clases trabajadoras también intentaban a menudo emular los códigos y normas de las clases altas, reproduciendo jerarquías y exclusiones entre los obreros. La lectura y la educación, por ejemplo, se convirtieron en marcadores de prestigio y capital social.[15]

Esos experimentos intelectuales de la clase obrera fueron el telón de fondo de las primeras ideas socialistas de Puerto Rico. De hecho, el gobernador Sabás Marín vinculó explícita e incorrectamente la insurrección de Yauco con el socialismo. «El movimiento —decía— ha revestido caracteres socialistas, pues familias enteras de ignorantes campesinos se dirigían la noche de los sucesos al pueblo de Yauco a tomar posesión de los bienes que les habían hecho creer que les correspondían».[16] Asimismo, acusó al periódico *Ensayo obrero* de preparar a las masas para la adopción de vertientes más radicales del socialismo, como el anarquismo.[17]

Al tiempo que empezaron a publicarse periódicos de la clase obrera en Puerto Rico, llegó la noticia de que la Corona española había concedido la autonomía a sus dos últimos puestos coloniales en el Caribe. Era un intento desesperado de retener a Cuba y Puerto Rico. Aunque los revolucionarios cubanos no aceptaron la benevolencia de España, la noticia fue recibida con alegría en Puerto Rico. El primer gobierno provisional se organizó en febrero de 1898, y en marzo y abril se celebraron elecciones. El primer gobierno autónomo de Puerto Rico tomó posesión oficialmente el 21 de julio de 1898.[18]

Sin embargo, los tambores de guerra se podían escuchar en San Juan. Al encender la revolución en toda su isla, los cubanos lograron lo que los puertorriqueños solo habían soñado. Estados Unidos se encontraba en pleno debate sobre si el país debía expandirse más allá de sus fronteras nacionales, aseguradas tras el desplazamiento y genocidio de las comunidades indígenas. Los intereses estadounidenses en la región no eran nuevos. De hecho, en 1854, un grupo de diplomáticos estadounidenses firmó un documento conocido como el Manifiesto de Ostende en el que declaraban que era necesario adquirir a Cuba a cualquier precio. Del mismo modo, sus crecientes intereses geopolíticos en la región, especialmente en Panamá, exigían que Estados Unidos incorporara a Puerto Rico a su órbita.

No era secreto que Estados Unidos podía intervenir en los asuntos del archipiélago en cualquier momento. La explosión del USS Maine en el puerto de La Habana disparó las tensiones entre los dos imperios rivales. El 20 de abril de 1898, el Congreso de Estados Unidos declaró la guerra a España. En Puerto Rico, el gobernador Sabás Marín decretó el estado de emergencia y canceló la primera reunión del gobierno autónomo. Los cargos electos ofrecieron lealtad a España sin mucha convicción, pero más tarde cambiaron de opinión. Cuatro días después de la inauguración del gobierno autónomo, la guerra llegó a Puerto Rico: la ciudad de San Juan fue bombardeada por el contraalmirante de la Marina estadounidense William T. Sampson.

La guerra en casa

San Juan estaba en alerta máxima. El 11 de mayo de 1898, las autoridades españolas avistaron un buque en alta mar. Algunos oficiales pensaban que se trataba de un barco espía, otros creyeron que era el USS Yale, un crucero auxiliar de la Armada de los Estados Unidos.[19] Desde hacía semanas, la población civil vivía sumida en la angustia y bajo el dominio militar. El gobernador Manuel Macías Casado había declarado el estado de emergencia tras la declaración de guerra de Estados Unidos. La vida transcurría como siempre, pero todo el mundo sabía que podía cambiar de un momento a otro.

A la mañana siguiente, las cosas cambiaron de repente. El canto de los gallos al amanecer fue interrumpido por una fuerte explosión. Los residentes de San Juan saltaron de sus camas. Las explosiones no cesaban, sino que se multiplicaban. Muchos agarraron a sus hijos y las pocas posesiones que pudieron reunir y huyeron desesperados de San Juan mientras los misiles y las bombas parecían llover sobre la ciudad.[20] El miedo no se limitaba a la capital. En las montañas de Corozal, lavanderas y trabajadores gritaban «vienen los yankees».[21]

El contralmirante William T. Sampson dirigió el ataque a San Juan. Zarpó de Cuba con órdenes de atacar la ciudad y destruir la flota española, considerada rústica en comparación con la moderna flota de la Armada de los Estados Unidos.[22] Sin embargo, las autoridades españolas se habían estado preparando para el ataque. A toda prisa movilizaron a sus soldados y comenzaron la defensa utilizando los cañones del castillo de El Morro. Unas semanas antes, el gobernador había ordenado instalar más cañones. También había dado la bienvenida a las tropas que llegaban de los campos de batalla en Cuba. Aunque intentó resistir la invasión, ambos bandos sabían que España no tenía capacidad militar para defender adecuadamente la isla. Aquella mañana, el gobernador Macías Casado dirigió una operación defensiva que repelió el ataque y sorprendió a Sampson.[23] A medida que se acercaba a la costa, Sampson pudo ver que la flota española no estaba allí, y que San Juan seguiría resistiendo. Tres horas después del ataque inicial, Sampson se retiró.[24] La mansión del gobernador, el sector de Ballajá y el castillo de El Morro, símbolos del poder español, soportaron intensos bombardeos. Otras estructuras sufrieron daños menores.[25]

Esa noche, en el casco antiguo reinaron la música y las festividades. No solo había muchos puertorriqueños, sino también muchos sanjuaneros. Para algunos, los acontecimientos habían sido una victoria española en una guerra contra un enemigo más poderoso. Pero, como ha señalado el historiador Francisco Scarano, el acontecimiento fue muy traumático para otros. Muchos buscaron refugio en las ciudades vecinas solo para sufrir hambre y miseria exacerbada en los días siguientes.[26] Sin embargo, después del 12 de mayo, algo había quedado claro: la guerra era inevitable. La guerra emprendida por Estados Unidos en Cuba y Filipinas afectó enormemente la economía puertorriqueña. Estados Unidos había sido uno de los consumidores más importantes del azúcar puertorriqueña en la segunda mitad del siglo XIX. La guerra también afectó a las exportaciones a España.[27] Pero la guerra no llegó a Puerto Rico al día siguiente, ni a la semana siguiente.

Dos meses después del ataque a San Juan, y tras asegurar Santiago de Cuba, los oficiales estadounidenses comenzaron a preparar la invasión de Puerto Rico. Las tropas se reunieron en Guantánamo bajo la dirección de un experimentado general militar, Nelson A. Miles. Su nombre se había vuelto infame entre las comunidades indígenas de Estados Unidos. Tras servir en la Guerra Civil estadounidense entre 1861 y 1865, Miles dirigió múltiples misiones contra tribus indígenas americanas en lo que se conoció como las Guerras Indias, un eufemismo para referirse a las guerras coloniales de expansión dirigidas por el gobierno estadounidense. La participación de Miles en estas guerras de agresión le valió el apodo «el asesino de indios». Antes de llegar a Cuba y Puerto Rico, dirigió las tropas que reprimieron violenta y mortíferamente la huelga de trabajadores ferroviarios de 1894 contra la Pullman Company de Chicago.[28]

Los soldados de infantería estadounidenses que llegaron a Cuba y Puerto Rico formaban parte de un grupo ecléctico que incluía militares de carrera, estudiantes de universidades de la Ivy League ávidos de emoción y veteranos del ejército confederado.[29] A causa de estos últimos, la integración de soldados afroestadounidenses en el ejército provocó muchos conflictos internos. En el campo de batalla algunos soldados blancos estadounidenses se escandalizaron cuando se percataron que estaban allí para ayudar a los cubanos negros y no-blancos contra los españoles blancos.[30] Según el historiador Greg Grandin, la guerra hispano-estadounidense de 1898 creó un pacto nacional en Estados Unidos al permitir a los antiguos soldados confederados demostrar que eran dignos de luchar bajo la bandera estadounidense. Para los afroestadounidenses, la guerra ofrecía la oportunidad de unirse a la nación, pero solo si aceptaban su lugar en la parte inferior de la jerarquía racial. Fue un pacto que unificó el país en aras de la supremacía blanca.[31]

El presidente de la Sección Puerto Rico del Partido Revolucionario Cubano, Julio Henna, y su secretario, Roberto H. Todd, colaboraron con Miles y otros funcionarios del gobierno, incluido el presidente McKinley, en los preparativos de la invasión. Los miembros de la Sección Puerto Rico estaban unidos en su odio hacia el colonialismo español, pero divididos en cuanto a cómo debía ser el futuro de Puerto Rico. Algunos creían en la independencia, pero otros, como Henna y Todd, abogaban por la anexión a Estados Unidos.[32]

El 21 de julio de 1898, el general Miles zarpó de Cuba con 23.000 soldados. Desembarcar en San Juan —como demostraron los atentados de mayo— no era una opción. Habían considerado el pueblo de Fajardo, situado al este, pero luego se decidieron por Guánica, en el sur. El puerto era ideal porque estaba poco patrullado y ofrecía aguas profundas cerca de la costa. La invasión de Puerto Rico comenzó oficialmente el 25 de julio de 1898.

Las tropas marcharon tierra adentro mientras, uno tras otro, los pueblos arriaban sus banderas españolas. Nelson A. Miles escribió una breve proclama que también se tradujo al español y se distribuyó a quienes quisieran entender lo que estaba ocurriendo, o tan solo tuvieran curiosidad. La proclama de Miles leía:

> No hemos venido a hacer la guerra contra el pueblo de un país, que ha estado durante algunos siglos oprimido, sino, por el contrario, a traeros protección, no solamente a vosotros, sino también vuestras propiedades, promoviendo vuestra prosperidad y derramando sobre vosotros las garantías y bendiciones de las instituciones liberales de nuestro Gobierno. No tenemos el propósito de intervenir en las leyes y costumbres existentes que fueran sanas y beneficiosas para vuestro pueblo, siempre que se ajusten a los principios de la administración militar, del orden y de la justicia. Esta no es una guerra de devastación, si no una guerra que proporcionará a todos, con sus fuerzas navales y militares, las ventajas y prosperidad de la esplendorosa civilización.[33]

De camino a San Juan, las tropas estadounidenses encontraron resistencia en los pueblos montañosos de Coamo y Aibonito.[34] Pero se llegó a un armisticio el 15 de agosto de 1898, pocas semanas después de que las tropas estadounidenses desembarcaran en Guánica. Las élites puertorriqueñas se alinearon rápidamente con los invasores.[35] El 18 de octubre se izó la bandera estadounidense en San Juan tras una ceremonia en la que participaron oficiales militares de ambas partes. Dos meses después, el

11 de diciembre de 1898, el Tratado de París puso fin formalmente a la guerra. Puerto Rico se convirtió en una posesión colonial del naciente imperio estadounidense. Pero no solo fueron las élites las que se pusieron del lado de los ocupantes.

La vida continúa

Cuando Sampson atacó San Juan, Santiago Iglesias Pantín oyó caer las bombas desde su celda en la prisión. La prisión de La Princesa se construyó en 1837 y llegó a albergar hasta 240 reclusos.[36] Iglesias Pantín fue uno de ellos. Carpintero español que arribó a Puerto Rico en 1896 desde Cuba, se unió a un grupo de socialistas y radicales poco después de su llegada. Desde principios de 1897, José Ferrer y Ferrer, Fernando Gómez Acosta y Ramón Romero Rosa discutían la posibilidad de crear un periódico y un centro social, algo que finalmente lograron. Iglesias Pantín fue presentado a este grupo, y todos colaboraron con el objetivo de organizar a las masas trabajadoras de Puerto Rico.[37] Las autoridades pronto se dieron cuenta y comenzaron a vigilar sus actividades. La represión no se hizo esperar. José Ferrer y Ferrer, negro, tipógrafo y fabricante de puros, fue detenido por llevar una bandera roja en una asamblea pública. Era la primera vez que la bandera roja —como símbolo del socialismo— se usaba públicamente en Puerto Rico.[38] Otros líderes obreros habían sufrido destinos similares durante los años del colonialismo español. La ocupación estadounidense no rompió con esta lógica punitiva contra el trabajo organizado; por el contrario, los oficiales implementaron nuevos modos de vigilancia y represión.[39]

Una de las bombas de Sampson cayó en la prisión, destruyendo un muro. En sus memorias, Iglesias Pantín cuenta que aprovechó la oportunidad para escapar. Sus compañeros de San Juan le ayudaron y logró llegar a la parte oriental de la isla utilizando diferentes disfraces y refugios.[40] Aunque lo omite en sus memorias, un amigo cercano describió cómo Iglesias Pantín se vistió de mujer para escapar de las autoridades y abandonar la ciudad.[41] Una vez en la zona este de la isla, se unió a las fuerzas de ocupación estadounidenses. Según sus propios relatos,

Iglesias Pantín pronunció discursos públicos en tribunas improvisadas en los pueblos ocupados por el ejército estadounidense.[42]

Es imposible saber si la historia de Iglesias Pantín es verídica, producto de su imaginación o ambas cosas. En cualquier caso, su relato confirma que las fuerzas estadounidenses fueron bien recibidas por facciones inesperadas. En años posteriores, Iglesias Pantín se convirtió en un reconocido líder sindical, político y estadista. Pero en 1898 era carpintero. Aun así, ya gozaba de privilegios que la mayoría de las masas trabajadoras no tenían: había viajado, sabía leer y escribir y, lo que es más importante, era un hombre blanco europeo. Debemos tener cuidado de no equiparar las experiencias de un hombre, o de un puñado de líderes sindicales, con las de los muchos otros para quienes el cambio de un poder imperial a otro probablemente habría significado muy poco.[43]

Los artesanos y trabajadores cualificados de los centros urbanos, como San Juan, Ponce y Mayagüez, soñaban con una nueva sociedad que resolviera lo que identificaban como «el problema social»: pobreza, falta de educación y condiciones de vida insalubres. Esas conversaciones, a menudo sostenidas en pequeños y húmedos apartamentos, condujeron a la creación, en 1897, del primer centro de Estudios Sociales de la clase trabajadora de Puerto Rico, situado en San Juan. El centro servía de espacio para socializar, teorizar y educarse colectivamente. El grupo de trabajadores que publicaba el periódico *Ensayo obrero,* utilizó sus páginas para discutir la posibilidad de crear sindicatos y federaciones obreras, lo que se convirtió en una realidad concreta tres días después de que se izara la bandera estadounidense, el 23 de octubre de 1898. Los sindicatos no fueron producto de la ocupación estadounidense; los trabajadores llevaban años teorizando sobre los sindicatos, pero por fin existía una infraestructura legal para convertirlos en una posibilidad.[44]

La Federación Regional de Trabajadores (FRT) sirvió de centro para los trabajadores cualificados urbanos de distintas partes de Puerto Rico. La federación apoyaba y promovía los sindicatos y el recurso de la huelga como herramientas poderosas para conseguir mejores condiciones de vida. La FRT estaba presidida por Pedro Carlos Timothée, abogado negro y uno de los intelectuales más respetados de su época.[45] Los dirigentes de la FRT abogaban por la anexión de Puerto Rico a Estados Unidos porque creían que ese país era el pináculo de los derechos laborales y la democracia. Esto también les llevó a apoyar al Partido Republicano Puertorriqueño y a proponer que la organización sindical sirviera a los intereses del partido.[46]

La estrategia de fusionar la política partidista con la recién creada organización sindical provocó tensiones entre las filas. Dichas tensiones llegaron a su punto álgido en una acalorada asamblea celebrada en el Viejo San Juan el 18 de junio de 1899. Un grupo de dirigentes sindicales, entre los que se encontraban Santiago Iglesias Pantín, José Ferrer y Ferrer y Ramón Romero Rosa, se levantaron y abandonaron la reunión en señal de protesta, y se reunieron a pocas cuadras de donde se celebraba la asamblea. Allí crearon otra federación obrera, la Federación Libre de Trabajadores (FLT), y sentaron las bases de un poderoso movimiento obrero cuyos miembros fundadores luego asumieron posiciones de poder en la política puertorriqueña y estadounidense.

Todas esas federaciones sindicales surgieron mientras Puerto Rico era gobernado por un gobierno militar —desde diciembre de 1898 hasta el 1 de mayo de 1900—. Como la industria azucarera iba mal y muchos residentes eran reacios a pagar impuestos, el gobierno militar aprobó una serie de leyes, dos de ellas de suma importancia. La primera fue conceder a los deudores un año para pagar lo que debían. Como señaló el historiador Fernando Picó, «esta medida favoreció a los campesinos, pero perjudicó a los comerciantes», que estaban escasos de capital a medida que las corporaciones estadounidenses empezaban a llegar al archipiélago. La otra medida fue devaluar la moneda local a un tipo de cambio oficial de 60 centavos de dólar por peso provincial.[47] Ambas leyes resultaron perjudiciales para una economía que ya se había contraído a causa de la guerra.

La mayoría de los puertorriqueños vivía una existencia precaria y la ocupación estadounidense no hizo sino aumentar su inseguridad. Mientras algunos intelectuales, incluidos los de las clases trabajadoras, esperaban beneficiarse aliándose con los invasores de «la tierra de Washington», muchos puertorriqueños solo querían tener algo que comer para el día siguiente. Los historiadores han dedicado innumerables páginas a debatir si la ocupación fue traumática o no. Muchos puertorriqueños llevaban siglos viviendo traumatizados.

Algunos soldados de infantería estadounidenses se quedaron impresionados por la calurosa acogida que recibieron de los campesinos puertorriqueños. Otros utilizaron su poder militar para aprovecharse de la población local. En la ciudad de Caguas, por ejemplo, el soldado John Burke fue asesinado siete meses después de la ocupación por un civil, Rafael Ortiz. No se trató de una acción patriótica. Ortiz vengaba su honor tras haber sido insultado y golpeado delante de su novia por Burke en una borrachera. Ortiz fue condenado a muerte, sentencia que se cambió a cadena perpetua tras la intervención del gobernador Guy V. Henry y el presidente McKinley, y conmutada después de cinco años. Fue el primer puertorriqueño encarcelado en una prisión militar estadounidense.[48]

Durante y después de la ocupación, los pobres siguieron viviendo en la miseria. El 8 de agosto de 1899, Puerto Rico fue azotado por el huracán San Ciriaco. El pueblo de Puerto Rico había aprendido a convivir con los desastres naturales a lo largo de su historia: entre 1851 y 1899, diez grandes tormentas o huracanes azotaron el archipiélago.[49] San Ciriaco fue el más mortífero. Unas 3.369 personas perdieron la vida y más de 2.000 resultaron heridas. Muchas víctimas sucumbieron a las inundaciones provocadas por veinticuatro horas de lluvias torrenciales. Hubo pueblos en los que se registraron sesenta y tres centímetros de agua. El recién instaurado gobierno militar estimó los daños en más de cincuenta millones de dólares, una suma considerable para una isla que estaba atravesando una crisis financiera. La industria agrícola también se vio gravemente perjudicada.[50]

Las imágenes más truculentas y detalladas de los días posteriores al huracán quedaron registradas en las páginas de la única novela publicada en 1899, *Estercolero*. Inspirándose en la tradición naturalista, el autor José Elías Levis Bernard pintó un panorama desolador detallando minuciosamente la miseria en la que vivía la mayoría de los puertorriqueños de la época. En la novela de Levis Bernard, miembros de las clases altas elegantemente vestidos pasean por calles habitadas por niños hambrientos que juegan en aguas sucias.[51] A diferencia de muchos miembros de la élite literaria, Levis Bernard nació en una familia humilde y conoció de primera mano la pobreza que describe. Para él, el problema de la miseria «está planteado: la ola crece, se agiganta, ruge como un huracán... Ahora hierve en nosotros la necesidad de pensar en algo para conjurar el huracán que ruge sobre nuestras cabezas».[52] Otro escritor de la misma época, Ramón Juliá Marín escribió: «el hambre había sentado su imperio».[53]

Interrupciones y continuidades

San Ciriaco resultó ser un enorme desafío para las fuerzas de ocupación. El gobierno federal estadounidense aprobó fondos de emergencia para paliar el impacto del huracán, pero el deficiente sistema de carreteras de Puerto Rico hacía inaccesibles algunos pueblos y sectores, y el gobierno no distribuyó con rapidez la ayuda a quienes más la necesitaban. En total, Washington envió unos 200.000 dólares en suministros de socorro, al tiempo que patrocinaba un programa de donaciones privadas provenientes de ciudades con más de 150.000 habitantes.[54]

Los militares estadounidenses no ayudaron a Puerto Rico por altruismo. Como ha señalado el historiador Stuart Schwartz, «tanto el general Davis en San Juan como el presidente McKinley en Washington entendieron que el desastre era una oportunidad para demostrarles a los puertorriqueños la eficiencia y la caridad del nuevo gobierno.»[55] Esto iba de la mano con la noción de que los puertorriqueños eran una raza extranjera y un pueblo inferior, opinión que compartían muchos en Estados Unidos. Esa opinión se codificó en la legislación, en publicaciones académicas y en artículos de prensa.

Aunque Estados Unidos tenía experiencia en expansión territorial por haber librado una violenta guerra de agresión contra los indígenas americanos, la adquisición de países muy diferentes con culturas distintas supuso un desafío legal para el imperio. Estados Unidos se convirtió, en palabras del antropólogo Lanny Thompson, en una república imperial.[56]

Muchos miembros de la élite puertorriqueña veían la ocupación como un paso hacia la anexión y la estadidad. Las ideas racistas y xenófobas de Estados Unidos sobre la naturaleza inferior de los puertorriqueños —ideas que también compartían las élites locales— no parecían augurar tales resultados.[57] Tras muchas discusiones, y atento a los informes de los administradores coloniales, el Congreso de Estados Unidos decidió poner fin al gobierno militar en Puerto Rico. La Ley Foraker creó un gobierno civil aparentemente democrático en Puerto Rico. También creó para los puertorriqueños una ciudadanía jurídicamente ambigua y no reconocida en los foros internacionales.

Aunque hubo mucho debate sobre los posibles pasos a seguir, Washington llegó al consenso de que los puertorriqueños no estaban en condiciones de gobernarse a sí mismos. Necesitaban ser civilizados, ilustrados y educados. Por supuesto, todas esas nociones e ideas se basaban en actitudes racistas y xenófobas hacia los pueblos de los territorios recién adquiridos, aun cuando todas las regiones y territorios específicos se consideraban diferentes. Estados Unidos debatió fórmulas jurídicas diferentes para cada territorio, pues no se trataba de un imperialismo de talla única. Como ha señalado Lanny Thompson, «Hawái fue el único territorio que se incorporó a Estados Unidos y finalmente (1959) fue admitido como estado». Puerto Rico y Filipinas «no fueron incorporados; más bien pertenecían, pero no formaban parte del cuerpo político de la república [estadounidense]», en Guam «se estableció y mantuvo un gobierno militar».[58]

Mientras se producían estos cambios en Puerto Rico, Betances observaba desde lejos.[59] Empezó a mantener correspondencia con otro separatista desilusionado, Eugenio María de Hostos, sobre la situación en el Caribe. Hostos era un intelectual de origen puertorriqueño que había realizado estudios universitarios en España y viajado por América trabajando por el panamericanismo, una federación antillana, y la independencia de Cuba y Puerto Rico de España. También era un brillante educador. Sus ideas pedagógicas transformaron los sistemas educativos de la República Dominicana y Chile, e influyeron en muchos otros países.[60] Betances y Hostos se hacían compañía a través de la correspondencia. Betances también se carteaba con Estrada Palma, quien pocos años después se convertiría en el primer presidente de la república cubana, y le pedía que no olvidara el inquebrantable apoyo de Puerto Rico a su causa independentista. Betances murió el 16 de septiembre de 1898 en el exilio. Murió soñando con volver al Cabo Rojo de su infancia.[61]

Al contrario que Betances, Hostos vivió lo suficiente como para ver que la ocupación estadounidense no traería ni la anexión ni la independencia. Más bien, Estados Unidos siguió perpetuando el colonialismo. Firme creyente en la solidaridad antillana, Hostos salió de Puerto Rico en 1900 para proseguir su labor de reforma del sistema educativo en la República Dominicana, donde aún se le considera una de las figuras más ilustres del país. Murió el 11 de agosto de 1903. Su deseo era que su cuerpo fuera devuelto a Puerto Rico solo después de su independencia. Sus restos descansan en la República Dominicana a la espera de ese día.

CAPÍTULO 6

FUNDAMENTOS DEL COLONIALISMO ESTADOUNIDENSE EN PUERTO RICO

A medida que Estados Unidos adquiría nuevos territorios tras la guerra de 1898, se suscitaba un debate en Washington sobre cómo tratar a los habitantes de esos territorios. La llamada «carga del hombre blanco» consistía en educar a los puertorriqueños en las tradiciones anglosajonas, lo cual formaba parte de un proyecto colonial más amplio. Las comunidades indígenas habían sido asimiladas a la fuerza y con violencia mediante un sistema de internados; Hawái, Filipinas y Cuba también resultaron ser campos de prueba de fórmulas para promover e imponer la americanización.[1] En Puerto Rico se inició un nuevo proyecto educativo con la ocupación. El 1 de julio de 1899, el gobierno militar reorganizó el sistema escolar público centralizándolo, creando juntas locales y haciendo gratuita la educación. La fuerza de ocupación copió el modelo del Departamento de Educación de Massachusetts, que generó la resistencia de la población local por considerarlo incongruente con la realidad puertorriqueña.[2]

La educación se entendía como un instrumento para la asimilación y americanización de los puertorriqueños. En su exhaustivo estudio del sistema educativo en Puerto Rico tras la ocupación, la historiadora Aida Negrón de Montilla identifica quince formas concretas en que se utilizó el sistema educativo para asimilar a los niños. Entre ellas estaban la celebración de fiestas, modos de vida e historia estadounidenses. El inglés también se convirtió en la lengua de enseñanza. De hecho, más tarde, en las décadas de 1920 y 1930, las cuestiones lingüísticas en las aulas generararon un encendido debate en los círculos académicos.[3] La decisión de utilizar el inglés también influyó en el nombre del archipiélago: poco después de la ocupación, el país pasó a llamarse «Porto Rico» porque, como señaló el geólogo Robert T. Hill en un artículo publicado en 1899 en *National Geographic,* «Puerto» era impronunciable en inglés.[4]

Las escuelas necesitaban profesores cualificados. Hubo intentos de importarlos de Estados Unidos, pero la demanda era mayor que el número de profesores disponibles. Por ende, el Departamento de Educación de Puerto Rico reclutó a personas que habían ejercido como maestros durante el régimen español pero que habían sido descertificadas por el gobierno militar. Sin embargo, la demanda continuó.[5] En 1903, se creó la Universidad de Puerto Rico (UPR) a través del programa de concesión de tierras del gobierno federal estadounidense. Originalmente, la UPR se creó como la Escuela Normal Insular para impulsar el sistema educativo de Puerto Rico y, con él, la americanización.[6] Pero la historia nunca es tan simple; aunque la UPR se creó para promover los intereses estadounidenses, acabó convirtiéndose en un laboratorio para la liberación de Puerto Rico a finales del siglo XX.

Durante las primeras décadas del siglo XX, las tradiciones intelectuales liberales del siglo XIX, que entendían la nación como racialmente armoniosa, dominaban los debates en las aulas. Según la historiadora Solsiree del Moral, tales interpretaciones dieron forma y redefinieron la narrativa de la Gran Familia Puertorriqueña, que presentaba a Puerto Rico como una democracia racial. Esa nación imaginada podía existir dentro del imperio estadounidense, pero seguía siendo culturalmente distinta de él.[7] Dado que profesores, alumnos, padres y administradores tenían diferentes orígenes de clase, género y raza, las aulas escolares se convirtieron en espacios de negociación. Aunque se les obligaba a cantar el *Star Spangled Banner,* alumnos y profesores se forjaban ideas únicas de la nación que no siempre coincidían con la americanización. Los profesores se enorgullecían especialmente de su lengua, su herencia y su cultura, afirmando que eran puertorriqueños y no estadounidenses. Algunos siguieron impartiendo sus clases en español contra la voluntad de los administradores y con la complicidad de alumnos y padres.[8]

La educación no fue el único ámbito en el que los puertorriqueños negociaron el colonialismo. La medicina se convirtió en un marcador de modernidad e ilustración. Las campañas contra la anquilostomiasis del Dr. Ashford K. Bailey, por ejemplo, se consideraron un gran éxito y se presentaron en los medios de comunicación como una ilustración del progreso.[9] Imbuidos del darwinismo social, el determinismo científico y la eugenesia de la época, Estados Unidos utilizó a Puerto Rico para comprender y controlar las enfermedades tropicales mediante la «medicina tropical».[10] Las políticas de salud pública estadounidenses también se importaron, a menudo con escasa atención a las realidades locales. En el proceso, las opiniones y voces de los puertorriqueños fueron ignoradas y sus prácticas dietéticas y sanitarias retratadas como retrógradas o primitivas en el mejor de los casos.[11]

La religión fue otro ámbito disputado. Cuatro siglos de colonialismo español habían hecho de Puerto Rico un país profundamente católico. La hegemonía de la Iglesia Católica se rompió con la invasión estadounidense. De hecho, un grupo compuesto de diferentes confesiones protestantes se dividió la isla en zonas para evangelizar. Aunque Estados Unidos abogaba por la separación de Iglesia y Estado, las líneas eran a menudo difusas. Uno de los primeros informes sobre Puerto Rico, por ejemplo, fue escrito por Henry K. Carroll, un ministro protestante enviado por el Presidente McKinley para estudiar las condiciones del archipiélago.[12]

La sexualidad y las normas de género se vigilaban y controlaban cuidadosamente mediante leyes y estrictos códigos sociales. El Código Civil de 1902 permitía el divorcio, lo que empoderó a las mujeres y le ganó el apoyo de las clases trabajadoras al régimen estadounidense. No se trataba de una medida moral altruista, sino de una estrategia para hacer más atractivo el matrimonio. A los oficiales estadounidenses les sorprendió descubrir que, mientras que las élites del siglo XIX protegían celosamente los códigos patriarcales del honor, muchos puertorriqueños vivían en concubinato o practicaban otras formas de acuerdos sexuales y morales. Dichos oficiales consideraban el matrimonio como una herramienta para civilizar a la sociedad puertorriqueña empezando por la casa.[13]

El trabajo sexual, legalizado y regulado durante la época española, volvió a prohibirse.[14] También se atacó la homosexualidad, y la sodomía se declaró ilegal en 1902.[15] La ilegalidad empujó a algunos grupos a los márgenes, pero no desaparecieron. El trabajo sexual siguió proliferando y, aunque se sabe muy poco, al parecer también prosperó una escena gay, sobre todo en los centros urbanos.[16] La homosexualidad y el trabajo sexual tenían lugar en espacios íntimos a puertas cerradas o bajo la luz de la luna en lo profundo de los cañaverales, los mismos, cabe señalar, que ardían en llamas durante las huelgas.

El mundo del trabajo y su lucha por la participación política

Aunque los líderes obreros se ponían del lado de la ocupación estadounidense y promovían la americanización, la militancia obrera era motivo de preocupación para los administradores coloniales. Una de las mayores acciones laborales ocurrió siete años después de la invasión. Básicamente, la huelga fue producto de la ira, el hambre y la desilusión con los sindicatos y la élite política. En abril de 1905, en el punto álgido de la zafra, los trabajadores de la caña exigieron «un aumento de su salario diario a 75 céntimos para los hombres y las mujeres, la abolición del trabajo infantil y una jornada laboral de nueve horas».[17] Llevaban semanas organizando una huelga en la región sur de Puerto Rico, movilizando a veces hasta 20.000 personas. Cansados, enfadados y desesperanzados, los trabajadores no solo estaban dispuestos a enfrentarse a los barones del azúcar terratenientes, sino también a sus propios líderes sindicales si era necesario. Santiago Iglesias Pantín escribió en sus memorias que dirigió esas huelgas masivas, pero no fue así. De hecho, su federación sindical quería que los trabajadores esperaran a negociar con los jefes y administradores antes de irse a la huelga. Los trabajadores hicieron caso omiso y protagonizaron la que quizá haya sido la mayor huelga de la historia de Puerto Rico hasta ese momento.

La huelga fue el resultado de la organización incansable de muchos trabajadores y trabajadoras anónimos que dirigían escuelas nocturnas improvisadas donde enseñaban a leer y escribir, así como a formar y mantener un sindicato. Los niños se unieron a los esfuerzos de organización de la huelga recaudando fondos en sus vecindarios. Las mujeres, borradas de los registros de archivo porque sus contribuciones rara vez eran remuneradas, también trabajaban en los campos y realizaban labores domésticas y de cuidados esenciales que sostenían toda la empresa del cultivo del azúcar.[18]

El gobierno colonial estadounidense utilizó a la recién creada Policía Insular para reprimir la huelga. La Policía Insular se había establecido en 1899, pero el gobernador Charles Allen sancionó oficialmente su creación en 1901 para centralizar el poder policial. Uno de sus mandatos era suprimir cualquier agitación social, lo que hicieron por la fuerza y con violencia.[19]

El 16 de abril de 1905, se celebró una reunión obrera en la plaza principal de la ciudad de Ponce para apoyar a los trabajadores en huelga. Era habitual que los agentes de la policía se situaran junto a los líderes sindicales mientras pronunciaban sus discursos. Si el discurso era demasiado encendido, la policía ordenaba a los oradores modificar el tono. Aquella noche, mientras el líder obrero Eugenio Sánchez López pronunciaba un enérgico discurso ante más de 6.000 campesinos, trabajadores y curiosos, el detective Gutiérrez, de la Policía Insular, empezó a golpear a alguien de la multitud con una macana. En cuestión de segundos, se desató el caos. Los agentes de la policía empezaron a disparar sus armas y a atacar a cualquiera que se les cruzara por delante. Más de cuarenta personas resultaron heridas y varios dirigentes sindicales fueron detenidos.[20]

La violencia que tuvo lugar en Ponce no hizo sino echar más leña al fuego. Al cabo de varias semanas, los trabajadores prosiguieron su militancia y acabaron triunfando en sus esfuerzos huelguísticos. La mayoría de sus demandas fueron atendidas. A la larga, la Federación Libre de Trabajadores (FLT) participó y proporcionó un apoyo crucial en forma de fondos, redes políticas y negociadores experimentados. Los que se organizaron con éxito para «asaltar el cielo», tomando prestada una frase de Karl Marx, permanecen en el anonimato.[21] Aunque sus nombres no aparecen en los libros de historia, marcaron en gran medida la vida de muchos a través de su agencia, desafío y solidaridad.[22]

Como había ocurrido antes de la ocupación, las mujeres quedaron excluidas de las esferas política y cultural del país. Sin embargo, no se quedaron al margen pasivamente. Mujeres de distintas clases sociales se convirtieron en pensadoras, teóricas y organizadoras políticas activas.[23] Las mujeres de clase media crearon un poderoso e influyente movimiento sufragista en las primeras dos décadas del siglo XX. Las que dirigían el movimiento habían estudiado en el extranjero y ejercían profesiones como enfermeros o profesores. La Liga Femínea, fundada en 1917, se convirtió en la Liga Sufragista en 1921. Fue creada y dirigida por mujeres como Ana Roqué de Duprey, Mercedes Solá, Carlota Matienzo, Ángela Negrón Muñoz y Olivia Paoli, entre otras.[24] La Liga Sufragista se unió a otras organizaciones sufragistas creadas en la década de 1920 para insertar con éxito las conversaciones en torno al derecho al voto entre los grupos mayoritarios de Puerto Rico.[25] Aunque sus miembros procedían de las clases medias, el movimiento sufragista no era un grupo homogéneo. Cuando la legislatura puertorriqueña aprobó el voto femenino en 1929, se limitó a las mujeres alfabetizadas. En un país con elevados niveles de analfabetismo, eso excluía a la mayoría de las mujeres puertorriqueñas. La ley de sufragio universal se aprobó en 1935.[26]

Mientras las mujeres de la clase media avanzaban a grandes pasos, las de la clase trabajadora también organizaban sindicatos y exigían más derechos, como habían hecho desde los inicios del movimiento obrero. En 1908, por ejemplo, las mujeres trabajadoras se turnaron en un congreso laboral organizado por la FLT para presionar a los líderes sindicales a fin de que abogaran por el sufragio universal. No fue una reivindicación puntual, pues las mujeres trabajadoras siguieron reclamando representación dentro del movimiento obrero.[27]

En junio de 1919, el mismo mes en que la Conferencia de Paz de París puso fin a la Primera Guerra Mundial (1914-1919), el Congreso de Estados Unidos aprobó la Decimonovena Enmienda, que concedía a las mujeres el derecho al voto. Puerto Rico fue excluido porque se consideraba (y se considera) un territorio «que pertenece a», pero «no es parte de» Estados Unidos. Las mujeres trabajadoras escribieron cartas al gobernador colonial pidiendo la igualdad respecto a sus homólogas estadounidenses. También estuvieron atentas a los acontecimientos que se desarrollaban en la esfera internacional.[28]

Cuatro meses después de la aprobación de la Decimonovena Enmienda, mujeres trabajadoras de todo el mundo se reunieron en Washington D.C. para celebrar la conferencia inaugural del Congreso Internacional de Mujeres Trabajadoras. Las mujeres trabajadoras de Puerto Rico intentaron emular a sus homólogas creando una conferencia similar para defender el sufragio femenino y más derechos laborales. Para las trabajadoras puertorriqueñas sindicadas, la lucha no era solo contra el Estado. También estaban dispuestas a ir contra el recién creado Partido Socialista si era necesario.[29]

El Partido Obrero Insular, creado unos años antes por miembros de la FLT, había conmocionado al país al ganar el municipio de Arecibo en las elecciones de 1914. Al parecer, había llegado el momento de crear un verdadero partido socialista. Los trabajadores de la caña incendiaron los cañaverales de toda la isla en huelgas combativas. Fundado en Cayey por cincuenta y seis delegados sindicales en marzo de 1915, el Partido Socialista se convirtió en una fuerza importante en la política puertorriqueña. Pero, al igual que en el movimiento obrero en general, a las mujeres no se les permitía ocupar puestos de poder en sus filas. Algunas mujeres trabajadoras, que se habían organizado en torno al sufragio, se quedaron sin derecho al voto. La coalición política entre socialistas y republicanos aprobó la legislación que hizo realidad el sufragio universal en las elecciones de 1936.[30]

A pesar de que a las mujeres trabajadoras se les negaba a menudo participar en las altas esferas del movimiento obrero, la anarcofeminista Luisa Capetillo luchó por abrirse un espacio en el mundo sindical dominado por hombres. Su padre era español y su madre francesa. Llegaron a Puerto Rico en busca de mejores oportunidades laborales. Su padre iba a dirigir un parque de atracciones y su madre iba a ser la institutriz de una familia adinerada. Sin embargo, las cosas no salieron según previsto. Si bien su herencia europea les permitió acceder a ciertos espacios, como las tertulias literarias, de los que no todos los puertorriqueños disfrutaban, experimentaron una movilidad social descendente.[31]

Luisa Capetillo nació en el pueblo norteño de Arecibo el 28 de octubre de 1882. Sus padres, ambos ávidos lectores de los románticos europeos, se aseguraron de proporcionarle una buena educación. Asistió a un colegio privado en su pueblo natal, donde se destacó en todas sus clases. La precaria situación económica de sus padres no le permitió cursar estudios superiores, algo que menciona en sus escritos. No obstante, Capetillo demostró un profundo conocimiento de escritores como León Tolstoi, Piotr Kropotkin, John Stuart Mill y Victor Hugo, entre otros.[32] No contenta con estudiar los problemas sociales de la época, también dedicó su vida a cambiar esas condiciones. En las huelgas de 1905 —en las que ardieron los cañaverales— Luisa Capetillo vio la oportunidad de poner a prueba sus ideas y participó en la organización de las huelgas de Arecibo, una experiencia que marcó profundamente su vida.[33]

En una sociedad con un alto nivel de analfabetismo, Capetillo empezó a trabajar como lectora en una fábrica de tabaco. Los «lectores» eran personas que leían en voz alta a los tabaqueros mientras trabajaban. Su paga provenía del bolsillo de los propios trabajadores, y desempeñaban un papel fundamental en la educación de las clases trabajadoras. Las mañanas se dedicaban a los periódicos locales e internacionales, las tardes, a las lecturas literarias. Las fábricas se convirtieron, como los describió un tabacalero, en sus universidades. No era raro que, después de la jornada de trabajo, se improvisaran tertulias en las que un trabajador que no sabía leer ni escribir pudiera debatir sobre *Los miserables* de Victor Hugo o sobre el detonante de las huelgas recientes en Bélgica.[34]

Escribir e imprimir un libro a principios del siglo XX era toda una proeza, sobre todo para los miembros de las clases trabajadoras, más aún, para las mujeres. Capetillo consiguió publicar no uno, sino cuatro libros. También publicó un periódico titulado *La mujer* —aunque no se conserva ningún ejemplar, se sabe que circuló más allá de los confines de San Juan— y mantuvo intercambios periodísticos con camaradas de toda Europa, Estados Unidos, el Caribe y América Latina.[35]

Capetillo abogaba por el amor libre, una sociedad sin cárceles y la emancipación de la mujer. Se la recuerda como una de las primeras mujeres en vestir trajes-sastre masculinos, lo que le costó enfrentamientos con las autoridades tanto en Cuba como en Puerto Rico. Desafió los códigos de género impuestos por el Estado y las clases altas, pero también por sus camaradas del movimiento obrero. Sus compañeros de trabajo la aceptaban siempre y cuando no se entrometiera en los asuntos de los hombres, como advertía un periódico laboral.[36] Una esquela de su muerte en 1922 demuestra el desprecio de los líderes sindicales masculinos hacia ella. Escribieron con cinismo que no comprendía realmente las teorías socialistas que defendía.[37]

Capetillo no se contentó con solo escribir sobre temas laborales. Fue arrestada por participar en huelgas de la caña de azúcar en la isla-municipio de Vieques, viajó por el archipiélago para difundir sus ideas en las plazas de los pueblos y se convirtió en una de las más firmes defensoras del sufragio universal. Fue una de las pocas mujeres trabajadoras que participó activamente en los congresos laborales de la FLT. En un mundo en el que los cuerpos de las mujeres se vigilaban muy de cerca, Capetillo viajó, desafiante, a través de diferentes fronteras nacionales, se organizó con anarquistas cubanos, vendió sus libros, habló en asambleas públicas en la República Dominicana, pasó una temporada con radicales en Ybor City y abrió un restaurante vegetariano y un albergue en la ciudad de Nueva York.[38]

De hecho, Capetillo se unió a una creciente comunidad de puertorriqueños que vivían en Nueva York dando forma y transformando el paisaje de la ciudad en las dos primeras décadas del siglo XX. Algunos, como Arturo Alfonso Schomburg no solo impactaron las comunidades puertorriqueñas, sino el tejido de la cultura estadounidense en su conjunto. Schomburg, hijo de madre negra antillana y padre de ascendencia alemana, nació en Puerto Rico, pero emigró a Nueva York en 1891 a los diecisiete años. Abogó por la independencia de Puerto Rico y Cuba, y más tarde se convirtió en un apasionado bibliófilo. Su colección de archivos y sus prácticas curatoriales se volvieron fundamentales para los estudios africanos y afroestadounidenses y constituyen una de las principales influencias del Renacimiento de Harlem, un momento cultural guiado por la proliferación del arte, la danza, la música, la literatura y la producción intelectual negras.[39]

Los diarios de intelectuales de la clase obrera, como Jesús Colón y Bernardo Vega, también ofrecen una ventana al mundo de quienes partieron en busca de una vida mejor en la gran ciudad.[40] Los obreros contratados y los trabajadores en busca de empleo fueron «pioneros» en establecer las primeras comunidades puertorriqueñas en Estados Unidos.[41] Con el tiempo, las pequeñas colonias dieron lugar a comunidades más complejas. No obstante, los patrones migratorios también estuvieron marcados por una serie de puntos de inflexión política que transformaron a los puertorriqueños de extranjeros a ciudadanos (de segunda clase).[42]

De súbditos coloniales a ciudadanos coloniales

El 1 de mayo de 1899, la Ley Foraker puso fin al gobierno militar en Puerto Rico. Esta legislación, redactada por el senador Joseph Benson Foraker, creaba un gobierno civil para Puerto Rico en el que el gobernador, su gabinete y la cámara alta serían nombrados por el presidente estadounidense. La versión final de la legislación, sin embargo, se redactó tras una serie de acalorados debates sobre el futuro del territorio recién adquirido. La ocupación proporcionó un terreno fértil para debatir los límites de la Constitución estadounidense. Estas conversaciones surgieron de diferentes interpretaciones del futuro de Estados Unidos como imperio. Los políticos debatían, por ejemplo, si los territorios recién adquiridos debían incorporarse a la nación, como había ocurrido en el pasado con Luisiana, Hawái, los pueblos indígenas y los territorios que antes pertenecían a México.[43]

Durante la Guerra de 1898, los demócratas del Congreso habían aprobado la Enmienda Teller, que garantizaba que Estados Unidos no incorporaría a Cuba. La cuestión entonces era qué hacer con Filipinas, Guam y Puerto Rico. Aquí, el ethos xenófobo y racista de la época guiaba las omnipresentes descripciones de los puertorriqueños como ignorantes, vagos e incapaces de autogobernarse.[44] Estos discursos fueron reproducidos por profesores de la Ivy League, políticos, administradores coloniales y el presidente de Estados Unidos.[45] La prensa también participó en la generación de imágenes, artículos y libros que describían a los puertorriqueños como inferiores. Durante la ocupación y en las primeras décadas del siglo XX circularon decenas, si no cientos de libros, dibujos animados y películas que reproducían estos estereotipos.[46] Uno de los múltiples libros fotográficos publicados en Estados Unidos durante y después de la invasión de Puerto Rico, *Our Islands and their Peoples*, proporcionaba referentes visuales al público lector estadounidense sobre las colonias recién adquiridas.[47] Como sugiere el título, las islas caribeñas de Puerto Rico, imaginadas como idílicos paraísos tropicales, pertenecían ahora a Estados Unidos, pero sus gentes no. En las páginas del libro, los puertorriqueños son imaginados y retratados como inferiores, alienígenas y salvajes.[48]

Algunos miembros de la élite puertorriqueña también reprodujeron estas ideas. Para ellos, las masas trabajadoras eran revoltosas, perezosas y demasiado negras. El tropo de la «Gran Familia Puertorriqueña» del siglo XIX, reproducido en la literatura de las élites, pretendía precisamente abordar esta cuestión. Los obreros y trabajadores se incorporarían a la nación (conceptualizada como una gran familia), pero debían ser dóciles y seguir al patriarca, encarnado por la élite liberal, blanca y masculina.[49]

Aunque la extensión de la ciudadanía estadounidense a los puertorriqueños se había debatido originalmente en el Congreso de EE.UU., posteriormente se eliminó de la Ley Foraker. Los puertorriqueños no eran considerados aptos para ella. Esto suscitó de nuevo el debate sobre los límites de la Constitución y sobre cómo debería funcionar «la Ley Suprema» del país en los nuevos territorios. Estados Unidos se enfrentaba al hecho de que ahora era un imperio con posesiones coloniales. Para los puertorriqueños, la Ley Foraker otorgaba una ciudadanía jurídicamente ambigua y no reconocida formalmente en los foros internacionales. Los puertorriqueños estaban en el limbo mientras Estados Unidos creaba una frontera jurídica.[50]

Las dimensiones legales de la Ley Foraker y la ambigüedad de la relación de Puerto Rico con Estados Unidos se pusieron a prueba durante las primeras décadas del siglo XX a través de una serie de casos ante el Tribunal Supremo conocidos como los Casos Insulares. En 1901, Samuel Downes demandó a George R. Bidwell, inspector de aduanas estadounidense en el puerto de Nueva York. Downes era el propietario de S.B. Downes & Company. Downes alegó que se le habían cobrado injustamente aranceles por naranjas importadas de Puerto Rico, que, según él, era territorio de Estados Unidos después de la Guerra de 1898.[51]

El caso llegó hasta el Tribunal Supremo, que finalmente definió a Puerto Rico como territorio no incorporado de Estados Unidos. Según el historiador Robert McGreevey, los intelectuales y estadistas estadounidenses equiparaban a los puertorriqueños con las comunidades nativas y negras de Estados Unidos. «Si las ideas de cómo educar mejor a las personas del sur en el tema de la ciudadanía ayudaron a conformar y justificar la política colonial en Puerto Rico», señaló McGreevey, «la experiencia también conformó las actitudes hacia las personas negras en Estados Unidos». De hecho, ocho de los nueve jueces que fallaron en el caso también habían decidido en *Plessy vs. Fergusson*, el caso que segregó legalmente el sur de EE.UU. Se decidió que el Congreso estadounidense tenía plenos poderes sobre Puerto Rico, que era una posesión de Estados Unidos.[52]

Dos años más tarde, en 1903, el Tribunal Supremo vio otro caso relacionado con Puerto Rico. Esta vez, se ponían a prueba los límites de la ciudadanía puertorriqueña. Una mujer llamada Isabel González viajó a Nueva York para encontrarse con su prometido, que había abandonado el archipiélago para trabajar en una fábrica. Como joven madre que esperaba otro hijo, se la consideró una «extranjera» y una carga pública potencial. Para resolver el caso, el tribunal creó una nueva categoría: «nacionales». No eran «ni extranjeros ni ciudadanos», pero «debían lealtad a Estados Unidos y se les concedía libertad de movimiento dentro de las fronteras estadounidenses». Sin embargo, se les negaba la mayoría de los derechos básicos de ciudadanía.[53]

La cuestión de la ciudadanía fue debatida por diferentes sectores sociales de Puerto Rico, desde las clases medias hasta los líderes del movimiento obrero organizado. Para muchos, la ciudadanía estadounidense era un paso lógico hacia la anexión, que otorgaría a Puerto Rico todos los derechos de los cuales disfrutan los estados de la unión. En 1917, el Presidente Woodrow Wilson firmó la Ley Jones-Shafroth. Producto de años de debate e incansable organización por parte de distintos sectores de las clases media y trabajadora, la ley concedió a los puertorriqueños la ciudadanía estadounidense. Sin embargo, muchos puertorriqueños que emigraban a Estados Unidos no tenían forma de demostrar su lugar de nacimiento y a menudo se les denegaban documentos que acreditaran su situación legal. Como quedaría demostrado en acontecimientos posteriores, los puertorriqueños seguían siendo ciudadanos de segunda clase.

La Ley Jones Shafroth también reestructuró el gobierno, siguiendo el modelo estadounidense de los tres poderes: ejecutivo, legislativo y judicial. Aunque el presidente estadounidense seguiría nombrando al gobernador, algunos miembros del gabinete ahora serían nombrados por el recién creado Senado Insular. El poder legislativo ahora se dividía en dos órganos: la Cámara de Representantes, compuesta por treinta y nueve escaños, y el Senado Insular, formado por diecinueve. Todos eran electos democráticamente.

Tres años después, se aprobó la Ley de la Marina Mercante (Merchant Maritime Act) que establecía lo que se ha conocido como las Leyes de Cabotaje, mediante las cuales todas las importaciones a Puerto Rico tenían que llegar en un buque estadounidense, lo que disparó el precio de las mercancías y productos en el archipiélago. La ley también establecía que cualquier importación debía ser transportada por la marina mercante estadounidense en buques de fabricación estadounidense, con bandera estadounidense y tripulación exclusivamente estadounidense. Esa ley nativista, que sirvió para promover la marina mercante estadounidense, obstaculizó el desarrollo económico de Puerto Rico. Al cabo de cien años, sigue aplicándose.

Las actitudes racistas y un mercado laboral precario convirtieron a los puertorriqueños en una reserva de mano de obra colonial. En Nueva York, por ejemplo, académicos, juntas de beneficencia y la Oficina de Asuntos Insulares «definieron a los puertorriqueños como extranjeros a efectos de restringir la inmigración, reducir los registros de asistencia social o denegar el transporte gratuito del gobierno».[54] Al negárseles trato igual, los puertorriqueños también tenían un acceso limitado a los beneficios de los que disfrutaban los ciudadanos estadounidenses. En otro caso ante el Tribunal Supremo, la relación entre el imperio y su colonia caribeña volvió a ponerse a prueba. Esta vez se trataba de un intelectual obrero de Mayagüez llamado Jesús María Balzac.

Balzac fue cajista de imprenta, miembro de la FLT durante muchos años y escritor que publicó tres libros en la primera década del siglo XX:

Revolución (1900), *Apuntes históricos* (1904) y *Unión y fuerza* (1910). En sus páginas, Balzac expuso y defendió sus ideas socialistas y promovió el programa de la FLT en Puerto Rico. Aunque al parecer no recibió educación superior, Balzac fue uno de los muchos trabajadores autodidactas que crearon una vibrante comunidad intelectual a principios de siglo. Fue acusado de difamación por un artículo en el que criticaba al gobernador Arthur Yager (que ocupó el cargo de 1913 a 1921) en su periódico *El Baluarte*. El caso se conoció como *Balzac vs. Pueblo de Porto Rico* (1922).[55]

Antes profesor de historia y presidente de la Universidad de Georgetown, Arthur Yager fue nombrado gobernador colonial de «Porto Rico» en 1913 por su amigo el Presidente Woodrow Wilson, a quien conoció durante sus estudios doctorales en la Universidad de Johns Hopkins. Al llegar a Puerto Rico, Yager le declaró la guerra al movimiento obrero organizado, que, a su vez, le declaró la guerra a él. Entre 1915 y 1920, se produjo la cifra récord de 335 huelgas en todos los sectores.[56] Yager respondió persiguiendo a los líderes sindicales y reprimiendo las huelgas, acciones que se saldaron con la muerte de varios trabajadores en huelga. Yager llegó incluso a tramar en secreto la creación de una federación sindical patrocinada por el gobierno para restar poder a la FLT y a su brazo político, el Partido Socialista.[57]

Balzac fue acusado de difamación, un delito menor. El *Code of Criminal Procedure of Porto Rico* [Código de Procedimiento Penal] solo concedía un jurado para los casos de delitos graves, pero Balzac argumentó que la Sexta Enmienda de la Constitución de Estados Unidos le otorgaba el derecho a un juicio con jurado. Balzac argumentó además «que el lenguaje de los supuestos libelos era solo un comentario justo, y su publicación estaba protegida por la Primera Enmienda».[58] Balzac fue condenado a nueve meses en prisión. Apeló ante el Tribunal Supremo de Puerto Rico y los cargos fueron confirmados. Entonces apeló ante el Tribunal Supremo de Estados Unidos.

Lo que este tipógrafo autodidacta no sabía —aunque bien pudo haberlo adivinado— era que su caso redefiniría la relación colonial de Puerto Rico con Estados Unidos. Haciéndose eco del ethos racista y xenófobo de la época, así como de los Casos Insulares, el presidente del

Tribunal Supremo, William Howard Taft, argumentó que los puertorriqueños solo podrían disfrutar de todos los beneficios de la ciudadanía estadounidense si se trasladaban a uno de los estados de la unión.[59]

Puerto Rico se consideraba, como se señaló en *Downes vs. Bidwell*, extranjero en el sentido interno; pertenecía a Estados Unidos pero no formaba parte de la unión. El caso de Balzac añadió otra capa colonial. Los puertorriqueños eran ciudadanos estadounidenses desde 1917, pero, puesto que el archipiélago no había sido incorporado a la unión, la Carta de Derechos invocada por Balzac no les aplicaba. Solo el Congreso de Estados Unidos podía decidir qué partes de la Constitución aplicaban a los puertorriqueños. Los precedentes de estos tres casos siguen configurando la relación colonial entre Puerto Rico y Estados Unidos. Puerto Rico sigue considerándose un territorio no incorporado y solo algunas partes de la Constitución se aplican a quienes viven en el archipiélago.

La década de 1920 se caracterizó por el aumento de las desigualdades. La industria azucarera, dominada por corporaciones ausentistas, prosperó. Mientras tanto, la economía se centralizaba cada vez más en torno a las exportaciones, incluidos el azúcar, el tabaco, el café, las frutas y los productos manufacturados. Las clases trabajadoras, como era de esperar, no cosechaban esos beneficios. Debido al gran número de trabajadores desempleados, los salarios se estancaron y la precariedad volvió a dominar. Políticamente, el Partido Socialista se convirtió en una fuerza a considerar y transformó el panorama electoral. Los partidos tradicionales crearon alianzas y coaliciones para limitar una posible victoria socialista. Y, entonces, en 1928, el huracán San Felipe azotó a Puerto Rico. Aunque el número oficial de víctimas mortales palideció en comparación con San Ciriaco en 1899, el impacto en el sector agrícola de la isla fue inmenso. Al año siguiente, la economía estadounidense sufriría los efectos de la Gran Depresión.

Los años treinta prometían ser una década turbulenta. Y así fue.

CAPÍTULO 7

UNA DÉCADA TURBULENTA

La historia oficial de Puerto Rico suele describir la década de 1930 como una década de crisis. Sin duda, fueron tiempos turbulentos. En la década del treinta, el archipiélago se había convertido, en palabras del historiador Fernando Picó, en «una inmensa plantación azucarera».[1] Mientras tanto, la Gran Depresión causaba estragos en una población para la que el trauma ya era parte de su experiencia cotidiana. Sin embargo, la década del treinta fue también un periodo de efervescencia política, una época en la que diversos grupos e individuos comenzaron a probar otras formas de vivir. La nación, o al menos la esencia de lo que significaba ser puertorriqueño, volvió a ser teorizada y reimaginada por los intelectuales. Y mientras las viejas hegemonías se desmoronaban y daban paso a nuevas ortodoxias, los mitos nacionales decimonónicos seguían manteniendo su poder.

En la región sur de Puerto Rico, un médico negro llamado José Lanauze Rolón pensaba en formas de construir esas otras posibilidades. Nacido en 1893, Lanauze Rolón se educó en Coamo, su pueblo natal, donde ejerció como profesor. Más tarde viajó a Washington, D.C., se licenció en medicina por la Universidad de Howard y regresó a Puerto Rico para abrir su consultorio médico en la ciudad de Ponce.[2]

Como médico, Lanauze Rolón fue un distinguido miembro de la clase media ponceña, pero también fue un destacado escritor y ensayista que escribió numerosos artículos en la prensa local y publicó su primer libro, un poemario titulado *Momentos: poesías y cuentos fantásticos,* poco después de regresar de la Universidad Howard.[3] Entre 1925 y 1928, también organizó un grupo de control de la natalidad, influido por las ideas neomalthusianas sobre el control de la población, entonces populares en ciertos círculos obreros. De hecho, esas ideas ya se discutían en Puerto Rico desde principios del siglo XX y contaban con defensores como la anarcofeminista Luisa Capetillo.[4] Para Lanauze Rolón, Puerto Rico estaba superpoblado. No obstante, se oponía al aborto y a las relaciones sexuales extramatrimoniales. Creía que la educación y el acceso a la información ayudarían a las mujeres —los hombres estaban exentos— a tomar decisiones sobre su vida y su salud. Sin embargo, el sexo no tenía por qué practicarse tan solo con fines reproductivos. Esas ideas, que publicó en periódicos y promovió en actos públicos, se recopilaron en su segundo libro, *El mal de los muchos hijos: polémicas sobre el neomalthusianismo.*[5]

Ya en la década del treinta, sin embargo, Lanauze Rolón se había radicalizado de otra manera. En 1932 publicó un libro, *Por los caminos de la violencia: la idea comunista*, en el que dejaba entrever sus ideas fogosas y combativas. Para Lanauze Rolón, Rusia era un ejemplo a seguir, un faro de esperanza. Los rusos habían demostrado que la lucha revolucionaria no podía llevarse a cabo únicamente a través de libros y escritos. Derrocar el orden capitalista también implicaba violencia.[6] La Revolución Rusa de 1917 había influido en muchos radicales puertorriqueños, incluidos algunos miembros de la FLT y del Partido Socialista. En sus congresos, saludaban a sus camaradas rusos e intentaban emular su ejemplo. Sin embargo, su discurso se atenuó muy pronto porque los lideratos de esos grupos estaban afiliados a la Federación Estadounidense del Trabajo, que era más conservadora. El Partido Socialista y la FLT no eran instituciones homogéneas. Existían profundas divisiones entre sus dirigentes y sus bases, lo que provocó importantes escisiones y tensiones en la década de 1930.[7]

Las ideas comunistas, como las promovidas por Lanauze, habían comenzado a circular en Puerto Rico en la década de 1920. Muchos intelectuales coquetearon con ellas, entre ellos Luis Muñoz Marín, futuro gobernador de Puerto Rico. En los treinta, sin embargo, los comunistas eran uno de muchos grupos que imaginaban a Puerto Rico de otro modo, aunque ello significara dar la vida en la lucha contra el capitalismo o el imperialismo estadounidense. Algunos utilizaron la pluma; otros el podio del aula; y otros teorizaron sobre todo ello con los labios manchados de vino en sus tertulias nocturnas.

Lanauze Rolón formaba parte de una tradición radical negra más amplia, que participó activamente en la configuración de las vidas de muchos y de la historia del archipiélago. Se trata de una tradición radical negra que se remonta a las acciones de las comunidades cimarronas que resistieron al colonialismo español, y a las revueltas de los pueblos esclavizados que acosaron a los administradores coloniales en el siglo XIX. Sin embargo, la borradura de esa tradición de relatos históricos no es casual, ya que, como señaló el antropólogo Michel-Rolph Trouillot, los silencios siempre se producen activamente.[8] A menudo, los historiadores puertorriqueños han reproducido, sin cuestionarlos, las normas consensuadas y los códigos maestros de su época. No obstante, Lanauze y otros como él desafiaron las ideas patriarcales de la élite sobre quiénes pertenecían a la nación incorporando un discurso de clase atento a las masas trabajadoras. En las páginas siguientes, se describen las formas en que los intelectuales de la clase obrera, los nacionalistas revolucionarios y los intelectuales de la élite negociaron la idea de nación.

La tormenta antes de la tormenta

La economía de Puerto Rico dependía de sus exportaciones agrícolas. En la década de 1920, sin embargo, Puerto Rico no cosechó los beneficios de la era posterior a la Primera Guerra Mundial. El azúcar continuó su crecimiento y producción constantes, pero otros cultivos como el tabaco, los frutos menores y el café sufrieron mucho. Tras las cifras que ofrecen las estadísticas, se puede apreciar que los medios de subsistencia de la población fueron impactados grandemente, pues el costo de los alimentos y de los artículos de primera necesidad se infló al tiempo que el desempleo crecía y se estancaban los salarios.[9]

Debido a su situación geográfica, la historia del archipiélago también ha estado marcada por tormentas y huracanes. En la madrugada del miércoles, 12 de septiembre de 1928, los vientos comenzaron a aullar, arrastrando consigo lluvias torrenciales y trozos de tejados de zinc que atravesaban la noche como proyectiles. San Felipe fue un huracán de categoría cinco con ráfagas de viento estimadas en 257 kilómetros por hora o más. Azotó a Puerto Rico durante unas dieciséis horas terribles, dejando tras de sí una estela de destrucción. Algunos compararon el huracán con los cuatro jinetes del Apocalipsis.[10]

La experiencia de la administración colonial y los recientes avances tecnológicos permitieron evitar una catástrofe como la ocurrida en San Ciriaco en 1899. El número de muertos de San Felipe se estimó en 312, frente a los más de 3.000 de San Ciriaco. Con daños materiales y de infraestructura estimados en cincuenta millones de dólares, el huracán San Felipe no hizo más que agravar la miseria cotidiana del puertorriqueño promedio.[11] El imperio del hambre colonizó los estómagos vacíos de las masas trabajadoras, y la dependencia de Puerto Rico de Estados Unidos creó una combinación fatal. Al año siguiente de San Felipe, la Bolsa de Nueva York se desplomó, dando paso a la Gran Depresión. Tres años después, en 1932, en uno de los momentos más duros de la Depresión, Puerto Rico fue azotado de nuevo por otro huracán, San Ciprián, que dejó un balance de 250 muertos y 30 millones de dólares en daños.[12]

Las condiciones empeoraron para las masas trabajadoras en los años siguientes. Por ejemplo, de 1931 a 1932, el salario diario de un trabajador de la caña pasó de 90 céntimos a 50 o 60 céntimos, una cantidad similar a la de principios de siglo.[13] Mientras tanto, los trabajadores del sector del tabaco ganaban unos 1,27 dólares semanales por treinta horas de trabajo. En la industria de la costura, dominada por las mujeres, los trabajadores recibían unos 3,32 dólares si trabajaban en una fábrica. Sin embargo, la mayoría de las costureras no trabajaban en fábricas, sino en sus propias casas, donde ganaban aún menos.[14]

La reacción del gobierno local ante la situación de Puerto Rico fue decepcionante. El gobierno estadounidense, por su parte, se limitó a proteger sus intereses económicos en el archipiélago. Aliviar la pobreza y los males sociales rampantes no se consideraba una prioridad. Mientras la Depresión hacía estragos, Estados Unidos envió un nuevo gobernador a Puerto Rico. Theodore Roosevelt Jr, hijo del ex presidente Theodore «Teddy» Roosevelt, llegó a principios de 1929. Intentó comprender la cultura puertorriqueña, algo que no había hecho ningún gobernante anterior. Se enorgullecía del español rústico que aprendió durante su mandato e incluso se apodó a sí mismo «el jíbaro de la Fortaleza».[15] Roosevelt Jr. se empeñó en recaudar fondos entre donantes privados, fundar un hospital para enfermos de tuberculosis y crear el Departamento del Trabajo de Puerto Rico, dirigido por Prudencio Rivera Martínez, uno de los miembros fundadores de la Federación Libre de Trabajadores (FLT) y del Partido Socialista.

En 1930, el gobierno estadounidense encargó un estudio a la Brookings Institution titulado *Porto Rico & Its Problems* [*Porto Rico y sus problemas*], en el que se documentó la precaria existencia de la mayoría de los puertorriqueños. El ingreso medio anual de las familias campesinas era de 250 dólares. Además, la malnutrición era la causa del 43,9% de las muertes por diarrea, enteritis y tuberculosis. La educación, sin embargo, había mejorado. En 1930, el 97% de los niños en edad escolar de las ciudades y el 40% de los de las zonas rurales asistía a la escuela.[16] La falta de ropa y la necesidad del trabajo infantil para compensar el costo de la vida eran dos de las razones principales por las que algunos niños no iban a la escuela. Una década después, esa situación prevalecía, como me contaba a menudo mi abuela, que solo pudo llegar a cuarto grado porque ya entonces tenía que cuidar de sus hermanos pequeños. En un hogar de trece hijos, solo había un par de zapatos para dos niños. Mi abuela iba calzada a la escuela por la mañana, se encontraba con su hermano al mediodía y le daba los zapatos para que él pudiera ir por la tarde.

Antes de dejar el cargo en 1932 para convertirse en Gobernador de Filipinas —trasladado de un puesto colonial estadounidense en el Caribe a otro en el Pacífico—, Roosevelt Jr. y el Comisionado de Educación, José Padín, cabildearon con éxito para incluir a Puerto Rico dentro de la Ley Smith-Hughes, legislación que asignó 105.000 dólares para la creación de escuelas de formación profesional en Puerto Rico. La legislatura puertorriqueña igualó la asignación aprobando 108.000 dólares para el proyecto. En 1932, había veintitrés centros de formación profesional agrícola, veintidós escuelas de economía doméstica y una escuela de Artes y Oficios.[17]

Una coalición entre los republicanos y el Partido Socialista, conocida como la Coalición, obtuvo la victoria en las elecciones de 1932. El

Partido Socialista, altamente burocratizado, y la creación de alianzas con quienes habían considerado sus «enemigos de clase» era insostenible. Volvieron a ganar las elecciones de 1936, pero las tensiones internas desgarraron al Partido Socialista, y las facciones de la Coalición también crearon graves obstáculos para la aprobación de leyes.[18]

En Estados Unidos, la elección de Franklin Delano Roosevelt con su Nuevo Trato también impactó de forma inevitable a Puerto Rico. Aunque la Coalición ganó la papeleta electoral, el panorama político era mucho más complejo. Tenía diferentes nodos: el gobernador colonial, los funcionarios electos y los programas federales del Nuevo Trato. En 1933 se creó la Ley de Ayuda de Emergencia de Puerto Rico [Puerto Rico Emergency Relief Act, PRERA por sus siglas en inglés] para distribuir alimentos y promover proyectos de construcción a fin de aliviar el desempleo. Como era de esperar, hubo una lucha entre la Coalición y el Partido Liberal (antiguo Partido Unión) sobre cómo distribuir los fondos y gestionar el programa. Además, aunque los liberales habían perdido las elecciones, obtuvieron suficientes votos como para asegurarse puestos clave en el gobierno, incluido un escaño en el Senado para Luis Muñoz Marín, el futuro gobernador cuya estrella política ya ascendía rápidamente en los años treinta. A través de sus contactos en Washington y sus redes políticas en Puerto Rico, incluidas las que estableció como editor de *La democracia,* uno de los periódicos más influyentes de la época, Muñoz Marín se convirtió extraoficialmente en un emisario del Nuevo Trato para consternación de los coalicionistas.[19]

Desde la Guerra de 1898, Puerto Rico dependía de la Oficina de Asuntos Insulares del Departamento de Guerra de Estados Unidos. En 1933, su jurisdicción fue transferida a la recién creada División de Territorios y Posesiones Insulares del Departamento del Interior, dirigida por Ernest Gruening.[20] Los miembros del Partido Liberal Puertorriqueño vieron su nombramiento como una victoria.[21]

En 1935, el gobierno puertorriqueño creó una comisión para estudiar los males del archipiélago. La dirigió Carlos Chardón, entonces rector de la Universidad de Puerto Rico, quien redactó un informe detallado sobre las condiciones del archipiélago y un plan para abordarlas. El plan identificaba tres problemas principales: los latifundios, las corporaciones ausentistas y el monocultivo. También pretendía industrializar a Puerto Rico, sistematizar el sistema escolar público y atender otras necesidades de desarrollo. Tras mucho debate partidista, el plan no fue aprobado. En su lugar, el gobierno federal estadounidense creó la Administración para la Reconstrucción de Puerto Rico [Puerto Rico Reconstruction Administration, PRRA por sus siglas en inglés]. La PRRA pretendía impulsar la economía mediante la creación de programas y empresas públicas. Dio paso a la creación de nuevas obras hidroeléctricas, carreteras y una infraestructura eléctrica, así como de programas educativos. La PRRA también invirtió en la creación de empresas públicas como una cementera, cooperativas y dos centrales azucareras.[22]

Aunque estos programas no lograron pleno éxito, en su esfuerzo de transformar la economía mediante la intervención directa del Estado crearon las infraestructuras ideológica y administrativa que proliferaron en la década siguiente. Esas ideas se incorporaron al programa del Partido Popular Democrático (PPD), tema del próximo capítulo.

Mientras se producían estos cambios, hubo movilizaciones masivas del movimiento obrero organizado. La miseria generalizada de las masas trabajadoras las empujó a exigir mejores condiciones de vida y salarios, no solo al gobierno y a sus jefes, sino también a sus sindicatos. En la década de 1930, la FLT dominaba el mundo sindical y había adquirido un poder político impensable para quienes la crearon en 1899. Aunque a menudo no se reconocen en las narraciones históricas tradicionales, las acciones de la FLT desafiaron directamente a la administración colonial de Puerto Rico. Las huelgas y las acciones obreras militantes proporcionaron un espacio para que los individuos de la clase obrera pusieran en práctica nuevas formas de solidaridad y reflexionaran sobre diferentes formas de liberación, aunque solo fuera brevemente.

En la primera mitad de la década de 1930 hubo decenas de huelgas en las que más de 60.000 trabajadores exigieron mejores salarios y condiciones de vida. Trabajadores sindicados y no sindicados de distintos sectores se declararon en huelga y cerraron sus talleres y fábricas, o se plantaron en sus puestos de trabajo en sus hogares. Los trabajadores de la aguja y de la caña, los taxistas y los tabaqueros fueron algunos de los que desafiaron a sus patrones e hicieron temblar a la élite con pancartas que expresaban la sencillez de sus reclamos: «no estamos pidiendo el cielo».[23]

Esas movilizaciones no solo demostraron la militancia de los trabajadores, sino que también dieron testimonio de la fragilidad del control de la FLT sobre el movimiento obrero organizado. Ya en la década del treinta, había un claro descontento por la división existente entre los líderes sindicales y las bases. Ese escontento se acentuó a causa las coaliciones y alianzas que el Partido Socialista había hecho con los republicanos. En la década de 1920, algunos líderes obreros envejecientes advirtieron sobre la burocratización y la infiltración de trabajadores de cuello blanco en sus filas. El líder obrero Prudencio Rivera Martínez, quien se convirtiera en el primer Comisionado del Trabajo de Puerto Rico en 1932, se quejó de que un trabajador de base le escribió enfadado porque, en lugar de una cálida respuesta en un lenguaje de camaradería y solidaridad, había recibido una carta en la que se dirigían a él con el pronombre «usted».[24]

Pero la tensiones fueron más allá de las formalidades y llegaron a su punto álgido en dos grandes huelgas que tuvieron lugar en 1933 y 1934, y que desafiaron públicamente a la FLT y al Partido Socialista, asestándoles golpes de los que nunca se recuperarían. La primera fue una huelga contra Rafael Alonso Torres, un trabajador autodidacta que se había convertido en uno de los líderes más importantes del movimiento obrero. En 1933, por ejemplo, ocupaba once cargos oficiales entre la FLT y el Partido Socialista, incluido el de presidente interino. También fue nombrado miembro de la Junta de Síndicos de la Universidad de Puerto Rico por el Gobernador Robert H. Gore como favor político a la Coalición, de la que era partidario.[25]

A consecuencia del nombramiento de Alonso Torres, los estudiantes de la Universidad de Puerto Rico declararon una huelga sin precedentes que se extendió al recinto de Mayagüez, así como a varias escuelas secundarias a lo largo del archipiélago. Aunque el gobierno y el Partido Socialista desestimaron en un primer momento a los estudiantes, su causa generó una enorme simpatía entre la opinión pública, como documentan las encuestas de la prensa de la época. Para los estudiantes, tener a un «buey ignorante», como a menudo describían a Alonso Torres, en la junta de síndicos significaría la muerte de la universidad.

Los socialistas, por el contrario, creían que era una forma de democratizar la enseñanza superior. Los partidos políticos también aprovecharon la huelga. Liberales como Luis Muñoz Marín vieron que el momento era propicio para atacar la imagen del Partido Socialista.[26]

La huelga asestó un duro golpe al Partido Socialista. El gobernador y su partido presionaron a Rafael Alonso Torres para que dimitiera de la Junta de Síndicos de la Universidad. Algunos de sus miembros argumentaron que habían cedido a los estudiantes su arma más poderosa: la huelga. Pero las clases trabajadoras no cedían nada. De hecho, al año siguiente hubo otra poderosa huelga en los cañaverales que no solo desafió a los hacendados, sino también a la dirección de la FLT.

La base de la FLT se sentía cada vez más desilusionada con la burocratización de sus dirigentes. En 1933, se produjeron una serie de huelgas de los trabajadores de la caña que reultaron en la negociación —que duró un año— de un convenio colectivo entre la Unión de Trabajadores Agrícolas afiliada a la FLT y la Asociación de Productores de Azúcar de Puerto Rico. Sin embargo, el acuerdo se hizo a puertas cerradas, y no fue discutido ni ratificado por la base. Más aún, algunos de los salarios acordados eran incluso inferiores a los que cobraban en aquel momento los trabajadores.[27]

El Día de Reyes, 6 de enero de 1934, un día después de la firma del convenio colectivo, los trabajadores de la caña de la Central Aguirre en Salinas se fueron a la huelga; les siguieron veintinueve de las cuarenta centrales azucareras de Puerto Rico.[28] Desmoralizados por el hambre y la falta de apoyo de sus líderes sindicales, exigieron mejores salarios y condiciones de trabajo, tanto para los hombres como para las mujeres, algo bastante avanzado en aquella la época. Aunque la huelga no tuvo éxito, sus acciones asestaron un golpe decisivo a una federación sindical ya de por sí fragmentada.[29]

La FLT y la dirección del Partido Socialista abogaban de forma abierta por la anexión de Puerto Rico a Estados Unidos. Pero esto no resonaba necesariamente en sus bases. El 11 de enero de 1934, por ejemplo, los trabajadores en huelga enviaron un telegrama a un aliado no tradicional. Le pidieron al abogado Pedro Albizu Campos, educado en Harvard y líder del Partido Nacionalista, que les ayudara a dirigir la huelga. Aunque la alianza entre el movimiento obrero organizado y los nacionalistas duró poco, demostró la enorme influencia de Albizu y acentuó la ruptura entre las masas trabajadoras y el movimiento obrero tradicional.[30]

Vientos de resistencia, tormentas de desafío

En 1932, un miembro del Partido Nacionalista entregó a Pedro Albizu Campos una carta de Cornelius P. Rhoads, oncólogo estadounidense residente en Puerto Rico. En dicha carta, el médico se hacía eco de la xenofobia y el racismo típicos de la época. Rohads estaba en Puerto Rico con financiación de la Fundación Rockefeller. En su carta argumenta:

> [Los puertorriqueños] son, sin lugar a dudas, la raza de hombres más sucia, perezosa, degenerada y ladrona que jamás haya habitado esta tierra. Da asco habitar la misma isla que ellos. Son incluso inferiores que los italianos. Lo que la isla necesita no son obras de salud pública, sino un maremoto o algo así para exterminar totalmente a la población. Entonces podría ser habitable. He hecho todo lo posible por avanzar en el proceso de exterminio matando a ocho y trasplantando cáncer a varios más. Esto último no ha provocado víctimas mortales hasta el momento… La cuestión de la consideración por el bienestar de los pacientes no juega ningún papel aquí; de hecho, todos los médicos se deleitan en el abuso y la tortura de los desafortunados sujetos.[31]

Albizu Campos difundió la carta, que causó una inmediata indignación pública. Nunca se confirmó su veracidad; Rhoads argumentó que estaba bromeando. Su sentir, sin embargo, no les era ajeno a los puertorriqueños. La mayoría sabía que eran despreciados por los funcionarios estadounidenses. Ahora, podían leer que eran vistos como algo a exterminar. Rhoads fue destituido de su cargo en el Hospital de Ashford, pero siguió ejerciendo una próspera carrera médica, durante la cual realizó experimentos con seres humanos.[32] Albizu Campos se convirtió en una figura extraordinaria en Puerto Rico. Si Bolívar y Haití habían atormentado al Puerto Rico del siglo XIX, Albizu y el Partido Nacionalista atormentaron al gobierno estadounidense en las décadas de 1930 y 1940.

El Partido Nacionalista se había fundado una década antes, en 1922. Se creó como respuesta a la decisión del Partido Unión de eliminar la independencia de su plataforma. Su liderato estaba compuesto por miembros destacados de la vida cultural y política de Puerto Rico, como José Coll y Cuchi, Vicente Geigel Polanco y José S. Alegría, entre otros.[33] El hijo de José S. Alegría, Ricardo, se convirtió en uno de los principales arquitectos de la visión de la nación puertorriqueña en la década de 1950.[34]

Albizu Campos se afilió al Partido Nacionalista en 1924. Hacía poco más de una década, había recibido una beca para estudiar en la Universidad de Vermont, pero al año siguiente se trasladó a la Universidad de Harvard, donde no solo completó el grado de bachiller sino también la carrera de Derecho, que terminó en 1921. Albizu conoció a su esposa peruana, Laura Meneses del Carpio, en Harvard.[35] Al estallar la Primera Guerra Mundial, también se alistó en el ejército, donde sirvió hasta 1919. Tras afiliarse al Partido Nacionalista, fue enviado en misión de solidaridad a América Latina. Pasó un tiempo en Santo Domingo, Haití, Venezuela, Perú, México y Panamá; una experiencia formativa para el joven.[36]

Cinco meses después de regresar a Puerto Rico de su gira solidaria, Albizu Campos fue nombrado presidente del Partido Nacionalista. Este nombramiento transformó el partido y la política puertorriqueña. El partido había permanecido prácticamente inactivo antes de incorporarse a la contienda electoral en las elecciones de 1932. Los resultados fueron desastrosos. El Partido Nacionalista obtuvo solo 5.257 votos, es decir, el 1,38% de los votos emitidos.[37]

Tras las elecciones, decidieron que la independencia no se pedía a las buenas en las urnas, y el Partido Nacionalista abandonó por completo los procesos electorales. En su lugar, intentaron organizar acciones para llamar la atención de la comunidad internacional sobre las formas en que el colonialismo estadounidense afectaba a los puertorriqueños. A partir de 1932, el discurso de Albizu Campos se volvió más feroz. A diferencia de los políticos tradicionales, Albizu Campos creía que los puertorriqueños tenían derecho a la independencia, tanto si Estados Unidos estaba dispuesto a concederla como si no.[38] Los organismos federales se dieron cuenta de inmediato y empezaron a vigilar a los miembros del Partido Nacionalista y a otros supuestos subversivos.[39]

Las tensiones entre el Partido Nacionalista y el gobierno llegaron a su punto álgido entre 1935 y 1939. Albizu Campos nunca había abandonado la idea de la lucha armada en defensa de la independencia. En 1935, sin embargo, una serie de acontecimientos empujaron al partido a declarar la guerra a Estados Unidos y obligar a sus miembros a participar en el servicio militar.[40]

En una asamblea celebrada el 8 de diciembre de 1935, el Partido Nacionalista abogó oficialmente por la lucha armada para alcanzar sus objetivos, una decisión política derivada de la represión y la persecución a las que se enfrentaban entonces los nacionalistas. A principios de ese año, cuatro nacionalistas que viajaban a la Universidad de Puerto Rico habían sido acusados de conspirar para detonar una bomba. Fueron interceptados por la policía y abatidos a tiros. Tres de ellos murieron en el acto y otro resultó gravemente herido. A pocas manzanas de la balacera, José Santiago Barea, otro nacionalista, fue emboscado por la policía. Santiago Barea sí lanzó una bomba antes de ser detenido y ejecutado.[41]

El incidente se conoció como la masacre de Río Piedras. Albizu Campos acusó al jefe de la policía, Francis Riggs, de las muertes. Para vengar los asesinatos, dos nacionalistas, Hiram Rosado y Elías Beauchamp, dispararon mortalmente contra Riggs. Fueron detenidos, llevados a la comisaría y ejecutados a sangre fría.

Era la guerra.

El gobernador Winship ordenó a los agentes de la policía disparar a matar cuando se enfrentaran a los nacionalistas. Albizu Campos advirtió que la sangre nacionalista sería vengada con la misma violencia. Esto marcó un punto de inflexión en la lucha por la liberación nacional de Puerto Rico. Mientras que los intelectuales habían teorizado sobre la nación y el Dr. Lanauze había escrito sobre la necesidad de la violencia, el movimiento nacionalista estaba dispuesto a tomar las armas para lograr la independencia de Puerto Rico.[42]

Tras esos sucesos, el liderato del Partido Nacionalista fue detenido y condenado a prisión federal. Para pedir la liberación de sus dirigentes, los miembros del partido planeaban marchar por la ciudad de Ponce el Domingo de Ramos, que coincidía con la fecha del aniversario de la abolición de la esclavitud.[43] Aunque les denegaron los permisos en el último momento, los nacionalistas siguieron adelante con una protesta pacífica. De repente, se oyó un fuerte estruendo —hasta hoy se desconoce su origen— y la policía empezó a disparar contra la multitud. Murieron veintinuna personas, entre ellas hombres, mujeres, niños y dos policías atrapados en su propio fuego cruzado. Cientos más resultaron heridos. Ese día ha pasado a la historia de Puerto Rico como la Masacre de Ponce. La Unión Americana de Libertades Civiles (ACLU por sus siglas en inglés) y el Colegio de Abogados de Puerto Rico llevaron a cabo investigaciones que culpaban al gobernador de la masacre.[44]

La situación en Puerto Rico llegó a ser tan tensa que un antiguo amigo de Riggs redactó un proyecto de ley en el Congreso estadounidense que habría concedido la independencia a Puerto Rico. El proyecto de ley, conocido como Proyecto Tydings, proponía un referéndum que otorgaría la independencia a Puerto Rico, pero con un costo financiero desfavorable para el archipiélago, que habría tenido que pagar elevadas tasas arancelarias. Era una medida para castigar a quienes habían abogado por la independencia.[45]

El proyecto de ley Tydings suscitó un gran debate entre la élite política. Los nacionalistas lo apoyaban, pero otros, como Luis Muñoz Marín, no. De hecho, en 1936 circularon no menos de tres proyectos de ley que abogaban por la independencia de Puerto Rico. Al proyecto de ley Tydings le siguió el proyecto de ley Wilbur Cartwright, presentado el 18 de febrero de 1936. El proyecto de ley Cartwright fue redactado por Luis Muñoz Marín. Otro proyecto de ley fue presentado por un amigo de los nacionalistas puertorriqueños y congresista progresista de Nueva York, Vito Marcantonio. Estos proyectos de ley fueron ignorados en gran medida por el Congreso estadounidense.[46]

Los nacionalistas no eran el único grupo radical que causaba problemas al gobierno estadounidense en Puerto Rico. El 23 de septiembre de 1934 —el aniversario del Grito de Lares— se formó otro partido, el Partido Comunista de Puerto Rico. Entre sus miembros estaba el oncólogo negro de Ponce, José Lanauze Rolón. En su cúpula también había abogados y obreros, como Miguel Bahamonde, Julio Camacho, Estanislao Soler y Manuel Cofresí Ramírez. El secretario general del Partido

Comunista, Alberto Sánchez, había pasado una temporada en la Unión Soviética.[47]

El Partido Comunista se alió inmediatamente con la Internacional Comunista, lo que significaba que tenía conexiones con el gobierno soviético y la URSS. Algunos comunistas en Puerto Rico no estaban de acuerdo con el partido y pretendían operar de forma autónoma. Aunque aún queda mucho por investigar, parece que a mediados de la década del treinta, operaban dos partidos comunistas diferentes. Uno era el Partido Comunista, formado por Lanauze y Sánchez, y el otro era el Partido Comunista Independiente, dirigido por Luis Vergne Ortiz, antiguo miembro del Partido Nacionalista. Estas dos facciones acabarían por fusionarse.[48]

El Partido Comunista no intentó participar en los procesos electorales, sino que se enfocó en organizar a los trabajadores. Se destacó, además, en actividades de propaganda tales como la publicación de periódicos y libros, y la organización de actos sociales. Su periódico, *Verdad,* documentó sus actividades y acciones con los trabajadores industriales tradicionales, así como su labor de organizar a trabajadores, inquilinos y otros activistas desempleados. *Verdad* era también una traducción de *Pravda,* el nombre del periódico oficial del Partido Comunista de la Unión Soviética.

Otro grupo radical que reconfiguró el panorama político de la década de 1930 fue Afirmación Socialista, cuyos miembros se habían separado del Partido Socialista y reclamaba la independencia de Puerto Rico y el retorno a las ideas socialistas que habían llevado a la creación del partido. Aunque pequeño, el grupo fue capaz de movilizar a miles de trabajadores en asambleas políticas antes de disolverse.[49]

A finales de la década del treinta, el Partido Socialista estaba dividido. Surgió otro partido, el Partido Laborista Puro, bajo el liderato de los que habían sido expulsados del Partido Socialista, entre ellos Prudencio Rivera Martínez. El Partido Laborista Puro no duró mucho y se unió a otros dos partidos para formar la Unión Tripartita.[50] El golpe definitivo a la política tradicional llegó con la creación de un nuevo partido surgido del Partido Liberal: el Partido Liberal Neto, Auténtico y Completo, cuyo nombre pronto se acortó al más pegadizo Partido Popular

XXIV ANIVERSARIO

Saludo al Pueblo Soviético

7 de noviembre de 1917.

Los obreros y campesinos constituyen su propio gobierno.

El imperio de los zares se ha estremecido hasta en sus confines más lejanos. La sexta parte del mundo, en convulsiones revolucionarias, da a la vida una nueva sociedad.

En la más espantosa miseria nace la sociedad que habrá de terminar con la miseria. De la más inicua explotación nace la sociedad que habrá de poner fin a la explotación. En una cárcel de pueblos nace la sociedad que habrá de hacer la hermandad de pueblos libres.

El 7 de noviembre de 1917 se constituyó el gobierno de la Unión de Repúblicas Socialistas Soviéticas.

La gran burguesía del mundo le señaló tan solo veinticuatro horas de vida.

A los explotadores les era imposible concebir el trabajar, el vivir, el crear, sin el foete de la explotación en las costillas del pueblo.

Pero los pueblos liberados del yugo capitalista trabajaron, vivieron, crearon. Pasaron sus primeras veinticuatro horas, y en este 7 de noviembre de 1941 se cumplen sus primeros veinticuatro años.

Veintitrés veces los pueblos libres de la Unión Soviética han celebrado su nacimiento a la vida del socialismo. En los primeros años fué bajo el fragor de la guerra contra la intervención extranjera y sus traidores agentes nacionales; más luego, bajo la carga pesada de los sacrificios que la construcción de una nueva economía impone a los pueblos. Siempre el 7 de noviembre, aun bajo las más desesperadas condiciones, fué día de gloria, y fué sobre todo, día de oonvicción profunda en el éxito cercano.

Con la coronación de la edificación socialista, se sucedió un 7 de noviembre tras otro, celebrado siempre en la paz, en la abundancia, en la libertad ya conquistada.

Ahora, este 7 de noviembre de 1941 halla a los pueblos de la Unión Soviética frente a sus enemigos más encarnizados, frente a las hordas nazifascistas, en una guerra sin cuartel por la defensa de su patria. Por la defensa, sí, de la patria que el pueblo soviético supo conquistar para sí mismo, arrancándola de manos de los explotadores y opresores.

Pero no solo por la defensa de su patria lucha el pueblo soviético. El pueblo soviético lucha también por todas las patrias del mundo. Lucha para que los pueblos del mundo puedan tener patria. Una patria, sí, que no esté amenazada con ser destruida por las hordas sanguinarias del nazifascismo.

Porque el pueblo soviético se ha lanzado al combate para erradicar el fascismo de la faz de la tierra, el pueblo soviético está luchando por toda la humanidad.

Por eso nosotros saludamos al pueblo soviético en este 7 de noviembre de 1941. Saludamos también a su partido, al Partido Bolchevique, a su gran Partido Comunista que hizo posible el triunfo de la Gran Revolución de Octubre y que hará posible el triunfo de ahora sobre el nazifascismo. Y sobre todo, saludamos a su gran dirigente, al genio inmortal del camarada Stalín.

¡Viva la Unión de Repúblicas Socialistas Soviéticas!

¡Viva el frente mundial antifascista de la Unión Soviética, Inglaterra y de todos los pueblos en armas contra el fascismo!

Partido Comunista Puertorriqueño

IMAGEN 7.1. Saludo a la Unión Soviética en su vigesimocuarto aniversario, publicado en *Verdad*, periódico oficial del Partido Comunista de Puerto Rico. Cortesía del Centro de Investigaciones Históricas de la Universidad de Puerto Rico, Recinto de Río Piedras.

Democrático (PPD). El PPD dominó la política electoral durante las dos décadas siguientes.

La nación y sus intelectuales

En la década de 1930, la Universidad de Puerto Rico era un efervescente núcleo de actividad intelectual. Sirvió de centro de San Juan y de puente entre las Américas. Intelectuales de Estados Unidos, América Latina y Europa visitaron el campus de Río Piedras. La prensa documentaba cuidadosamente las conferencias, publicaciones y cualquier otro acto relacionado con la universidad.[51]

La fundación del departamento de Estudios Hispánicos en 1927 fue fundamental para la transformación que experimentó la universidad durante sus dos primeras décadas de existencia. Los intercambios de colaboración con otros centros de enseñanza superior también contribuyeron a su desarrollo. José Vasconcelos, por ejemplo, Ministro de Educación de México y uno de los intelectuales latinoamericanos más respetados de su época, visitó la universidad y viajó por la isla. En su libro *Indología* escribió sobre su viaje y, en especial, sobre lo impresionado que quedó por Albizu Campos.[52]

Como demostró la huelga de 1933 contra el nombramiento de Rafael Alonso Torres como miembro de su junta de síndicos, la universidad era una importante extensión de la esfera política de Puerto Rico. Los intelectuales desempeñaron un papel crucial en la configuración de discursos que transformaron la idea misma de Puerto Rico. En el siglo XIX, la élite intelectual estaba dominada por profesionales —médicos y abogados, entre otros— que, además, incursionaban en asuntos intelectuales. Ahora surgía una nueva generación de escritores, profesores e intelectuales que comenzaban a plantearse la cuestión de qué constituía la esencia de la puertorriqueñidad.

Cuando se produjo la ocupación de 1898, muchos intelectuales se pusieron del lado de los invasores porque entendían que Estados Unidos era una tierra de derechos y libertades democráticas. Esa lealtad se desvaneció tan pronto como las élites políticas e intelectuales comprendieron que, en el mejor de los casos, se les consideraba ciudadanos de segunda clase. En la década de 1930, una nueva ideología empezó a circular por los cafés, las aulas universitarias y las tertulias. El hispanismo, una ideología que se enorgullecía de la herencia hispana de Puerto Rico, empezó a dominar las conversaciones intelectuales.[53]

Conocida coloquialmente como «la generación del treinta», intelectuales y escritores se dieron a la tarea de buscar respuestas al enigma de la identidad puertorriqueña. Una de las figuras más destacadas de esta generación literaria fue Antonio S. Pedreira, quien realizó sus estudios universitarios en Puerto Rico, una maestría en Filosofía y Letras en la Universidad de Columbia y un doctorado en la Universidad de Madrid. Alumno de Federico de Onís, fundador del Departamento de Estudios Hispánicos de la UPR, Pedreira reconfiguró el debate sobre la puertorriqueñidad.[54]

Antes de su muerte en 1939, a los cuarenta años, Pedreira ayudó a crear la influyente revista, *Índice,* y publicó varios libros de lectura obligada para cualquiera que quiera entender la cultura puertorriqueña de estas décadas. El más influyente de estos libros, *Insularismo,* también puso de manifiesto las tendencias racistas y xenófobas que prevalecían en algunos círculos intelectuales de Puerto Rico. [55]

La premisa de *Insularismo* es que los puertorriqueños habían heredado ciertos rasgos del pasado y Puerto Rico estaba «al garete», navegando sin rumbo. Para Pedreira, los puertorriqueños habían heredado la docilidad y el atraso de sus antepasados negros africanos. Y aunque describió a los taínos como valientes, también destacó su fragilidad.[56] En esta conceptualización racista, los únicos rasgos ancestrales que había que celebrar eran los de los españoles blancos y la superioridad de la cultura anglosajona. El libro fue muy influyente para una generación de estudiosos que querían construir una identidad puertorriqueña distinta de la estadounidense. Pedreira situó la puertorriqueñidad en la herencia española.[57]

El proyecto de Pedreira de identificar y comprender la esencia de la puertorriqueñidad no distaba mucho de cuando, en el siglo XIX, la élite intelectual elaboró el mito de la democracia racial de la Gran Familia Puertorriqueña como tropo unificador de la nación puertorriqueña. Pedreira, en la década del treinta, instruyó a los puertorriqueños para que reconocieran que su identidad se basaba en una tríada histórica y les animó a fomentar su herencia europea. Al restarles importancia a la negritud y la indigenidad, su propuesta no suponía una ruptura, sino una continuación de los principios de los discursos de construcción nacional del siglo XIX.[58]

Aunque muy influyente, Pedreira no fue el único intelectual de la década del treinta. Otros también participaron en estas conversaciones y produjeron libros que se convirtieron en hitos, como el *Prontuario histórico de Puerto Rico* de Tomás Blanco. Eugenio S. Belaval y Margot Arce de Vásquez también hicieron importantes contribuciones.[59]

Esos libros compartían un *ethos* y una comprensión del desarrollo histórico. En todos, había un deseo de dirigir el barco que Pedreira condenó por estar «al garete». Quizá el pasado pueda proporcionar coordenadas para un futuro mejor. Los libros históricos de esta época trataban de descubrir un pasado fijo a través de las fuentes primarias. Comprender los defectos del pasado podría ayudar a empujar la nave de Pedreira en la dirección correcta. Es decir, podría ayudar a la sociedad a avanzar hacia el progreso, la civilización y la ilustración. Por supuesto, todas esas aspiraciones estaban codificadas en las interpretaciones racistas y xenófobas de la esencia puertorriqueña, o la falta de ella.

A la vez que se producían estos acontecimientos en el mundo de las letras, la Universidad de Puerto Rico —en especial, tras la Reforma Universitaria de 1942— comenzó a crear nuevos departamentos y programas. El discurso nacional emergente, que acabó absorbiendo el populismo del momento, necesitaba legitimarse también académicamente. La formalización de las ciencias sociales y los estudios históricos, por ejemplo, tuvo lugar al mismo tiempo en que se volvía a imaginar la nación. El sistema educativo amplió los grados, las universidades privadas abrieron sus puertas y un nuevo movimiento político invadió el panorama electoral. Si la élite intelectual se consumió por el hispanismo en la década del treinta, en los años de la guerra se volcaría en el populismo.[60]

CAPÍTULO 8

EL MOMENTO POPULISTA

Las transformaciones políticas y económicas que ocurrieron en la década de 1940 alteraron la fibra social de Puerto Rico. Su economía agrícola se industrializaba lentamente. Los que nunca habían salido del campo ahora se aventuraban en las ciudades con sus avenidas, parques y tiendas recién construidas. La llegada del transporte aéreo también facilitó el desplazamiento de personas desde el archipiélago a los enclaves puertorriqueños de Nueva York, Filadelfia y Nueva Jersey.

Una campaña masiva de alfabetización y cultura distribuyó películas, carteles y libros en las comunidades montañosas del interior de la isla. El gobierno creó organizaciones culturales que promovían una nueva temporalidad histórica. Pretendían romper con el pasado porque se consideraban creadoras de un nuevo futuro. Y con el crecimiento demográfico llegó también un renovado interés por el desarrollo infantil.[1]

En la década de 1950, todo parecía posible. En 1952, el mismo año en que se creó el Estado Libre Asociado, los niños vivieron una Navidad blanca. Se imaginó como la de Nueva Inglaterra, pero con el clima más cálido del Caribe.

Doña Felisa Gautier de Benítez, conocida popularmente como Doña Fela, había sido una de las artífices del Partido Popular Democrático (PPD). Doña Fela ascendió en las filas del partido y fue electa alcaldesa de San Juan en 1946, cargo que ocupó hasta 1969. Su victoria inicial fue especialmente importante porque era la primera vez que una mujer era electa alcaldesa de una gran ciudad latinoamericana. Sus pelucas, su gusto opulento y sus modales un tanto excéntricos se convirtieron en sus señas de identidad.[2]

En 1951, Eastern Airlines inauguró una ruta a Puerto Rico, rompiendo así con el monopolio aéreo de Pan Am. Para promocionar mejor sus vuelos, Eastern Airlines unió fuerzas con la alcaldesa de San Juan en una campaña sin precedentes. Utilizarían uno de sus aviones para traer nieve de Vermont y New Hampshire. El acontecimiento se celebró por primera vez en 1952, y se repitió en la misma fecha, el 6 de enero, Día de Reyes, durante los dos años siguientes. El acto formaba parte de una serie de celebraciones, incluida la entrega de regalos a los niños de la clase trabajadora, que tuvieron lugar por toda la ciudad para conmemorar el Día de Reyes. Según Doña Fela, era una oportunidad para que los niños pobres experimentaran la nieve al menos una vez en su vida.[3]

Como era de esperar, las cosas no salieron según lo previsto. La naturaleza rompió inmediatamente la ilusión. Se programó la primera guerra de bolas de nieve en el parque Luis Muñoz Rivera de San Juan. Mientras los niños esperaban impacientes, la nieve empezó a derretirse. Cuando empezó la guerra de bolas de nieve, era difícil distinguir la nieve del barro. Al año siguiente, 1953, el público se cansó de esperar a que empezara la guerra de bolas de nieve. Cientos de niños agarraron las naranjas que les habían proporcionado como tentempié e iniciaron una guerra masiva e imprevista de naranjas. Doña Fela y un agente de la policía fueron impactados en el fuego cruzado.[4] El último año en que se celebró, 1954, la nieve se distribuyó en pequeñas cajas de cartón. Frustrados por el deshielo, los niños empezaron a destrozar las cajas y a utilizarlas como proyectiles en su guerra imaginaria.[5]

La nieve derretida se convirtió en una metáfora adecuada del momento histórico. La ilusión de que todo era posible era solo eso, una ilusión. A muchos de los que vivieron las décadas de 1940 y 1950, sin embargo, les parecía como si formaran parte de una transformación histórica. Mientras tanto, el populismo tomó por asalto el panorama político. Los politólogos Carlos de la Torre y Cynthia Arnson definen el populismo como «una forma de gobierno entre 'el pueblo' y 'la oligarquía'. El papel del liderazgo carismático y personalista es central, al punto que la relación directa o casi directa entre el líder y las masas predomina y a veces anula el papel de las instituciones en el funcionamiento cotidiano del gobierno».[6] Puerto Rico no fue una excepción. En Brasil, bajo

Getulio Vargas, y en Argentina, durante el gobierno de Juan Domingo Perón, ocurrieron procesos similares. En Puerto Rico, a través de la idea populista de que la gente común participaba activamente en el proceso político, Luis Muñoz Marín y el PPD crearon nuevos horizontes y expectativas y se embarcaron en proyectos de industrialización masiva, cuya promesa quedó incumplida.

El ascenso del Partido Popular Democrático

El mismo año en que la nieve llegó a Puerto Rico, el país se convirtió en un Estado Libre Asociado con su propia constitución. Estas transformaciones no se produjeron de la noche a la mañana. Llevaban gestándose desde finales de los años treinta, cuando el PPD reconfiguró la política puertorriqueña.

Después de que dos miembros del Partido Nacionalista asesinaran al jefe de la policía de Puerto Rico, Francis Riggs, en 1936, creció la preocupación en Washington por el futuro de Puerto Rico. Ernest Gruening, antiguo editor de *The Nation* y convertido en gerente de la Administración para la Reconstrucción de Puerto Rico, exigió una reacción de Luis Muñoz Marín. En aquel entonces, Muñoz Marín estaba ascendiendo rápidamente en las filas del Partido Liberal y se había convertido en una potencia en la política local. También se le consideraba un emisario del Nuevo Trato en Puerto Rico y mantenía estrechos vínculos con personas de la administración de Roosevelt. Para Gruening era importante que Muñoz Marín constara en acta condenando el atentado. Pero Muñoz Marín se negó a hacerlo.[7]

Enfurecido, Gruening le dijo: «Me temo que eres un político como cualquier otro. Pensé que eras diferente». Muñoz Marín respondió: «Puede que haya que sacrificar muchas vidas en la liberación de Puerto Rico. Adopto la visión a largo plazo contemplando el destino de nuestro país». Cuando Gruening replicó que solo estaba contemplando su propio destino, Muñoz Marín respondió: «El destino de Muñoz Marín y el destino de Puerto Rico son inseparables».[8]

Las palabras de Muñoz Marín pueden interpretarse de muchas formas. Tal vez fuera bravuconería juvenil. Tal vez fuera producto de su ambición y de la confianza que le inspiraba su apellido, Muñoz, hijo de Luis Muñoz Rivera, uno de los políticos más conocidos del cambio de siglo. Independientemente de cómo se interpreten esas palabras, resultaron proféticas. Tanto el partido político que ayudó a crear como el movimiento que inició configuraron las realidades políticas contemporáneas y crearon el estatus político de Puerto Rico, que persiste hasta nuestros días.

A medida que crecía la influencia de Muñoz Marín, surgieron tensiones que empezaron a provocar rupturas en el seno del Partido Liberal. Algunos creían que el partido debía abstenerse de participar en las elecciones de 1936 porque los ataques nacionalistas perjudicarían sus posibilidades, más aún porque el partido abogaba oficialmente por la independencia. El proyecto de ley Tydings, propuesto ese mismo año, también creó una división dentro del partido. Aunque finalmente cambió de opinión, por aquel entonces Muñoz Marín estaba a favor de la independencia, pero argumentaba que el proyecto de ley era una sentencia de muerte para Puerto Rico. Antonio Barceló, líder del Partido Liberal, alegó que aceptaría la independencia aunque tuvieran que pasar hambre. En medio de estos debates, Muñoz Marín y otros liberales independentistas crearon un grupo llamado Acción Social Independentista dos meses antes de las elecciones de 1936. Los liberales decidieron acudir a las urnas, pero fueron derrotados por la Coalición Republicano-Socialista.[9]

Las fricciones dentro del Partido Liberal eran irreparables. En mayo de 1937, el comité ejecutivo del partido expulsó de sus filas a Luis Muñoz Marín y declaró que *La democracia*, el periódico que dirigía, dejaba de ser el órgano impreso del partido. Al mes siguiente, Muñoz Marín y un grupo de colaboradores crearon el Partido Liberal Neto, Auténtico y Completo, cuya plataforma se centraba en la independencia. En 1938 le cambiaron el nombre a Partido Popular Democrático (PPD).[10]

En sus orígenes, el PPD incorporó una retórica de justicia social y declaró la guerra a las corporaciones ausentistas. Tomó prestado un lema del Partido Comunista: «Pan, tierra y libertad». Una de sus reivindicaciones centrales era la necesidad de expropiar a las corporaciones que no hubieran seguido la ley de los 500 acres, una legislación de principios del siglo XX que pretendía limitar el poder de las corporaciones ausentistas, pero se había convertido en letra muerta. El partido logró atraer a personas de diversas clases sociales: campesinos rurales, profesionales urbanos e intelectuales, entre otros, lo que supuso el primer reto para Muñoz Marín y la dirección del partido: crear consenso.[11] El movimiento obrero organizado fue la primera prueba.

La federación sindical más importante de Puerto Rico, la FLT, perdió terreno en la década del treinta. Las huelgas de 1933 y 1934 estropearon su legitimidad. Las tensiones internas del Partido Socialista también dieron lugar a varias escisiones que desembocaron en la creación del Partido Laborista Puro. También llegaron a Puerto Rico nuevas organizaciones sindicales internacionales como el Congreso de Organizaciones Industriales (CIO, por sus siglas en inglés) y el Sindicato Internacional de Trabajadoras de la Confección de Mujeres (ILWGU).[12] La militancia laboral aumentó. Se registraron al menos 45 huelgas en 1939.[13]

El liderato del PPD comprendió la necesidad de atraer al movimiento obrero y aprovechar las tensiones existentes tanto en la FLT como en el Partido Socialista. Mientras se preparaban para las elecciones de 1940, dos de los miembros fundadores del PPD, los abogados Ernesto Ramos Antonini y Víctor Gutiérrez Franqui, representaron a los trabajadores en varios casos judiciales. En el momento de su fundación, en marzo de 1940, la Confederación Regional de Trabajadores (CGT) tenía vínculos estrechos tanto con el Partido Comunista como con el PPD. A diferencia de las federaciones sindicales anteriores, la CGT entendió la cuestión del estatus colonial de Puerto Rico como algo intrínseco a su lucha de clases, lo que provocó divisiones y, con el tiempo, su disolución.[14]

El PPD logró resultados impresionantes en las elecciones de 1940. Mientras que el partido Coalición ganó puestos clave como el de Comisionado Residente —puesto creado en 1902 con voz, pero sin voto en el Congreso de los Estados Unidos—, el PPD obtuvo diez escaños en el Senado, dieciocho en la legislatura, y ganó en veintinueve municipios. El Partido Liberal fue prácticamente derrotado. Los logros también dieron al PPD poder legislativo para empezar a elaborar una serie de reformas sociales que impulsaron la hegemonía política del partido durante las dos décadas siguientes.[15] Las elecciones de 1940 demostraron que Muñoz Marín era capaz de atraer a diversos grupos sociales y generar consenso. Ahora el reto consistía en lograr lo mismo en las filas del partido. El PPD, como cualquier partido político, no era una institución monolítica y en sus filas coexistían diversas ideologías políticas.

En sus inicios, el tropo unificador del partido había sido la independencia. De hecho, la independencia fue lo que animó y dio paso a la creación del partido. Sin embargo, a principios de la década de 1940, Muñoz Marín comenzó a cambiar su discurso y empezó a centrarse en la justicia social y en mejorar los acuciantes males sociales que afectaban a los puertorriqueños: pobreza, falta de educación y desposesión de tierras, entre otros. Para adelantar esta agenda —y alejarse gradualmente— de la independencia, Muñoz Marín necesitaba consolidar su hegemonía dentro del partido.

El PPD fue fundado por una serie de políticos y profesionales entre los que se encontraban, entre otros, Doña Fela, Vicente Geigel Polanco y Antonio Ramos Antonini, personas conocidas y destacadas en sus profesiones y cargos públicos. Para participar en la vida del partido, Muñoz Marín exigía lealtad.[16]

Aunque consiguió generar consenso en el partido, no fue sin tensiones. La trayectoria de Ernesto Ramos Antonini es quizá el mejor ejemplo. Ramos Antonini fue la única persona que presidió el partido, aunque brevemente, durante la época de Muñoz Marín. Era un abogado negro con espíritu de artista y orientado al trabajo. En 1940, se implicó oficialmente en el movimiento obrero. Cuando la recién creada Confederación General de Trabajadores (CGT) se dividió entre los partidarios de la independencia y el Partido Comunista, Ramos Antonini lideró la facción competidora que se hizo leal al PPD. Viajó para representar a los sindicatos puertorriqueños en congresos internacionales. Pero cuando se autoproclamó el principal líder sindical de Puerto Rico, Muñoz Marín respondió con furia. Muñoz Marín, entonces gobernador de Puerto Rico, declaró que el principal líder sindical de Puerto Rico vivía en La Fortaleza, la mansión del gobernador.[17]

Las tensiones no hicieron sino aumentar en el seno del liderato del partido a medida que Muñoz Marín empezaba a alejarse de la independencia como objetivo. En este giro ideológico, abandonó las ideas que le habían valido la expulsión del Partido Liberal y articuló un programa que recordaba las ideas autonomistas de su padre a principios del siglo XX. En 1944, los miembros desilusionados del PPD crearon otro partido que defendía la independencia. Durante sus primeros años, el Partido Independentista Puertorriqueño (PIP), liderado por Gilberto Concepción de Gracia, se convirtió en el principal oponente del PPD.[18]

El nuevo tropo unificador del PPD ahora era la justicia social. Aunque algunos de sus miembros destacados, como Vicente Geigel Polanco, discrepaban abiertamente de Muñoz Marín, se mantuvieron leales a él después de que declarara públicamente que la independencia y el programa del PPD eran incompatibles. Las elecciones de 1944 también marcaron un punto de inflexión en la historia del PPD. El partido dominó el poder legislativo y ganó todas las elecciones hasta 1968.

Ya en el poder, el PPD comenzó a promover un programa de industrialización que pretendía mejorar la economía del país y paliar sus males sociales. Los programas del Nuevo Trato de la década del treinta habían sentado las bases de estas transformaciones, facilitadas por el nombramiento de Rexford G. Tugwell como gobernador de Puerto Rico.

Tugwell era un intelectual y un planificador. Licenciado por la Universidad de Pensilvania, era un adepto del Nuevo Trato, que había sido nombrado para varios cargos en la administración del presidente Franklin Delano Roosevelt. Algunos le consideraban demasiado de izquierdas y le pusieron el apodo de Red Rex [Rex el Rojo]. Sus ideas, sin embargo, no eran tan radicales. Creía que las industrias privadas y los individuos tenían la responsabilidad de responder a las necesidades de la sociedad.[19]

Antes de ser nombrado gobernador, Tugwell fue rector de la Universidad de Puerto Rico. Una vez en el cargo, se alineó con Muñoz Marín y el PPD en su misión de industrializar a Puerto Rico. Según el geógrafo Joaquín Villanueva, «Tugwell concebía una Junta de Planificación que funcionaba como el cuarto poder, teoría que desarrolló y que sugería que la planificación era el cuarto poder junto con los poderes ejecutivo, legislativo y judicial».[20] El programa de industrialización del PPD, organizado a través de la Junta de Planificación y el nuevo Banco de

Fomento, se conoció como Operación Manos a la Obra. Era una idea ambiciosa. Pretendía fomentar la inversión extranjera mediante incentivos fiscales. En la práctica, sin embargo, aumentó la dependencia de Puerto Rico de Estados Unidos.[21]

Tugwell abogó por el nombramiento de un puertorriqueño para ocupar el cargo de gobernador. Los debates tuvieron lugar en Washington. Al igual que en las conversaciones de principios del siglo XX, los funcionarios de Washington discutieron si los puertorriqueños eran capaces de gobernarse a sí mismos. Aunque muchos estuvieron de acuerdo con la propuesta de nombrar a un gobernador puertorriqueño, a los miembros del PPD las medidas les parecieron reformas tibias. Dichas conversaciones sentaron las bases de los debates posterioes sobre el estatus político de Puerto Rico.[22]

En 1946, el Presidente Harry S. Truman nombró a Jesús T. Piñero primer gobernador puertorriqueño del archipiélago. En aquel momento, Piñero era el Comisionado Residente de Puerto Rico en Washington D.C., cargo que abandonó para ocupar el puesto de gobernador. El Congreso también aprobó una ley que les permitía a los puertorriqueños elegir su gobernador en las elecciones de 1948. Hasta entonces, los puertorriqueños solo habían podido votar por sus legisladores y senadores, y por su Comisionado Residente en Washington DC. Los gobernadores eran designados a dedo por el presidente de Estados Unidos.[23]

No fue sorpresa que Luis Muñoz Marín se presentara y ganara por un amplio margen. En 1941, Muñoz Marín había sido Presidente del Senado, desde donde contribuyó a aprobar una exhaustiva ley de reforma agraria, que luego se convirtió en uno de los pilares de la política populista del PPD.[24] La victoria electoral de Muñoz Marín le aseguró el poder en La Fortaleza, donde residió durante dieciséis años. Ya entonces, Muñoz Marín y los ideólogos del PPD habían diseñado una fórmula autonomista que mantendría la relación de Puerto Rico con Estados Unidos y, al mismo tiempo, ampliaría los derechos de autogobierno. La historiadora Eileen Findlay ha señalado que Muñoz Marín tuvo éxito porque sabía cómo dirigirse a diversos grupos de personas.[25]

Tras la Segunda Guerra Mundial, el estatus colonial de Puerto Rico supuso un problema para la imagen que Estados Unidos quería proyectar en el exterior. El malestar social que se estaba produciendo en el archipiélago también se consideraba una amenaza real en Washington. Las recién creada Organización de las Naciones Unidas (ONU) tenían el mandato de impulsar la descolonización de los países de lo que se conocía como el Tercer Mundo. Por su parte, Luis Muñoz Marín jugó desde el principio la carta de la Guerra Fría señalando a sus contactos en Washington que el descontento podía hacer que la gente gravitara hacia la Unión Soviética. En ese contexto comenzaron las conversaciones sobre el estatus político de Puerto Rico.[26]

El PPD impulsó un referéndum que permitiría a los votantes puertorriqueños decidir si querían tener su propia constitución sin alterar su relación con Estados Unidos. Es decir, Puerto Rico sería retirado de la lista de colonias de las Naciones Unidas basándose en el argumento de que el pueblo había ejercido la autodeterminación.

El 3 de julio de 1950, el Presidente Truman firmó la Ley 600, que permitía al gobierno de Puerto Rico celebrar un referéndum para crear una nueva forma de autogobierno. El proyecto de ley fue aprobado con el 76% de los votos. El PPD organizó entonces una asamblea constituyente compuesta por setenta miembros del PPD, quince del Partido Republicano y siete socialistas. El PIP se abstuvo. Aunque representaban una minoría, los socialistas fueron cruciales para elevar al rango constitucional algunas de las reivindicaciones laborales que se debatían desde hacía décadas. María Libertad Gómez Garriga fue la única mujer que participó en la asamblea constituyente.[27]

Una vez redactada la Constitución, se envió al Congreso de Estados Unidos para su aprobación. Tras extensas deliberaciones, el Congreso eliminó la Declaración de Derechos de la Constitución. Siguiendo el modelo de las Naciones Unidas, la Carta de Derechos de Puerto Rico pretendía proteger y garantizar la educación gratuita, la vivienda segura y el empleo para todos. Sin duda, se trataba de una de las constituciones más avanzadas que la comunidad internacional había visto jamás. El Congreso estadounidense también añadió una cláusula que le reserva el derecho a revocar cualquier legislación y a aprobar cualquier enmienda.

El pueblo de Puerto Rico volvió a votar y ratificó la Constitución el 3 de marzo de 1952. Cuatro meses después, el 25 de julio de 1952, entró en vigor la Constitución de Puerto Rico y Puerto Rico se convirtió oficialmente en un Estado Libre Asociado de Estados Unidos. Mientras algunos funcionarios anunciaban el fin del colonialismo, el Congreso seguía ostentando el poder absoluto sobre el país. El PPD había logrado generar una hegemonía política. También había creado un nuevo estatus político. Ahora tenía que construir una nueva idea de nación.

La nación cultural

La idea de nación que articulaba el PPD estaba desvinculada de la estatus político del país. El PPD promovía un sentimiento compartido de cultura y pertenencia, al tiempo que idealizaba y romantizaba la realidad rural de Puerto Rico. El jíbaro con la pava (sombrero elaborado con hojas de palma secas) se convirtió en ell emblema del partido. Esta apropiación del jíbaro no era nueva. Se había construido sobre ideas liberales difundidas por intelectuales de la élite desde el siglo XIX. En esa fantasía, el jíbaro se blanqueaba, borrando las realidades negras y no-blancas de muchos puertorriqueños del interior.[28]

La idea de la nación que se estaba forjando también reproducía mitos de democracia racial fundamentados en los debates del siglo XIX. En aquel momento, los intelectuales perfeccionaban la idea de la «Gran Familia Puertorriqueña». Ahora, el Estado se apropiaba de la tríada racial de los intelectuales de la década del treinta. Oficialmente, los puertorriqueños eran reconocidos como el producto de la mezcla racial entre españoles, indios taínos y africanos. Sin embargo, esos discursos resaltaban la ascendencia española al tiempo que folclorizaban la negritud y presentaban a los taínos como biológicamente frágiles.

La tríada racial se convirtió en el emblema del Instituto de Cultura Puertorriqueña (ICP), fundado el 21 de junio de 1955. El ICP se convirtió en la piedra angular cultural del PPD. Presidido por un intelectual independentista moderado, Ricardo Alegría, el ICP intentaba promover nuevas ideas de la nación y, al mismo tiempo, preservar el pasado mediante la creación de museos y archivos.[29]

Fue la primera vez que Puerto Rico, como señala la académica literaria Marsh Kennerly, tuvo un proceso de construcción nacional como el de otros países latinoamericanos.[30] En una conferencia pronunciada en la Universidad de Harvard, el Gobernador Luis Muñoz Marín articuló lo que denominó Operación Serenidad. Para Muñoz Marín, la industrialización no podía tener éxito sin cambiar o impactar también la esencia del pueblo. Así pues, para que cualquier proceso industrial tuviera éxito, era necesario que incluyera una contrapartida cultural. Y para lograrlo, el Estado necesitaba crear algo más que museos y archivos.[31]

La Ley 372 de 1949 creó, entre otros, uno de los proyectos más ambiciosos del gobierno populista: la División de Educación de la Comunidad (DIVEDCO). Se trataba de un programa educativo de base a varios niveles que pretendía impactar las comunidades. Más allá de un programa de alfabetización a gran escala, promovió la nueva ética y los ideales nacionales del gobierno. El programa consistió en la creación de carteles, libros y películas que se distribuyeron por toda la isla. Aspiraba a capacitar a las comunidades para generar debates sobre múltiples temas que abarcaban desde la higiene hasta los derechos laborales y las normas de etiqueta.[32]

La producción cultural de la DIVEDCO es obra de los artistas e intelectuales más brillantes de esa generación. Hijos del Nuevo Trato, como Jack e Irene Delano, captaron la realidad de Puerto Rico a través de la fotografía y las artes plásticas. Mientras tanto, escritores y artistas locales, como René Marqúes y Lorenzo Homar, produjeron libros y pinturas. Todos sentían que formaban parte de un momento de transformación. Al igual que la nieve de Doña Fela, todo parecía posible.[33]

Una transformación social de semejante magnitud también necesitaba tecnócratas que dirigieran el gobierno. Si la mayoría de los intelectuales del siglo XIX se había formado en Europa, ahora la mayoría de los dirigentes del PPD había estudiado en Estados Unidos. Sin embargo, comprendían la necesidad de transformar la Universidad de Puerto Rico para que sirviera a las necesidades de Puerto Rico. La Ley Universitaria de 1942 consolidó la transformación de la UPR como el centro de enseñanza superior más importante de la isla.[34]

Jaime Benítez, rector del recinto principal de la UPR, Río Piedras, era un aliado cercano de Muñoz Marín. Durante su mandato como rector, el sistema de la UPR se consolidó en una «casa de estudios». Después comenzó a extenderse por toda la isla. En el aspecto ideológico, sin embargo, Benítez entendía cualquier interés por la nación como provinciano y limitador. Por tanto, promovió un enfoque occidental y eurocéntrico en el currículo de enseñanza, emulando la educación que había recibido en la Universidad de Chicago.[35]

La UPR se convirtió en un marcador de movilidad de clase para muchos puertorriqueños. Ofrecía a los estudiantes una ventana a otros mundos y posibilidades. En 1948, por ejemplo, una protesta en el campus de Río Piedras acabó con la ilusión de la hegemonía del PPD. Tras su encarcelamiento en el exilio, Pedro Albizu Campos había regresado a Puerto Rico. Su presencia revitalizó al Partido Nacionalista. Ese año, los estudiantes de la UPR estaban ansiosos por escuchar a Albizu Campos y lo invitaron al campus. Para recibirle, un grupo de estudiantes arrió la bandera estadounidense.[36]

Enfurecido, Jaime Benítez expulsó a algunos de los líderes estudiantiles. Sostuvo que la política no tenía espacio en la «casa de estudios». Los estudiantes respondieron con una huelga masiva contra Benítez, obligándole a decretar un receso académico. La huelga también marcó el inicio de un nuevo periodo de movilizaciones nacionalistas y militancia renovada.[37]

Ante el resurgimiento del nacionalismo como fuerza política en el archipiélago, el Senado de Puerto Rico aprobó la Ley 53 del 21 de mayo de 1948. Dicha ley clasificaba de delito grave alentar o intentar derrocar, destruir o paralizar por la fuerza el gobierno insular. Conocida como la Ley de la Mordaza, fue firmada por el gobernador pero no entró en vigor hasta dos años después, cuando los nacionalistas intentaron derrocar al gobierno puertorriqueño mediante una insurrección.[38]

Los miembros del Partido Nacionalista tenían claro que la política electoral no resolvería la cuestión del estatus. La asamblea constituyente no haría sino fortalecer y consolidar la condición colonial de Puerto Rico. Los nacionalistas organizaron desde el clandestinato una acción militar que tendría lugar en diferentes partes del archipiélago. El 30 de octubre, después de que la policía detuviera a un grupo de nacionalistas y los sorprendiera con armas y municiones, el Partido Nacionalista decidió que había llegado el momento de actuar. Al igual que en Lares, había mucha pasión pero no suficientes armas ni municiones. Después de todo, según la célebre afirmación de Pedro Albizu Campos, la patria era valor y sacrificio.

La insurrección tuvo lugar en diferentes municipios de la isla, pero el centro de mayor actividad fue la localidad interior de Jayuya, donde un grupo liderado por la dirigente nacionalista Blanca Canales intentó tomar la ciudad y quemó la jefatura de la policía. En San Juan, un grupo de nacionalistas, que debía tomar el cuartel general de la policía en la capital, decidió en cambio ir directamente a la mansión del gobernador. Su plan era tomar como rehén a Luis Muñoz Marín, pero la policía les tendió una emboscada.

Puerto Rico vivía un momento revolucionario. Para sofocar la insurrección, se activó la Guardia Nacional y, al día siguiente, las fuerzas aéreas estadounidenses bombardearon la ciudad de Utuado. Pero las balas no solo se sintieron en Puerto Rico. Dos nacionalistas, Griselio Torresola y Oscar Collazo, intentaron tomar la Casa Blair en Washington, donde se alojaba el presidente Truman, y murieron en el intento. Al final de la insurrección, que solo duró unos días, hubo veintisiete muertos y noventa heridos de bala.[39] Muchos nacionalistas fueron detenidos, entre ellos Pedro Albizu Campos.

Ni la represión ni la aprobación de la Constitución puertorriqueña impidieron que los nacionalistas intentaran manifestarse contra el estatus colonial de Puerto Rico ante la comunidad internacional. El 2 de marzo de 1954, cuatro nacionalistas llegaron al Congreso de Estados Unidos. Eran las 2:20 pm y la Cámara de Representantes estaba discutiendo un proyecto de ley para continuar el programa de trabajo agrícola mexicano. Mientras se contaban los «síes» y los «noes», una mujer, Dolores «Lolita» Lebrón desplegó una bandera puertorriqueña y gritó «Viva Puerto Rico Libre». Acto seguido, sonaron varios disparos efectuados por los otros tres nacionalistas, Rafael Cancel Miranda, Irving Flores y Andrés Figueroa Cordero. Cinco congresistas resultaron heridos, pero todos sobrevivieron.

Los nacionalistas fueron detenidos y se comentó que habían planeado el atentado el día del cumpleaños de George Washington. Según

The Washington Post, la policía encontró una nota en el bolso de Lolita Lebrón en la que asumía toda la responsabilidad. Decía:

> Ante Dios y el mundo, mi sangre clama por la independencia de Puerto Rico. Yo doy mi vida por la libertad de mi país. Este es un grito de victoria en nuestra lucha por la independencia. Quien durante más de medio siglo ha tratado de conquistar esa tierra que pertenece a Puerto Rico.
>
> Yo declaro que los Estados Unidos de América están traicionando los sagrados principios de la humanidad con la subyugación continua de mi país, violando sus derechos a convertirse en una nación libre y un pueblo libre con la bárbara tortura de nuestro apóstol de la independencia don Pedro Albizu Campos.[40]

Los nacionalistas pasaron veinticinco años en prisión, excepto Andrés Figueroa Cordero, que fue puesto en libertad anticipadamente debido a que le diagnosticaron un cáncer terminal. Ninguno de ellos se retractó de sus acciones y, de hecho, señalaron que volverían a hacerlo de ser necesario.

El PPD utilizó la Ley de la Mordaza y las acciones de los nacionalistas para reprimir el movimiento independentista. Mientras tanto, el liderato del PPD intentaba industrializar el país. Creía que para que el proyecto de industrialización tuviera éxito, el Estado no podía absorber a todo el mundo. Había quienes creían que Puerto Rico estaba «superpoblado». Algunos habían promovido la migración de puertorriqueños a distintas partes de América, pero el plan se consideraba demasiado complicado. El Estado, por tanto, promovió la migración de puertorriqueños a Estados Unidos. Conocida popularmente como Operación Válvula de Escape, el gobierno puertorriqueño patrocinó programas de migración y abrió oficinas en el Norte para ayudar a los puertorriqueños a migrar. El gobierno también utilizó la DIVEDCO para producir panfletos que educaran a los migrantes potenciales sobre el racismo en Estados Unidos.[41]

El proyecto de industrialización también desencadenó la migración interna. Miles de familias se trasladaron del campo a los centros urbanos en busca de una vida mejor. La falta de infraestructura empujó a muchos de estos migrantes a los arrabales urbanos. Las comunidades superpobladas en los márgenes de las ciudades, como El Fanguito o La Perla, daban fe del fracaso del gobierno en materia de vivienda. En esta época, el Estado también patrocinó la creación de viviendas públicas conocidas como caseríos. Esos espacios eran terreno fértil para el programa educativo del gobierno. La administración del PPD incluso creó un periódico con el mismo nombre, *El caserío,* dirigido a sus residentes.[42]

Muchos decidieron unirse a la creciente diáspora y probar suerte en el extranjero. Cientos de miles de personas migraron sin saber que estaban siendo expulsadas social y colectivamente en una calculada maniobra gubernamental. Mientras esto ocurría, los enclaves y comunidades que se formaban en la diáspora puertorriqueña empezaron a replantearse la idea de nación y, lo que es más importante, quiénes pertenecían a ella.

CAPÍTULO 9

LA GRAN MIGRACIÓN PUERTORRIQUEÑA

La experiencia de las personas que abandonaron el archipiélago para probar suerte en Estados Unidos a mediados del siglo XX varió conforme al Puerto Rico que habitaban. Una familia urbana de clase media podía viajar en barco de vapor bebiendo vino y comiendo ensalada de cangrejo y filete de lenguado *à la meunière*, mientras que un joven de clase trabajadora podía haber ahorrado el dinero justo para comprar los billetes haciendo «chivos» aquí y allá.[1] Al igual que no había un único Puerto Rico, tampoco hubo una experiencia migratoria universal. Hubo muchas experiencias. Entre 1940 y 1970, alrededor de 835.000 personas abandonaron el archipiélago y su migración afectó tanto a sus comunidades de origen como al lugar al que llegaron.

Cada historia de migración era diferente, pero todas tenían aspectos en común. Aunque el gobierno puertorriqueño creó la infraestructura que hizo posible lo que se conoció como la Gran Migración Puertorriqueña, muchos sentían que migrar era una decisión difícil y del todo personal. Tal fue el caso de doña Gabriela, una mujer mayor con dos hijos, Luis y Chaguito, y una hija, Juanita. Toda la familia padecía dificultades económicas en el campo.

Aunque Puerto Rico experimentó grandes transformaciones en las décadas de 1940 y 1950, los que vivían en el campo se sentían fuera del proyecto modernizador, a pesar de que el electorado meta del PPD era el campesinado. Tras muchas discusiones, Luis, el hijo mayor de doña Gabriela y sostén principal de la familia, los convenció a todos de probar suerte en la ciudad.

Sin embargo, la ciudad no fue lo que esperaban. San Juan, como Puerto Rico, estaba segregada por estatus social y de clase. Luis y su familia no vivían en las elegantes casas coloniales cercanas a las bulliciosas plazas de la ciudad; solo podían permitirse una modesta casa en el barrio obrero extramuros de La Perla, que comenzó como una comunidad de antiguos trabajadores esclavizados y acabó asociándose con la pobreza y las clases bajas. Su ubicación —fuera de las murallas de la ciudad— no hizo sino aumentar su mala fama.

Mudarse a La Perla no hizo que las cosas cambiaran para mejor. El hermano menor de Luis, Chaguito, fue detenido en múltiples ocasiones por hurto. Era difícil encontrar un trabajo estable. Además, Luis sentía que su hermana Juanita desafiaba su autoridad al salir con varios hombres. Para doña Gabriela, la vida en San Juan era como un castigo. El sonido de las olas y de los aviones que sobrevolaban su hogar eran un recordatorio constante de la posibilidad de partir hacia «allá afuera».

Con el tiempo, la familia migró, uniéndose a cientos de miles de puertorriqueños que buscaban mejores oportunidades en las frías ciudades del noreste de Estados Unidos. Pero en Nueva York, Luis y su familia tampoco encontraron la felicidad. Ahora Luis podía comprarle una radio, joyas de fantasía y un abrigo a su madre. Pero Chaguito estaba encarcelado en Puerto Rico, su madre añoraba el campo de antaño y su hermana seguía desafiando su rol de patriarca, esta vez convirtiéndose en trabajadora sexual.

Con todo, Luis y Juanita trabajaban. Se unieron a miles de personas como Juan, Miguel, Milagros, Olga y Manuel. Trabajaban y llegaban siempre a tiempo. Nunca llegaron tarde, nunca contestaron cuando los insultaban, nunca se tomaron días libres. Luis nunca participó en una huelga. Al igual que Bernardo, un trabajador del pueblo de Las Marías, Luis tenía la esperanza de volver algún día a Puerto Rico. Nunca lo hicieron. Bernardo trabajaba en una fábrica y murió de agotamiento. Luis murió después de que su cuerpo quedara atrapado en una máquina de hacer ollas. Juan murió soñando con un automóvil nuevo. Miguel murió soñando con nuevos programas para combatir la pobreza. Milagros murió soñando con viajar a Puerto Rico. Olga murió soñando con tener joyas de verdad. Manuel murió soñando con la lotería irlandesa.

Esas historias nunca sucedieron. Son personajes de ficción de la obra teatral *La carreta* de René Marqués, y de los poemas «Boricua en la luna» de Juan Antonio Corretjer y «Obituario puertorriqueño» de Pedro Pietri.[2] Sus relatos, sin embargo, son una poderosa invitación a recordar a los cientos de miles de personas cuyas vidas nunca llegaron a figurar en los libros de historia. Son similares a las historias que escuché de mis abuelos sobre el racismo, el clasismo, la congoja y el dolor de los inviernos.

Sin embargo, los puertorriqueños sí crearon comunidad; crearon un sentimiento de pertenencia en el Lower East Side, así como en Filadelfia, Hartford y Chicago. Llevaron consigo conocimientos ancestrales, cultura y tradiciones culinarias. Crearon una diáspora que nos obliga a replantearnos una vez más qué constituye la nación puertorriqueña.

Modernización y migración

La migración de casi un millón de personas no se produjo por accidente. La vida de esas personas se vio afectada por factores estructurales que las obligaron a buscar oportunidades en el extranjero. La Gran Migración Puertorriqueña reconfiguró las relaciones sociales y trastornó las comunidades en Puerto Rico. Muchos abandonaron el archipiélago llorando. Rezaban y esperaban un pronto regreso. Algunos nunca lo hicieron. Sus familias acabaron uniéndose a ellos en Estados Unidos, donde crearon comunidades vibrantes y lazos de solidaridad. Pero muchos sí regresaron. En la década de 1970 comenzó a producirse una migración circular incesante.[3]

Sin embargo, la migración puertorriqueña no comenzó en la década de 1950. Los puertorriqueños llevaban migrando a las ciudades de Estados Unidos desde finales del siglo XIX. Revolucionarios independentistas como Ramón Emeterio Betances y Eugenio María de Hostos, por ejemplo, pasaron temporadas en Nueva York.[4] Se organizaron con los cubanos que luchaban por su independencia y navegaron por la dinámica racial de la ciudad.[5] Como se ha mencionado anteriormente, la bandera puertorriqueña fue el resultado de esas interacciones con miembros del Partido Revolucionario Cubano. También hubo empresarios y miembros de las clases medias que emigraron en busca de mejores oportunidades.[6]

El número de puertorriqueños en Estados Unidos a principios del siglo XX no era impactante. Poco después de la ocupación estadounidense y del paso del huracán San Ciriaco en 1899, unos 5.000 trabajadores puertorriqueños fueron reclutados como obreros agrícolas en Hawái. Los puertorriqueños eran vistos como mano de obra desplazable.[7] En 1910, sin embargo, había 1.513 puertorriqueños repartidos por todo el territorio continental de Estados Unidos. Estas cifras crecieron exponencialmente en las décadas siguientes. En 1940 había 69.967 puertorriqueños en Estados Unidos. La aprobación de la Ley Jones, que convertía a los puertorriqueños en ciudadanos estadounidenses, fue crucial para facilitar la emigración.[8]

Esos emigrantes no procedían de las clases medias ni respondían al fervor revolucionario. La mayoría procedía de las clases trabajadoras que emigraron en busca de trabajo en la economía estadounidense después de la Segunda Guerra Mundial. Las nuevas rutas de transporte provistas los barcos de vapor también facilitaron el proceso.[9] Bernardo Vega y Jesús Colón, dos intelectuales obreros que formaron parte de aquella oleada migratoria y a los que se suele denominar «pioneros», consignaron sus impresiones en forma de memorias. Ambos eran militantes socialistas, y sus escritos ofrecen una ventana a las dificultades a las que se enfrentaron. Sin embargo, sus memorias también recogen las alegrías de la comunidad, la belleza de la cultura diaspórica en ciernes y la organización política de base en la que participaron.[10] Desde unos pocos enclaves urbanos, los puertorriqueños empezaron a crear una comunidad. Las bodegas se convirtieron en espacios de socialización y las asociaciones cívicas y culturales ofrecían la oportunidad de conocer a otros inmigrantes recién llegados.[11]

A mediados de la década de 1940, el proceso migratorio se aceleró y se convirtió en un éxodo. Eso se debió, en parte, a la situación económica de ambos países. Puerto Rico se había visto muy afectado por la Gran Depresión y había un alto nivel de desempleo. El proyecto de industrialización del Partido Popular Democrático (PPD) había desencadenado una migración interna del campo a los centros urbanos que, a su vez, repercutió en el sector agrícola. Estados Unidos, en cambio, se entendía como una tierra de oportunidades. Tras el fin de la Segunda Guerra Mundial, la floreciente economía de posguerra creó puestos de trabajo y había escasez de mano de obra que cubrir.[12]

Desde los primeros días de la ocupación estadounidense, los funcionarios del gobierno se quejaban del «exceso de población» del archipiélago. En 1901, por ejemplo, el gobernador Charles Allen señalaba: «En Porto Rico abundan los obreros y los pobres en general. Lo que la isla necesita son hombres con capital, energía y espíritu emprendedor». En 1915, otro gobernador colonial, Arthur Yager, describió la «miseria y pobreza entre las masas» y explicó: «No dudo en expresar mi creencia de que el único remedio realmente eficaz es el traslado de un gran número de portorriqueños a alguna otra región».[13]

Al tiempo que promovían un discurso populista centrado en los pobres, las políticas económicas del PPD reproducían, paradójicamente, temas y conversaciones previas en torno a la densidad de poblacional. La Operación Manos a la Obra se apoyó en empresas manufactureras extranjeras a las que se había atraído al archipiélago con exenciones fiscales. Miles de personas tuvieron que migrar para que la industrialización tuviera éxito. Y aunque el gobierno nunca promovió la migración de manera oficial, se consideraba un paso necesario hacia la modernización.

En 1947, la legislatura de Puerto Rico aprobó la Ley Pública 25, que creó el Negociado de Empleos y Migración y articuló claramente la postura oficial del gobierno hacia la migración: «El Gobierno de Puerto Rico no estimula ni desalienta la emigración de trabajadores puertorriqueños a Estados Unidos o ni a país extranjero alguno; pero estima que es su deber, orientar debidamente respecto a las oportunidades de ocupación y problemas de ajuste en medios etnológicamente extraños…».[14] Aunque Luis Muñoz Marín fue uno de sus principales impulsores, esta ley no surgió únicamente de su voluntad y su poder. El cuadro de intelectuales del PPD había cerrado filas en torno a la necesidad de la emigración para la modernización de Puerto Rico.[15]

La Universidad de Puerto Rico también desempeñó un papel importante en fomentar estas conversaciones y darles un aura de legitimidad intelectual. El rector Jaime Benítez invitó a un graduado de la Universidad de Kansas y de la Universidad de Columbia para que ayudara a organizar el Centro de Investigaciones Sociales de la UPR.[16] El joven intelectual era Clarence Senior, antiguo miembro del Partido Socialista de América y conocido por formar parte de su facción «militante».[17] Senior se hizo amigo de mucha gente del PPD, incluido Luis Muñoz Marín. En 1947 publicó *Puerto Rican Emigration* [*La emigración puertorriqueña*], un libro que marcó el tono de las conversaciones en el seno de la intelectualidad del archipiélago. Senior abogó por la migración de los puertorriqueños a América Latina, pero esta demostró ser demasiado costosa. Su tesis principal sobre la necesidad de migrar se hacía eco de otras conversaciones que se estaban sosteniendo en el gobierno puertorriqueño.[18]

Dichas conversaciones estaban guiadas por la misma narrativa que los gobernadores coloniales venían articulando desde principios del siglo XX. Es decir, se presentaban como soluciones a la superpoblación de Puerto Rico. Por ejemplo, un estudio de 1938 del sociólogo de la UPR, Lawrence Chenault, propone: «Un factor importante que puede causar la migración de un país tan poblado como Puerto Rico es la falta de recursos naturales para mantener a su creciente población». Sin embargo, la mayoría de los emigrantes viajó a la ciudad de Nueva York, que, como han señalado Edna Acosta Belén y Carlos E. Santiago, «tenía una densidad poblacional casi 150 veces superior a la de Puerto Rico en aquella época».[19] Puerto Rico no estaba más poblado que las frías ciudades del norte que recibirían a estos emigrantes.

«Aquí me muero de frío»

En 1916, el poeta modernista puertorriqueño Virgilio Dávila publicó el poema «Nostalgia» en su libro *Aromas del terruño.* A pesar de su tono patriótico y nacionalista, sus palabras también parecían un presagio la experiencia de cientos de miles de puertorriqueños en las décadas siguientes.

¡Mamá, Borinquen me llama!
¡Este país no es el mío!

¡Borinquen es pura flama,
y aquí me muero de frío.[20]

Los puertorriqueños migraron a enclaves urbanos del noreste con la ayuda de agencias gubernamentales y «migraciones patrocinadas», según la expresión del académico de estudios puertorriqueños Edgardo Meléndez.[21] Pero los migrantes también dependían de las redes extendidas dentro de los enclaves y comunidades que ya existían. La correspondencia, las conversaciones telefónicas y las fotografías creaban una sensación de proximidad y, en cierto sentido, funcionaban como un señuelo para los que vivían en el archipiélago. Los comentarios escritos al dorso de las fotografías que se enviaban a casa, por ejemplo, describían una vida de felicidad, éxito y estabilidad, aun cuando las imágenes estuvieran manipuladas.[22]

El gobierno puertorriqueño también intentó suavizar el choque cultural que muchos experimentaron al llegar a Estados Unidos. De hecho, como ha señalado el antropólogo Jorge Duany, «la División de Migración distribuyó millones de ejemplares de publicaciones que orientaban tanto a los puertorriqueños sobre 'la vida y las leyes' estadounidenses, como a los estadounidenses sobre la cultura puertorriqueña».[23] Uno de esos libros fue *Emigración*, publicado por la DIVEDCO del PPD. El libro formaba parte de los *Libros para pueblo*, centrales a su proyecto cultural,[24] que versaban sobre temas que iban desde la higiene hasta la etiqueta, desde la historia hasta la migración.

Emigración comienza con una historia global de la migración y luego explica la historia de Estados Unidos. La idea era que los inmigrantes comprendieran el contexto histórico más amplio por el que navegaban, al tiempo que recibían una introducción a la historia de los lugares a los que llegaban. Uno de los argumentos principales del libro era que quienes migraban debían estar preparados. Aunque muchos recurrieron a los programas gubernamentales de la División de Migración o al Programa de Trabajadores Agrícolas del Departamento de Trabajo, otros simplemente migraron sin ningún tipo de apoyo, ahorros o preparación. El libro aconsejaba prudencia a la hora de tomar la decisión de trasladarse al extranjero. En sus páginas, los migrantes potenciales también

IMAGEN 9.1. Portada de *Emigración*. Colección privada del autor.

podían leer sobre el clima en Estados Unidos, la vida en las ciudades metropolitanas y la xenofobia. Siguiendo la línea del gobierno, el libro argumentaba que los puertorriqueños tenían que esforzarse, adaptarse y ser leales a Estados Unidos para desafiar los prejuicios contra ellos, y retrataba los prejuicios como producto de la ignorancia más que de la desigualdad estructural y el racismo sistémico.

Aunque los migrantes llegaban a contextos diferentes según la ciudad o el estado, también hubo una experiencia compartida de lidiar con el racismo, la xenofobia y los prejuicios. La Oficina de la División de Migración Puertorriqueña en Chicago advirtió contra la creación de enclaves puertorriqueños en la ciudad e incluso desarrolló una campaña para que los puertorriqueños aprendieran inglés a fin de que pudieran desenvolverse plenamente en la ciudad. Las autoridades temían que, si se asentaban en enclaves, como había ocurrido en Nueva York, jamás se integrarían en la ciudad.[25] Lo que estos funcionarios no reconocían era que Chicago ya estaba segregada racialmente.

Los puertorriqueños ocupaban un espacio liminar dentro de la sociedad estadounidense. No solo habían recibido la ciudadanía estadounidense en 1917, sino que, en 1940, obtuvieron la ciudadanía de forma retroactiva por derecho de nacimiento, lo cual significaba, según el científico político Charles Venator Santiago, que «nacer en Puerto Rico equivalía a nacer en Estados Unidos».[26] Esto no significaba mucho en el trato con propietarios, funcionarios municipales y vecinos. En los años 70, el sociólogo Samuel Betances señaló: «Los negros ven a los latinos como blancos honorarios y los blancos ven a los latinos como negros honorarios, y eso deja a los latinos en un limbo racial».[27] Aunque las tensiones étnicas y raciales crearon enfrentamientos entre los puertorriqueños y otros grupos de migrantes, como los mexicanos, sus experiencias comunes en los sistemas escolares defectuosos, los mercados de vivienda desestructurados y la crudeza del racismo estadounidense también les permitieron crear lazos de comunidad y solidaridad.[28]

Filadelfia era típica en muchos sentidos. Los inmigrantes puertorriqueños llegaron esperando una abundancia de trabajo solo para encontrar lo que la historiadora Carmen Whalen ha llamado, «una plétora de oportunidades limitadas». Whalen señala que los puertorriqueños «estaban confinados en el mercado laboral secundario, con empleos mal pagados, que requerían poca cualificación y ofrecían malas condiciones de trabajo, poca seguridad y escasas vías de movilidad económica».[29] *Bulletin*, un periódico local de Filadelfia documentó en 1957: «una multitud de forasteros desciende a la ciudad. Son pobres y extranjeros (no necesariamente ajenos, sino extraños)». Comentarios como estos ponen de relieve la ansiedad que rodeaba a los puertorriqueños y la falta de comprensión real de su relación con Estados Unidos. El periodista entrevistó a una «mujer obviamente decente... que dijo que no quería a los puertorriqueños de vecinos; eran ruidosos, sucios y —por mucho que detestara decirlo— peligrosos».[30]

Estas condiciones también forzaron a los puertorriqueños a cambiar sus condiciones inmediatas desde sus comunidades.[31] Una generación más joven de puertorriqueños radicalizados por la Revolución cubana creó grupos militantes como los Young Lords, las ramas estadounidenses del Partido Socialista Puertorriqueño y organizaciones armadas como el Frente Armado de Liberación Nacional. Pero la retórica revolucionaria no fue la única herramienta organizativa que utilizaron los puertorriqueños. Muchos se unieron a organizaciones cívicas y trataron de integrarse en el tejido social de su ciudad. Desde 1970 hasta 1972, los puertorriqueños dirigieron entre 217 y 469 organizaciones cívicas diferentes en la ciudad de Nueva York.[32] También participaron en la política electoral a través del activismo de base. En 1937, por ejemplo, los puertorriqueños se organizaron con éxito para elegir a Felipe Torres, el primer puertorriqueño en la legislatura de Nueva York. A Torres le siguieron muchos concejales y otros funcionarios, lo que culminó en 1970 con la elección de Herman Badillo al Congreso de los Estados Unidos.[33]

La música y las artes fueron otras vías importantes a través de las cuales los puertorriqueños forjaron un sentimiento de pertenencia.[34] En el mundo de las letras, los poetas crearon espacios para compartir y teorizar sus realidades y existencias liminares. Se le dio un nuevo significado al término *nuyorican*, utilizado a menudo como despectivo para referirse a los puertorriqueños que se habían asentado en Estados Unidos. Por ejemplo, el Nuyorican Poets Café se convirtió en un punto de encuentro para los miembros de la diáspora. También ofrecía un espacio seguro para las personas homosexuales que se enfrentaban a la hostilidad de la ciudad y al machismo puertorriqueño. Como ha señalado la estudiosa de la performance Karen Jaime, «el [Nuyorican Poets] Café funcionó desde sus inicios como un espacio para la exploración artística y sexual, la experimentación y el desafío de la fijeza identitaria».[35]

La comunidad *queer* es un elemento importante de la realidad puertorriqueña en la ciudad de Nueva York, pero a menudo se ignora en las historias dominantes.[36] Una de las activistas más veneradas y recordadas —aunque fue condenada al ostracismo en vida y murió en la extrema pobreza— fue Sylvia Rivera, organizadora trans, trabajadora sexual y revolucionaria. Rivera era de padre puertorriqueño y madre venezolana, pero fue criada por su abuela en un ambiente mayormente puertorriqueño diaspórico. Junto con su amiga afroestadounidense, Marsha P. Johnson, Rivera reivindicó su participación en los famosos disturbios de Stonewall, un acontecimiento que se convirtió en punto de inflexión para las comunidades *queer* en Estados Unidos. Rivera se destacó en la organización ayudando a fundar múltiples organizaciones, y se hacía escuchar en defensa de los derechos de los transexuales. A principios de la década de 1970, también dialogó con el Partido de las Panteras Negras y el Partido de los Young Lords. Y logró todo eso mientras lidiaba con un entorno violento y asolado por la pobreza que no aceptaba su identidad de género.[37]

Aunque la situación era desesperada para muchos puertorriqueños, otros lograron crear un sentimiento de hogar. Empezaron a echar raíces fomentando el sentido de comunidad en sus barrios. La frase «aquí me quedo», se convirtió en una importante afirmación que más tarde adornó restaurantes de Hartford y se convirtió en el título de un libro de la historia de los puertorriqueños en Connecticut.[38] Ese sentimiento de pertenencia se vio facilitado por la idea siempre cambiante de Puerto Rico en sí. Los puertorriqueños habían traído consigo sus tradiciones, costumbres y valores. Aunque la mayoría vivía en apartamentos pequeños y se quejaba de la falta de calefacción, allí crearon un microcosmos cultural. A la pregunta de cómo mantenían vivas las costumbres, una persona entrevistada en un informe sobre migración de 1950 respondió: «Hoy es el último día de Navidad, es el día de Reyes. Mi esposa y yo esperamos una banda de Utuado que viene a tocar la guitarra, el

IMAGEN 9.2. Sylvia Rivera y el grupo Street Transvestites Action Revolutionaries [Travestis Callejeras de Acción Revolucionaria] (STAR). Licencia Internacional de Atribución-Compartirigual 4.0 de Creative Commons.

cuatro, el guícharo y las maracas. Seguramente los vecinos vendrán en cuanto oigan la música».[39]

No todos los puertorriqueños llegaron y se asentaron en enclaves urbanos. A través del Programa de Trabajo Agrícola del gobierno de Puerto Rico, miles de personas fueron reclutadas para trabajar en las fincas de los estados de Nueva York, Connecticut, Michigan, Wisconsin y Florida, entre otros. La bien engrasada maquinaria migratoria creada por el gobierno proporcionó algunas seguridades que facilitaron el proceso a quienes querían migrar pero no tenían ahorros, redes en el extranjero ni conocimientos de inglés. A diferencia de otros programas de trabajo agrícola estacional —como el de los braceros mexicanos—, los puertorriqueños poseían la ciudadanía estadounidense. Pero como señaló el antropólogo Ismael García-Colón, «los trabajadores agrícolas puertorriqueños son a la vez prescindibles y desechables: prescindibles porque pueden ser sustituidos por trabajadores invitados e indocumentados, y desechables porque su ciudadanía estadounidense no les protege de la discriminación en una industria que se aprovecha de los inmigrantes».[40]

Una vez llegados, la mayoría de los trabajadores agrícolas se enfrentaba a la dura realidad de unas condiciones laborales precarias. Trabajaban largas horas en el campo y dormían en barracones que parecían prisiones. Además, a menudo eran estafados o no se les pagaba lo que se les debía por su trabajo. Algunos lograban ahorrar suficiente dinero para enviar a sus hogares en la isla, otros se encaminaban a la ciudad más cercana. Escribían cartas a funcionarios del gobierno e incluso a Luis Muñoz Marín, gobernador de Puerto Rico, sobre cómo habían sido abandonados y rezagados.[41] A pesar de las penurias sufridas por muchos, estas migraciones también sentaron las bases de enclaves puertorriqueños en estados de la Costa Este y el Medio Oeste.

En los años setenta, el proyecto de modernización que se había puesto en marcha en Puerto Rico comenzaba a dar indicios de fatiga. En Estados Unidos, las crisis económicas provocaron un aumento en el desempleo. La «plétora de oportunidades limitadas» que ofrecía la migración también había disminuido. A los puertorriqueños les resultaba más difícil encontrar trabajos o fuentes de ingreso estables. Y, sin embargo, muchos se quedaron. Plantaron raíces y dieron origen a generaciones de puertorriqueños en la diáspora. Aunque algunos no hayan visitado nunca el archipiélago o ni siquiera hablen español, llevan consigo un sentimiento de orgullo y pertenencia a la nación puertorriqueña. Otros miles decidieron retornar.

Retornar

En 1972, otro migrante retornó a Puerto Rico: Luis Muñoz Marín, líder del PPD, quien había abandonado Puerto Rico en 1968 tras la primera gran derrota de su partido en las elecciones de ese año. El Partido Nuevo Progresista (PNP) se impuso en las urnas a causa de una importante escisión en el seno del PPD. Las tensiones llegaron a su punto álgido después de un plebiscito sobre el estatus político de Puerto Rico, celebrado el 23 de julio de 1967. Los partidarios de la independencia se abstuvieron y obtuvieron el 1% de los votos, mientras que la anexión obtuvo el 30%; el Estado Libre Asociado salió victorioso con el 60% de los votos.[42]

El gobernador Roberto Sánchez Vilella ganó las elecciones de 1964 con el respaldo de Luis Muñoz Marín. Ambos líderes rompieron su relación de colaboración cuando Sánchez Vilella se unió a la facción izquierdista del partido, que se volvió crítica de la ocupación estadounidense de Santo Domingo en 1965 y el reclutamiento de puertorriqueños en el ejército. Esta facción boicoteó el plebiscito y creó un nuevo partido político, el Partido del Pueblo. Las divisiones llevaron al PPD a perder la candidatura de 1968 frente al PNP, el nuevo partido que también se había separado del partido de la estadidad debido a diferencias sobre el plebiscito.[43]

Muñoz Marín se refirió a su estancia en el extranjero como un «exilio voluntario». A diferencia de los cientos de miles de personas que decidieron retornar a Puerto Rico ante la difícil situación económica que atravesaban en Estados Unidos, Muñoz Marín pasó su estancia en Roma pensando en el futuro de su partido y de Puerto Rico, que entendía como inseparables.[44]

Cuando Muñoz Marín abandonó el país, no sabía cuándo ni si volvería. La victoria del PNP en 1968 le preocupó mucho. Estas elecciones marcaron el inicio del sistema bipartidista de Puerto Rico, que aún persiste. Hasta entonces, la estructura del PPD no se había institucionalizado formalmente, pues giraba en torno a la figura del propio Muñoz Marín. Si quería ganar las elecciones de 1972, el partido tenía que revitalizarse. Debía continuar sin su carismático pero envejecido líder. El estatus de Estado Libre Asociado, que el partido había creado en la década de 1950, ahora se veía amenazado por la posibilidad de la anexión de Puerto Rico a Estados Unidos. La plataforma del PNP se basaba en la posibilidad de que a Puerto Rico se le concediera la estadidad. Hawái y Alaska se habían incorporado en 1959. Dos años más tarde, una enmienda constitucional le concedió a Washington D.C. el derecho al voto. Los dirigentes del PNP tenían la esperanza de que Puerto Rico se convirtiera en estado en el plazo de una década, como había predicho erróneamente su líder, Luis A. Ferré.[45]

En octubre de 1972, un mes antes de las elecciones, el PPD anunció el retorno de Luis Muñoz Marín. En el estacionamiento de Plaza Las Américas, el mayor centro comercial del Caribe, estaba prevista una multitudinaria concentración política para celebrarlo. Alrededor de 150.000 militantes del PPD, deseosos de escuchar a su líder, acudieron a la cita. Su retorno no solo estuvo marcado por los discursos, sino que su apoyo al candidato electoral del partido, Rafael Hernández Colón, le aseguró la victoria el mes siguiente. La historiadora Silvia Árvalez Curbelo calificó este acontecimiento como «el golpe de gracia» del PPD.[46]

La concentración también puede entenderse simbólicamente y, en ese sentido, fue un punto de inflexión histórico. Aunque el PPD se había presentado desde sus inicios como el partido de los pobres, el mitin se celebró en el símbolo por excelencia de la emergente cultura consumista de Puerto Rico: el centro comercial Plaza las Américas en San Juan. Dicho acto marcó también el retorno de Muñoz Marín a Puerto Rico, precisamente cuando cientos de miles de migrantes puertorriqueños también retornaban al archipiélago. Esos trabajadores anónimos no habían pasado su estancia en Estados Unidos pensando en musarañas. Por el contrario, habían trabajado en fábricas y en las calles o se habían comprometido con sus organizaciones comunitarias y políticas de base.

Cuando Muñoz Marín pronunció su discurso, estaba claro que el proyecto de modernización había fracasado. Anunciada como un milagro económico por muchos y como «el laboratorio de la democracia en América Latina» en el segundo artículo de portada de la revista *Time* dedicado a Luis Muñoz Marín, la modernización había sido, no obstante, un fracaso.[47] Si bien Muñoz Marín sostenía que ni la independencia ni la estadidad eran realistas, el Estado Libre Asociado empezaba a desmoronarse.

Puerto Rico se vio duramente afectado por la crisis del petróleo de 1973 y la subsiguiente recesión estadounidense. La industria agrícola local prácticamente desapareció, dejando a miles de personas sin ingresos estables. El desempleo alcanzó el 17% y el producto nacional bruto cayó del 7% en 1960 al 3,3% en la década siguiente. La pobreza era galopante, lo que obligó al gobierno puertorriqueño a presionar para que el Plan de Asistencia Nutricional y los cupones federales de alimentos se extendieran al archipiélago, a fin de proporcionar dinero para comprar comida a las familias de bajos ingresos. En lugar de fomentar la expansión de la producción agrícola local, los fondos se gastaron en importaciones procedentes de Estados Unidos.[48]

En Estados Unidos, los puertorriqueños enfrentaron el declive de la industria de la manufactura y la expansión de una economía de servicios que desplazó a muchos. Dadas las escasas oportunidades disponibles durante la recesión económica y la reestructuración de las zonas urbanas del Noreste y el Medio Oeste, muchos puertorriqueños decidieron retornar al archipiélago.[49] Entre 1975 y 1980, 137.000 puertorriqueños retornaron a su patria y la migración a Estados Unidos se redujo a 65.817.[50] Muchos viajaban con niños y adolescentes que habían nacido en el extranjero y ahora regresaban a vivir en la tierra de la nostalgia sus padres.

La participación en la migración circular que comenzó en la década de 1970 no puede reducirse a cifras y datos. Los vuelos que aterrizaban en San Juan llegaban repletos de puertorriqueños con una nueva concepción de lo que significaba ser puertorriqueño. Los migrantes retornados también construyeron nuevas concepciones de la nación que incluían a quienes habían decidido quedarse atrás y celebrar el Día de Reyes al calor de la familia y la comunidad para huir del frío. Para algunos, fue retornar a sus hogares. Para otros, sus hogares permanecieron en Nueva York, Milwaukee, Hartford o Worcester. Todos esos enclaves urbanos eran extensiones de una nación que no se definía por fronteras geográficas y que existía a pesar de las borraduras coloniales y la violencia imperial.

CAPÍTULO 10

LA GUERRA FRÍA Y EL NUEVO IMPULSO INDEPENDENTISTA

A finales de la década de 1930, Luis Muñoz Marín recorrió los campos de Puerto Rico buscando votos y atrayendo a la gente hacia el recién creado Partido Popular Democrático (PPD). Uno de los eslóganes del partido, que pasó a formar parte de su himno, era «jalda arriba».[1] En sus visitas a la ciudad de Mayagüez, en la zona oeste de la isla, Muñoz Marín hacía una parada en la gallera de Ricardo Trabal. Las peleas de gallos eran una importante actividad social en el Puerto Rico rural. Trabal, uno de los miembros fundadores de la sede del PPD en Mayagüez, era también un ferviente creyente en la independencia de Puerto Rico. Las visitas de Muñoz Marín eran todo un acontecimiento y Francisca Rivera, la esposa de Ricardo, se aseguraba de cocinarle su famoso arroz con pollo.[2]

Durante una de esas visitas, la hija de Ricardo y Francisca, Providencia Trabal, conoció a su héroe político, Muñoz Marín. Providencia, conocida como Pupa, había nacido en la extrema pobreza el 1 de mayo de 1926. Aspirando a una vida mejor para su ella, sus padres la entregaron a sus padrinos, Ricardo y Francisca, quienes la criaron como si fuera su propia hija. Pupa cuenta que tuvo una vida humilde y feliz. En la escuela primaria conoció a un chico tímido al que «criaron como un burgués» y destacaba en todas sus clases. Se llamaba Juan Mari Brás. Más tarde se convirtió en un destacado abogado, una importante figura del movimiento independentista de Puerto Rico y uno de los amigos de toda la vida de Pupa.[3]

Pupa era una niña el día que conoció a Muñoz Marín. Se sentó en su regazo y Muñoz Marín le dijo «la patria siempre es lo primero, lo primero que tienes que amar en la vida es a tu patria».[4] Cuando el PPD ganó las elecciones de 1940, hubo una gran celebración en casa de Pupa. Apoyó al partido hasta que Muñoz Marín, como describió más tarde Pupa, «cogió miedo» y declaró que «ser independentista estaba en contradicción con ser popular». Fue entonces cuando Pupa rompió con el PPD y comenzó a buscar su espacio para la lucha por la independencia de Puerto Rico.[5] Finalmente se casó con Néstor Nazario Grillo, un farmacéutico proveniente de una familia de clase media, quien también compartía sus compromisos políticos.[6]

Pupa era una ávida organizadora y una trabajadora dedicada, que participaba en cualquier actividad que pudiera adelantar sus ideales. También fue médium y abrió un centro espiritista en su casa, ubicada en el número 11 de la calle San Vicente, en Mayagüez. La práctica de Pupa le ganó el respeto y el amor de su comunidad. También utilizó el centro espiritista como espacio para celebrar reuniones independentistas.[7]

El activismo de Pupa llamó la atención de la policía del archipiélago. Comenzaron a vigilar sus actividades en 1956, el mismo año en que un grupo de estudiantes universitarios creó la Federación Universitaria Pro Independencia (FUPI).[8] Con el tiempo, Pupa fue expulsada del Partido Independentista Puertorriqueño (PIP) junto con otros miembros disidentes que criticaban la burocratización del partido y su dedicación exclusiva a la política electoral. Muchos miembros del PIP que se sentían insatisfechos con el partido comenzaron a reunirse para pensar en crear otras alternativas.[9]

El 11 de enero de 1959, un grupo de independentistas pronunció un discurso televisado abogando por el avance de la liberación de Puerto Rico. Esa misma noche se celebró una reunión en casa de Pupa. En ella participó su antiguo compañero de clase, Juan Mari Brás, junto con otros camaradas independentistas. Llegó tanta gente a la reunión que hubo que trasladarla al patio. Allí se creó una nueva organización, el Movimiento Pro-Independencia (MPI).[10]

La vida de Pupa fue la encarnación del sacrificio por un ideal superior: el de la independencia. Miembro fundador del MPI y del Partido

Socialista Puertorriqueño (PSP), colaboró activamente con su periódico, *Claridad*, y fundó una logia masónica femenina. Incluso se reunió con revolucionarios latinoamericanos como el poeta chileno Pablo Neruda, el futuro presidente chileno, Salvador Allende, y el revolucionario cubano, Fidel Castro. Pupa siempre presumía de su cocina y recordaba la vez que preparó almojábanas para el líder cubano. Constantemente acosada por las autoridades, que incluso colocaron bombas en la farmacia que poseía con su marido, fue detenida en varias ocasiones por acusaciones falsas. Pupa vivió una vida revolucionaria en tiempos revolucionarios.[11]

Ser independentista en Puerto Rico durante las décadas de 1960 y 1970 podía ser peligroso. Las personas que llevaban la bandera puertorriqueña eran señaladas como potenciales subversivos. La vida de Pupa Trabal es un ejemplo de las penurias a las que se enfrentan muchos. Fue acosada, señalada e inculpada por delitos que no cometió. Como mujer, también sufrió discriminación dentro de sus propias filas.

Cuando Pupa conoció a Salvador Allende en Chile, mantuvieron un breve pero intenso intercambio. Ella le dijo que sería el próximo presidente del país, pero él se rió y respondió que eso no ocurriría. Pupa insistió, quizá confiada en su intuición espiritista. Allende le dijo que, si llegaba a ser presidente, ella sería la primera persona invitada a su toma de posesión. Cuando le llegó la invitación del Presidente Allende, se lo comunicó entusiasmada a su viejo amigo Juan Mari Brás, por entonces líder indiscutible del MPI. Mari Brás disuadió a Pupa de ir diciendo que un miembro del PIP sería más apto para asistir a tal ocasión.[12] Eso también puede ser ejemplo de la misoginia y el machismo que tantas mujeres denunciaban desde sus filas.[13]

Aunque muchos defendieron y lucharon por la independencia a lo largo de todo el siglo XX, el periodo conocido como la «nueva lucha por la independencia» estuvo marcado por nuevas y diferentes formas de entendimiento, repertorios de lucha y colaboraciones entre clases.[14] Volvían a soplar vientos revolucionarios en Puerto Rico, pero con ellos también llegarían escombros en forma de violencia colonial y represión estatal.

Las turbulentas décadas de 1960 y 1970

La creación de nuevas organizaciones independentistas en la década de 1950 marcó un punto de inflexión para los movimientos anticoloniales en Puerto Rico. Las luchas de liberación nacional estaban cosechando victorias en Asia, África y América Latina, y esas nuevas organizaciones estaban muy influidas por las luchas del llamado Tercer Mundo. El MPI, por ejemplo, se ideó originalmente como una coalición multiclasista cuyo programa se enfocaba en la independencia de Puerto Rico, pero más tarde se convirtió en un partido obrero. Incluso después de transformarse en un grupo marxista-leninista, conservó su espíritu de liberación nacional. Mientras tanto, el MPI se convirtió en una de las organizaciones más importantes de la época, capaz de atraer a sus filas a estudiantes, trabajadores y profesionales. Eso también convirtió al MPI en blanco de la Policía de Puerto Rico y del FBI y su Programa de Contrainteligencia (COINTELPRO, por sus siglas en inglés).[15]

Desde su creación, el MPI quiso ganar influencia a escala nacional. Crearon un proyecto de base de gran alcance a través de células conocidas como «misiones». Según César Andreu Iglesias, miembro fundador del partido e influyente intelectual marxista de la época, la lucha no debía estar dirigida por una única organización, sino por varias organizaciones unidas con el mismo objetivo: la independencia. Para ello, el MPI necesitaba crear varios frentes dentro de las clases trabajadoras, el mundo de la cultura y la política electoral. Aunque Andreu Iglesias no los incluyó en sus conceptualizaciones, los estudiantes se convirtieron más tarde en figuras políticas centrales del movimiento.[16]

Diez días antes de que se celebrara la asamblea constituyente del MPI en el patio de Pupa, a unos 1.600 kilómetros, un grupo de revolucionarios hacía su entrada triunfal en La Habana. La revolución de Fidel Castro había logrado derrocar al gobierno de Fulgencio Batista en Cuba y los revolucionarios cubanos habían logrado lo que parecía imposible: consiguieron derrocar la dictadura de Fulgencio Batista y, más tarde, declarar comunista la revolución. Todo ello a solo 145 kilómetros de Estados Unidos. Su éxito, así como el desafiante discurso antiimperialista de la Revolución cubana, atrajeron a una generación de radicales latinoamericanos que se sentían privados de sus derechos y abandonados por las promesas de modernización. El manual de guerrilla de Ernesto Ché Guevara —publicado y distribuido a gran escala por el gobierno cubano— también echó leña a un momento ya de por sí inflamable. Los movimientos guerrilleros armados intentaron emular la experiencia cubana. La teoría del foco de Guevara se hizo muy popular. A diferencia del marxismo tradicional, Guevara sostenía que un pequeño grupo de guerrilleros rurales comprometidos podía crear las condiciones para la revolución. Otros grupos también experimentaron con la teoría del foco en entornos urbanos con diversos grados de éxito.

La Revolución cubana conmocionó a toda América. Puerto Rico no fue la excepción. La primera resolución que el MPI aprobó esa noche en la casa de Pupa, fue enviar un saludo fraternal y felicitaciones al comandante Fidel Castro. La segunda fue crear formalmente un comité organizador de quince miembros.[17] Como era de esperar, el MPI empezó a colaborar con la causa cubana casi de inmediato. Para la asamblea constituyente del MPI, que se celebró en noviembre de 1959, el propio Che Guevara envió un saludo a la recién creada organización.[18]

Los lazos de solidaridad y colaboración no hicieron sino intensificarse durante la década de 1960. El MPI fue invitado a participar en el Congreso Tricontinental, que se celebró en La Habana y que contó con cientos de delegados de Asia, África y América Latina.[19] Fue allí, por ejemplo, donde el líder revolucionario puertorriqueño Filiberto Ojeda Ríos se reunió con personas como Salvador Allende, de Chile, Amílcar Cabral, de Guinea-Bissau, y Hoàng Bích Sơn, de Vietnam.[20] El MPI abrió una misión en La Habana que se convirtió en la Misión de Puerto Rico en Cuba, una organización que sobrevivió al MPI y aún sigue activa. Un antiguo miembro del MPI señaló que Cuba también proporcionaba apoyo táctico a la lucha revolucionaria puertorriqueña mediante financiación, armas y entrenamiento militar.[21]

Los miembros del MPI, por tanto, se veían a sí mismos como los defensores y promotores de la Revolución cubana en Puerto Rico. Eso los convirtió en blanco de los grupos paramilitares de exiliados cubanos de derechas. Inmediatamente después de la Revolución cubana, los grupos de derechas empezaron a organizarse por toda la cuenca del

Caribe con el apoyo de agencias federales como el FBI y la CIA. Algunas de ellas tenían fachadas legítimas y estaban registradas como organizaciones sin fines de lucro en el Departamento de Estado de Puerto Rico. Sus nombres son bastante reveladores: *Frente de Liberación Nacional Cubano*, *Ejército Latinoamericano Anticomunista* y *Omega 7*.[22] Más allá de la defensa, dichos grupos utilizaron tácticas armadas para adelantar sus objetivos. Entre 1960 y 1990 hubo al menos 303 acciones terroristas de exiliados cubanos y otras organizaciones de derechas en Puerto Rico.[23] Entre ellas, intentos de secuestro, asesinatos y atentados con bomba. La sede del MPI, su periódico, *Claridad*, y su imprenta fueron blancos recurrentes.

El gobierno cubano también defendió la causa de la independencia de Puerto Rico a escala internacional. Poco después de la creación del Estado Libre Asociado de Puerto Rico, Estados Unidos abogó por su eliminación de la lista de colonias de la ONU. En una resolución de 1960, la Asamblea General de la ONU decidió que había tres formas de lograr el autogobierno: independencia, libre asociación con un Estado independiente o integración a un Estado nación independiente. Otra resolución también pedía el fin incondicional del colonialismo en todo el mundo.[24] En 1965, al tiempo que los movimientos de descolonización en África proliferaban y nuevas naciones se unían a la ONU, Cuba solicitó que el caso de Puerto Rico se añadiera a la agenda del Comité de Descolonización de la ONU.[25]

La discusión sobre el estatus colonial de Puerto Rico se pospuso hasta 1972. Cuba presentó otra moción para incluir a Puerto Rico en el orden del día de la Asamblea General. George Bush, entonces embajador de Estados Unidos, que luego se convertiría en Presidente, se opuso y consiguió reunir los votos necesarios para bloquear la inclusión de Puerto Rico. Al año siguiente, el Comité de Descolonización retomó el caso de Puerto Rico e invitó a miembros de organizaciones puertorriqueñas a testificar. Miembros de diferentes organizaciones independentistas como el MPI, el PIP y el Partido Comunista Puertorriqueño viajaron para dar testimonio. En 1978, miembros de los principales partidos políticos de Puerto Rico pronunciaron discursos en los que condenaban la situación colonial del archipiélago.[26]

Los debates sobre Puerto Rico en la ONU empujaron al Congreso estadounidense a aprobar una tímida resolución que reafirmaba «su compromiso de respetar y apoyar el derecho del pueblo de Puerto Rico a determinar su propio futuro político mediante un proceso pacífico, abierto y democrático».[27] Como era de esperar, la resolución no prosperó. Pero estas conversaciones revelan que, al margen de las diferencias políticas o ideológicas, todos los miembros del *establishment* político puertorriqueño reconocían que la Isla era una posesión colonial de Estados Unidos.[28]

A la par que las conversaciones de la ONU, el MPI siguió promoviendo la unidad de todas las organizaciones y esfuerzos independentistas. Sin embargo, del dicho al hecho hay un buen trecho. Cuando el MPI les permitió a sus miembros votar en las elecciones, algunos miembros influyentes abandonaron la organización. Después, cuando el MPI decidió pasar de ser una organización multiclasista a una socialista, volvieron a surgir conflictos y tensiones entre sus miembros de base. Y, aunque la Revolución cubana no fue en su sus inicios una lucha socialista —no fue hasta 1962 que fue declarada marxista-leninista por Fidel Castro—, el socialismo demostró ejercer una gran influencia también en Puerto Rico. El PIP, que hasta entonces se había enfocado en la política electoral, expulsó a un grupo de jóvenes radicales porque intentaba llevar al partido hacia el socialismo.[29]

La izquierda puertorriqueña también se inspiró en el movimiento contra la guerra de Vietnam, que se estaba desarrollando en Estados Unidos y en todo el mundo. La Federación Universitaria Pro-Independencia (FUPI) aunó esfuerzos con el MPI y otros grupos para organizarse contra el militarismo estadounidense en Puerto Rico. Entre las campañas más exitosas estuvieron las acciones contra el servicio militar obligatorio. La estrategia original consistía en acudir a las oficinas de reclutamiento cuando se les convocaba pero negarse a jurar lealtad a Estados Unidos. Un estudiante independentista llamado Sixto Alvelo fue el primero de los muchos detenidos en el movimiento contra el servicio militar obligatorio.[30]

Otra acalorada campaña fue contra el programa del Cuerpo de Entrenamiento de Oficiales de Reserva (ROTC, por sus siglas en inglés) en la

IMAGEN 10.1. Billete de dólar usado para promover la Octava Asamblea del MPI el 28 de noviembre de 1971 en la que se creó el Partido Socialista. La cara muestra una fotografía del Gobernador Luis A. Ferré. Colección privada del autor.

Universidad de Puerto Rico. Desde 1960 hasta 1971, las huelgas y la militancia dejaron un saldo de decenas de estudiantes, profesores y activistas suspendidos o detenidos. En una ocasión se hallaron bombas en el edificio del ROTC y en otra se le prendió fuego. También hubo víctimas entre los estudiantes y la policía. Finalmente, el movimiento, con el apoyo de una coalición de organizaciones radicales, consiguió expulsar al ROTC del recinto ríopedrense.

El furor revolucionario también dio paso a una nueva oleada de militancia obrera. La combatividad del movimiento obrero comenzó a decaer a partir de la década de 1950, cuando el PPD pasó a dominar el mundo sindical. En la década de 1960, el resurgimiento de la militancia obrera se debió en parte a la organización de base de grupos socialistas e independentistas. Quizá el mejor ejemplo sea la huelga en la planta de General Electric de Palmer en Río Grande, que duró nueve meses —desde octubre de 1969 hasta julio de 1970.

Esa huelga marcó la aparición de un nuevo radicalismo obrero que abogaba abiertamente por la independencia y el socialismo. Tanto el MPI como la FUPI desempeñaron un papel importante en la radicalización de los trabajadores. Para un antiguo militante del MPI, dicho acontecimiento sentó las condiciones para la creación de un nuevo Partido Socialista al año siguiente.[31]

Una nueva federación sindical, creada en 1971 bajo el nombre de Movimiento Obrero Unido (MOU) y compuesta por sindicatos combativos, también coordinó diversas acciones. Más de 45.000 trabajadores participaron en las 166 huelgas que tuvieron lugar entre 1974 y 1975.[32] El MOU desempeñó un papel crucial en la huelga del periódico *El mundo*, que duró siete meses. El periódico decidió traer rompehuelgas utilizando una flota de helicópteros alquilados. En solidaridad con los trabajadores en huelga, una guerrilla armada clandestina destruyó cuatro helicópteros, causando daños estimados en millones de dólares.[33]

En 1971, el MPI anunció que se convertiría en el Partido Socialista Puertorriqueño (PSP). Dada su orientación marxista-leninista, su liderato concibió originalmente un partido de la clase obrera. El partido sería instrumental en la lucha por la independencia de Puerto Rico que, creían, solo se podía alcanzar a través del socialismo. Aunque obtuvo menos del 1% de los votos en las elecciones de 1976 y 1980, el impacto del partido se extendió más allá de las urnas.[34]

Siguiendo la estrategia de base del MPI, el PSP fue capaz de crear una impresionante red nacional de sedes municipales o núcleos. Dichos núcleos se organizaron en escuelas y universidades, centros de trabajo y barrios.[35] El partido ejerció una fuerte influencia tanto en el movimiento obrero organizado como en las organizaciones estudiantiles de izquierdas. Demasiado a menudo se ignora el hecho de que sus dirigentes creían en la pluralidad de tácticas en su lucha por la independencia. Su periódico, *Claridad*, por ejemplo, se convirtió en un tablón de anuncios utilizado por muchas organizaciones para reivindicar acciones militares o simplemente enviar mensajes al gobierno.[36] Un ex miembro del MPI, Ángel Agosto, afirma que el partido creó una «unidad armada» de 247 miembros organizada en seis columnas dispersas por todo el archipiélago.[37]

En 1975, un comunicado interno documentaba que el PSP contaba con 2.635 miembros activos, 14.310 simpatizantes y 1.056 militantes identificados.[38] Aunque esas cifras parezcan prometedoras, el MPI empezó a perder fuerza poco después. Los debates y las tensiones internas desgarraron el partido. Aunque comenzó como una organización de la clase trabajadora, más tarde abogó por coaliciones multiclasistas. Eso produjo tensiones que no hicieron sino aumentar con las críticas internas a la decisión del partido de sumarse a las contiendas electorales. Sus aplastantes derrotas exacerbaron el descontento. Como argumentó una vez una antigua militante del MPI-PSP, «esto se jodió cuando se fundó el PSP».[39] A finales de la década de 1980, el partido estaba debilitado y muchos de sus miembros lo abandonaron.

El PSP formaba parte de una tradición radical más amplia que procedía del MPI, el Partido Nacionalista y el PIP, todos ellos partidos que comprendían la centralidad de la diáspora puertorriqueña en la lucha por la independencia. Desde su creación, el MPI sostuvo y organizó misiones en la diáspora que intentaban radicalizar a las vibrantes comunidades puertorriqueñas en Estados Unidos. Conocido como la Seccional, es PSP diaspórico organizó con éxito núcleos en Nueva York, California, Nueva Jersey y Pensilvania, así como en otros estados de Nueva Inglaterra, el Medio Oeste y el Noreste.[40] A algunos de sus miembros, el partido los ayudó a pulir sus conocimientos de español, ampliar su conciencia puertorriqueña y profundizar su relación con el archipiélago.[41] La Seccional produjo un suplemento de corta duración en inglés para el periódico *Claridad* y se organizó en torno a cuestiones locales urgentes que afectaban a los puertorriqueños en la diáspora. Además colaboró con otras organizaciones de derechos civiles.

Ya en las décadas de 1970 y 1980, los habitantes del archipiélago usaban el término «nuyorican» para referirse de forma peyorativa a los puertorriqueños residentes en Nueva York. De hecho, algunos miembros anglófonos del PSP también sintieron que sus compañeros de Puerto Rico no los trataban como iguales. Oficialmente, sin embargo, el PSP afirmaba que los puertorriqueños en la diáspora formaban parte de la nación puertorriqueña y debían trabajar por la independencia de Puerto Rico e impulsar las luchas revolucionarias y socialistas en Estados Unidos. Aunque su alcance e influencia política pueden haber sido limitados, esa idea se convirtió en un importante contrapunto intelectual para pensar la nación puertorriqueña como algo que trascendía el archipiélago caribeño. Haciéndose eco de la famosa frase del intelectual cubano José Martí, «en las entrañas del monstruo», un documento oficial del PSP de 1972 titulado «Desde las entrañas» exponía la postura oficial del partido. El PSP creía que «Puerto Rico era una nación, con su propio territorio nacional, lengua, cultura e historia de colonialismo y racismo».[42] La migración y los asentamientos de puertorriqueños en Estados Unidos «representaban una nueva *extensión* de esa nación, no la *creación* de un nuevo pueblo, en forma de minoría nacional».[43] También creía que solo después de la independencia de Puerto Rico podía considerarse a los puertorriqueños una minoría nacional en Estados Unidos.[44]

El PSP no fue la única organización que reimaginó el concepto de nación. Como parte del movimiento más amplio de los derechos civiles que se vivía en Estados Unidos, una generación de jóvenes puertorriqueños nacidos en la diáspora empezó a vincular la lucha por la independencia con el deseo de transformar las precarias realidades de sus familias en sus barrios. Estaban cansados de la pobreza y el discrimen que afectaban a sus barrios de clase trabajadora. Para esa joven generación, la pobreza, tanto en su país como en Puerto Rico, era producto del imperialismo, el capitalismo y el racismo.

Influenciado por el Partido de las Panteras Negras, el Movimiento Chicano por los Derechos Civiles en el Oeste y el Movimiento Anti-Vietnam, una pandilla callejera dirigida por José Cha Cha Jiménez, se convirtió en la organización de los Young Lords en 1969. Pronto se extendió a Nueva York, Filadelfia y Chicago. La rama de Nueva York se separó de la de Chicago y se convirtió en el Partido de los Young Lords. Muchos de sus miembros eran jóvenes y adolescentes puertorriqueños de segunda generación que vivían en comunidades empobrecidas.[45] Imbuidos de la ética radical del momento, los Young Lords se veían a sí mismos como parte de un movimiento internacionalista antiimperialista que pretendía derrocar al capitalismo. También cuestionaron las ideas sobre raza, sexualidad y género en sus comunidades locales.[46]

Aunque el Partido de los Young Lords solo existió hasta 1976, lograron captar la atención del público gracias a su eficaz uso de los medios de comunicación y la audacia de algunas de sus acciones, como quemar la basura en las calles de sus barrios para denunciar la negligencia de la administración de la ciudad en recogerla. Sus miembros dirigían programas comunitarios en torno al cuidado de niños y las comidas gratuitas. También ocuparon varias iglesias, parques y un hospital. En 1970, por ejemplo, tras una serie de muertes debidas a negligencias y condiciones inapropiadas, los Young Lords ocuparon durante varias horas el Lincoln Hospital. El acto atrajo la atención nacional y los Young Lords que participaron en él escaparon sin ser detenidos.[47]

Dado que estos grupos se desplazaban a menudo entre el archipiélago y Estados Unidos, eran objeto de una intensa vigilancia. Cuando los Young Lords decidieron ampliar sus operaciones al archipiélago, por ejemplo, sus movimientos fueron seguidos por agentes encubiertos. Del mismo modo, el programa COINTELPRO del FBI no solo pretendía infiltrar y desarticular grupos como el Partido de las Panteras Negras, sino que también tenía como objetivo a otros grupos puertorriqueños considerados extremistas. La vigilancia fue algo que, como sostiene la académica Marisol LeBrón, «unió a la insurgencia en toda la diáspora».[48]

Los Young Lords y la Seccional no fueron las primeras organizaciones que reclamaron derechos para los puertorriqueños en Estados Unidos. Construyeron sus proyectos sobre los hombros de activistas comunitarios y organizaciones cívicas que llevaban décadas operando en la diáspora. Estas nuevas organizaciones marcaron un punto de inflexión en la forma en que el colonialismo y la urgencia de la independencia de Puerto Rico se vinculaban a la vida cotidiana en la diáspora.[49]

Resistencia armada y represión

Un aspecto importante de la nueva lucha por la independencia en Puerto Rico y la diáspora fue la aparición de movimientos guerrilleros armados. Inspiradas por el éxito de los revolucionarios cubanos y las luchas de liberación del llamado Tercer Mundo, estas organizaciones operaban desde la clandestinidad tanto en entornos urbanos como rurales. Como no contaban con el apoyo popular, creían que las acciones estratégicas debilitarían el colonialismo estadounidense en Puerto Rico. En parte, su idea era hacer de Puerto Rico un lugar inhóspito para las empresas e inversores estadounidenses.[50]

Una de las primeras organizaciones armadas que surgieron fueron los Comandos Armados de Liberación (CAL), que operaron desde 1963 hasta 1972.[51] Entre 1968 y 1972 perpetraron 137 atentados, que generaron más de 100 millones de dólares en pérdidas y causaron la muerte de dos infantes de la marina estadounidense.[52] En la diáspora, los activistas de Chicago organizaron las Fuerzas Armadas de Liberación Nacional, que cometieron 120 atentados entre 1974 y 1981. Cinco personas perdieron la vida en acciones dirigidas por las FALN.[53]

Tales acontecimientos no se produjeron en el vacío. Esas organizaciones concebían sus acciones como parte de una guerra contra el imperialismo estadounidense en Puerto Rico. En 1971, por ejemplo, la CAL declaró zona de guerra al Condado, un destino turístico y uno de los barrios más ricos de San Juan.[54]

Las guerrillas armadas respondieron al terror patrocinado por el Estado con la misma violencia. El 4 de marzo de 1970, por ejemplo, los estudiantes se enfrentaron a la policía frente a la Universidad de Puerto Rico en Río Piedras. Mientras la policía dispersaba con violencia a los estudiantes, algunos empezaron a correr por la adyacente Avenida Ponce de León. Desde su balcón, Antonia Martínez Lagares, una mujer de veinte años que estudiaba para ser profesora de español, gritó a la policía que se detuviera. Un agente levantó el arma y disparó al balcón matando a Antonia e hiriendo a otro estudiante, Celestino Santiago Díaz. El único policía acusado del asesinato, Marcos A. Ramos, fue absuelto posteriormente en los tribunales. Años más tarde, en 1991, una investigación dirigida por la Comisión de lo Jurídico del Senado de Puerto Rico declaró que Marcos había sido acusado falsamente para encubrir al verdadero autor.[55] En respuesta al asesinato de Antonia, el CAL organizó la Operación Antonia, en la que mataron a dos infantes de la marina estadounidense en represalia.[56]

IMAGEN 10.2. Día de la Solidaridad con Puerto Rico, organizado por el PSP en el Madison Square Garden de Nueva York el 27 de octubre de 1974. Fotografía de Pucho Charrón. Cortesía del Archivo Histórico del Periódico *Claridad*.

Los grupos paramilitares de derechas que operaban en Puerto Rico también incrementaron sus acciones contra el movimiento independentista en la década de 1970. Juan Mari Brás y el PSP fueron blancos frecuentes. En diciembre de 1975, Mari Brás fue electo candidato a gobernador del partido en una asamblea con más de 10.000 asistentes. El año anterior, en 1974, la Seccional del PSP de Nueva York había organizado un acto en el Madison Square Garden en el que más de 12.000 personas exigieron la independencia de Puerto Rico. La expansión del PSP preocupó a los grupos de derecha que operaban en Puerto Rico. Mientras el PSP se preparaba para las elecciones de 1976, Mari Brás recibió un golpe brutal. Su hijo de veintitrés años, Santiago «Chagui» Mari Pesquera, fue secuestrado delante de su casa. El cadáver de Chagui fue encontrado al día siguiente. Aunque uno de sus vecinos fue detenido y condenado por el asesinato, un fiscal declaró ante el tribunal que no podía haber actuado solo.[57]

IMAGEN 10.3. Fotografía de pasaporte de Santiago «Chagui» Mari Pesquera. Cortesía del Archivo Histórico del Periódico *Claridad*.

Esos sucesos formaban parte de una tendencia más extendida hacia la violencia extrema y la represión estatal. Durante toda la década se produjeron asesinatos por motivos políticos, atentados con bombas y detenciones indiscriminadas. La policía y el FBI también ampliaron sus esfuerzos y lograron infiltrarse en varias organizaciones de izquierda.[58]

En 1978, por ejemplo, un joven revolucionario llamado Alejandro González Malavé creó dos organizaciones llamadas Comandos Revolucionarios Armados y Frente Armado Antiimperialista. En el lapso de un año, reivindicaron cuatro acciones armadas: quemaron el edificio del

Comité de Estadounidenses por la Acción Democrática; atacaron las oficinas de la guardia de la UPR; tirotearon la residencia de Luis Muñoz Marín; y colocaron una bomba en una oficina de correos.[59] El entusiasmo y la audacia de González Malavé le permitieron reclutar a dos jóvenes, Arnaldo Darío Rosado y Carlos Soto Arriví, para su siguiente acto: volar una torre de radio en Cerro Maravilla, una ladera a unos cincuenta kilómetros de San Juan.[60] Escogieron la fecha del 25 de julio de 1978. La fecha no era arbitraria. Era el aniversario de la ocupación estadounidense en 1898 y de la inauguración del Estado Libre Asociado y la Constitución de Puerto Rico en 1952. Los tres hombres asaltaron un taxi y obligaron al conductor, Julio Ortiz Molina, a llevarlos a su destino. En cuanto salieron del automóvil, fueron rodeados por agentes de la policía.

Era una trampa.

El líder del grupo, González Malavé, un revolucionario experimentado con muchos años de experiencia, se rindió inmediatamente. Es probable que Darío Rosado y Soto Arriví se quedaran atónitos cuando empezó a gritar a los policías que no le dispararan, que era uno de los suyos. Alejandro González Malavé era un agente encubierto. Darío Rosario y Soto Arriví fueron ejecutados después de haberse rendido. El gobernador Carlos Romero Barceló, del PNP, calificó a los agentes de «héroes», argumentando que «los que llevan fusiles y pistolas, los que van con bombas… Los que matan deben estar preparados para morir».[61]

Las secuelas de Maravilla

Los acontecimientos de Maravilla no terminaron ese día. El caso dominó los ciclos electorales de 1982 y 1986.[62] Romero Barceló fue reelecto gobernador en 1982, pero su partido perdió la mayoría del Senado en favor de los Populares. La versión oficial del gobierno era que los jóvenes habían disparado contra la policía, que los había matado en defensa propia. Sin embargo, al se entrevistado, el taxista contradijo esa versión. El Senado, dominado por el PPD, ordenó una investigación sobre lo ocurrido aquel día. Las vistas públicas comenzaron en 1983. Fueron televisadas y acapararon la atención nacional. Se demostró ante el tribunal que

IMAGEN 10.4. Protesta contra el Gobernador Romero Barceló. Fotografía de Ricardo Alcaraz. Cortesía del Archivo Histórico del Periódico *Claridad*.

los jóvenes habían sido ejecutados y que los agentes implicados habían cometido perjurio.[63]

El caso provocó una tormenta política. En 1986, Romero Barceló perdió su tercera reelección. Diez funcionarios fueron suspendidos. Alejandro González Malavé fue destituido de la policía, absuelto de todos los cargos y después asesinado por una organización armada de izquierdas. Pero las vistras televisadas no solo demostraron cómo el gobierno había mentido oficialmente. Un agente de la policía se equivocó al hablar bajo presión durante un interrogatorio y reveló otro secreto de Estado que todo el mundo sospechaba desde hacía años. La División de Inteligencia de la Policía de Puerto Rico llevaba décadas vigilando a personas y tenía carpetas de miles de puertorriqueños.[64]

En un hecho histórico sin precedentes, los tribunales puertorriqueños concluyeron posteriormente que las carpetas habían sido creadas ilegalmente y dictaminaron que debían ser entregadas a los afectados. Los folios detallaban cómo durante tres décadas el gobierno de Puerto Rico había creado un sofisticado sistema de vigilancia. Pero el Estado no actuó solo. Las carpetas confirmaron que vecinos, compañeros de trabajo e incluso compañeros de lucha llevaban tres décadas colaborando con la policía. Esos documentos también habían servido como base de datos para seleccionar y poner en listas negras a quienes eran considerados subversivos. Como ha señalado el sociólogo José Anazagasty, a los carpeteados se les negaron oportunidades laborales y de estudio, y sufrieron discriminación, persecución, hostilidades, detenciones ilegales, encarcelamiento e incluso la muerte.[65]

El término «carpeteo» pasó a formar parte de la jerga puertorriqueña para referirse a ser vigilado, lo que demuestra el impacto que este programa tuvo en el imaginario colectivo. Las carpetas se convirtieron en un archivo de las ansiedades, los temores y la violencia cotidiana del Estado. A diferencia de otros procesos de verdad y reconciliación en distintas partes del mundo, no hubo un ajuste de cuentas por parte del Estado respecto a lo que significaron las carpetas, ni un camino hacia la sanación de su impacto en la sociedad puertorriqueña. Estos acontecimientos sirvieron de telón de fondo para una crisis económica que afectaría profundamente a Puerto Rico durante décadas.

CAPÍTULO 11

EL CAMINO HACIA EL COLAPSO

Las décadas de 1970 y 1980 fueron de agitación económica en Puerto Rico. La recesión que se apoderó de la economía estadounidense tras la crisis del petróleo de 1973 creó un efecto dominó en su colonia caribeña. Atraer inversión extranjera había sido una de las piedras angulares del programa económico del gobierno en el marco de la Operación Manos a la Obra, aclamada por la revista *Time* como un milagro económico. El producto nacional bruto anual cayó del 7% en la década de 1960 al 2,1% en la de 1980.[1] En la década de 1990, el 58,9% de la población puertorriqueña vivía por debajo del nivel de pobreza y el desempleo alcanzó el 20,4%.[2] El milagro había perdido su agencia divina.

Ante esta grave situación, el gobernador Rafael Hernández Colón creó, en 1974, una comisión para analizar las condiciones fiscales y económicas del país. Dirigida por James Tobin, profesor de la Universidad de Yale, quien más tarde recibiría el Premio Nobel de Economía, dicha comisión se encargó de redactar una serie de recomendaciones.[3] Concluyó, entre otras cosas, que Puerto Rico necesitaba una estrategia económica menos dependiente del capital estadounidense.[4]

En 1976, el gobierno de Hernández Colón logró que el Congreso de los Estados Unidos implementara la sección 936 del Código de Rentas Internas de los Estados Unidos. Antes, las empresas estadounidenses que operaban en Puerto Rico pagaban un impuesto del 48% para transferir sus beneficios a Estados Unidos. La sección 936 permitía a las empresas extranjeras en Puerto Rico repatriar sus beneficios libres de impuestos.[5] Aunque tuvo un éxito moderado al principio, a la larga consolidó la dependencia de Puerto Rico de la inversión extranjera, precisamente contra lo que había advertido el Informe Tobin.

La situación económica afectó de distintas maneras a los múltiples Puerto Ricos que convivían en el archipiélago. Muchas familias emigraron del campo a los centros urbanos en busca de mejores oportunidades, pero se enfrentaron a la escasez de vivienda, que les obligó a asentarse en arrabales. Este proceso había comenzado mucho antes, en las décadas de 1920 y 1930. No era infrecuente que la policía organizara redadas y otras acciones violentas para desalojar a los miembros de las comunidades que vivían en tierras rescatadas. Sus residentes, sin embargo, exigían derechos y a menudo argumentaban, desafiantes, que no se trasladarían.[6]

El 6 de febrero de 1980, la unidad táctica de la policía puertorriqueña rodeó la casa de Adolfina Villanueva Osorio y Agustín Carrasquillo, un matrimonio negro del pueblo de Loíza. Habían estado luchando en los tribunales para reclamar la propiedad del terreno donde se levantaba su humilde casa hecha de madera y zinc. La Iglesia católica, que afirmaba ser propietaria del terreno, exigía el desalojo inmediato de la pareja.[7]

Mientras la policía rodeaba la casa de Adolfina y Agustín, un agente gritó: «Los sacaremos vivos o muertos». Procedieron a disparar latas de gas y balas contra la casa. Agustín salió y fue alcanzado por cuatro balas en las piernas. Adolfina corrió al interior para buscar a sus dos hijos que aún estaban en casa (sus otros cuatro hijos estaban en la escuela). Al salir por la puerta, Adolfina recibió dieciséis disparos. Las balas le perforaron los pulmones y el hígado; murió en el acto, con solo treinta y cuatro años. El sargento de policía Víctor Estrella fue acusado del asesinato de Adolfina, pero después absuelto de todo delito.[8]

Mientras el caso de Adolfina ocupaba los titulares, el gobierno seguía atacando otros asentamientos ilegales. El 18 de mayo de 1982, la policía desalojó por la fuerza y con violencia a trescientas familias que residían en Villa Sin Miedo, Carolina. En la operación murió un agente de la policía, muchos residentes resultaron heridos y se incendiaron viviendas. El gobierno de Carlos Romero Barceló declaró a la prensa que en Villa Sin Miedo operaba «la mano de izquierdistas subversivos».[9] La criminalización de la pobreza y de los pobres no hizo sino aumentar en la década siguiente.[10]

Estos acontecimientos y su recepción pública influyeron en el nuevo enfoque del gobierno puertorriqueño ante la crisis de la vivienda. Como ha señalado la jurista Érika Fontánez Torres, la muerte de Adolfina Villanueva Osorio y los sucesos de Villa Sin Miedo obligaron al gobierno a realizar cambios cosméticos en su política pública de vivienda a través de la reorganización de agencias y burocracia. También creó una nueva legislación destinada a facilitar la compra de propiedades a las poblaciones pobres y marginadas. En la práctica, sin embargo, no cambió mucho. Tras el huracán Hugo en 1989, por ejemplo, muchas familias pobres se quedaron sin vivienda, lo que empujó al gobierno a crear el Programa de Vivienda Permanente para los Damnificados del Huracán Hugo para ayudar a las familias pobres que habían sufrido los efectos de la tormenta. En 2018, a casi tres décadas del huracán, el gobierno de Puerto Rico reconoció que muchas personas que participaron en el programa carecían de títulos de propiedad.[11]

A las personas que pertenecían a las clases medias puertorriqueñas, la crisis las golpeó de diferentes maneras. Las nuevas pautas de consumo y las ideologías de mercado influyeron en sus hábitos de gasto. La proliferación de automóviles en el Puerto Rico de mediados del siglo XX también cambió el paisaje físico de los centros urbanos: los centros comerciales se convirtieron en importantes espacios de socialización.[12] Las tarjetas de crédito también facilitaron el consumo y estilos de vida particulares en momentos en que la economía estaba estancada. Entre 1985 y 1992, por ejemplo, la deuda de las tarjetas de crédito en Puerto Rico aumentó de 455 millones de dólares a 848 millones.[13]

El endeudamiento se impuso entre las clases medias y también se convirtió en una forma de gobernar. Margaret Thatcher en el Reino Unido y Ronald Reagan en Estados Unidos defendieron las ideologías de libre mercado que circulaban en la economía mundial. Los estudiosos han acuñado el término neoliberalismo para referirse a estas ideas que prometían una nueva forma de entender la economía. Pero el neoliberalismo fue también una nueva forma de entender la ciudadanía y las relaciones sociales a través de la promoción del individualismo, el espíritu empresarial y la privatización. Para mantener sus operaciones, el gobierno puertorriqueño recurrió a la deuda. La deuda total del gobierno central, los municipios y las empresas ascendía a unos 1.600 millones de dólares en 1960. En 1990 rondaba los 12.700 millones de dólares.[14] A medida que la contracción de la economía afectaba a la sociedad puertorriqueña, personas de distintos bandos del espectro político empezaron de nuevo a reflexionar detenidamente sobre los significados de la puertorriqueñidad.

Reimaginar la nación, otra vez

Desde el siglo XIX, la idea de «nación» ha ocupado un lugar destacado en la producción intelectual puertorriqueña. Los textos de historia y literatura han intentado sentar las bases de una identidad nacional distinta de la de los colonizadores españoles. En la década de 1930, las conversaciones que antes tenían lugar en tertulias privadas empezaron a realizarse en público en la Universidad de Puerto Rico. Una nueva generación de académicos empezó a utilizar las aulas y la intelectualidad para definir la esencia de la puertorriqueñidad, a menudo articulando ideas enraizadas en el racismo y el elitismo.[15]

En la década de 1970, la Universidad sirvió, una vez más, como espacio donde poner en práctica las ideas. Influida por los movimientos sociales que se desarrollaban en todo el mundo —el movimiento contra la guerra de Vietnam, la Revolución cubana y las protestas estudiantiles internacionales, entre otros—, la vigorización de las clases trabajadoras puertorriqueñas, la militancia del movimiento estudiantil y la nueva lucha por la independencia, una generación de jóvenes intelectuales intentó alejarse de las concepciones tradicionales de la historia.

Nuevas lecturas del marxismo a partir de fuentes no soviéticas y concepciones menos dogmáticas del socialismo dieron paso a otras formas de hacer historia. En Puerto Rico, una nueva generación de académicos, la mayoría de los cuales había estudiado en Francia, Inglaterra y Estados Unidos, regresó a enseñar en la Universidad de Puerto Rico en un momento de agitación social e intelectual. Aunque no todos se conocían, la urgencia del momento los unió en lo que se conoció como el Centro de Estudios de la Realidad Puertorriqueña (CEREP).[16]

Estos jóvenes intelectuales formaron parte de lo que se conoció como la Nueva Historia, aunque no todos se habían formado en la disciplina de la historia. Los que se reunieron en torno al CEREP a principios de la década de 1970 se habían formado en diversas disciplinas como la antropología, el teatro, la sociología, la educación y la economía, entre otras. El término «historia desde abajo» se discutía en seminarios académicos desde Londres hasta Buenos Aires, desde Cuba hasta Nueva York. En Puerto Rico, los profesores del CEREP asumieron la misión de pensar «desde abajo» y arrojar luz sobre aquellas historias que habían sido deliberadamente pasadas por alto por los historiadores tradicionales. Sus conversaciones y publicaciones abarcaron una amplia gama de temas entonces novedosos, como las historias de las plantaciones, las mujeres y la acción social, y los trabajadores.[17]

Esos jóvenes intelectuales creían que, para entender la realidad puertorriqueña, había que tomar en cuenta, ante todo, a los grupos marginados. Aunque los trabajadores, las mujeres y los pueblos esclavizados han sido tradicionalmente ignorados, también ellos tienen historias ricas y vibrantes de las que los estudiosos pueden extraer ejemplos e inspiración. Para los miembros del CEREP, la intelectualidad era política. Era un intento de comprender la realidad para transformarla.[18]

Mientras los miembros del CEREP organizaban seminarios y talleres, y se reunían con sindicatos y otros grupos más allá del mundo académico en Puerto Rico, líderes comunitarios, activistas estudiantiles y profesores universitarios de la diáspora neoyorquina también se unieron para crear un espacio intelectual para pensar sobre la experiencia puertorriqueña. Sus luchas condujeron a la creación de los Estudios Puertorriqueños como campo de conocimiento diferenciado dentro del mundo académico estadounidense. Como señalan María E. Pérez y González y Virginia Sánchez Korrol, «Los estudiantes negros y no-blancos, infrarrepresentados y 'sin poder', habían asaltado la ciudadela, las simbólicas torres cubiertas de hiedra de las universidades y los centros de educación superior, transformando la educación superior de un modo que los activistas no podían imaginar entonces».[19] En 1969, el City of New York Board of Higher Education [Consejo de Educación Superior de la ciudad de Nueva York] consiguió financiación para la creación de programas, departamentos, centros e institutos de estudios puertorriqueños. En 1972 se crearon nuevos departamentos y programas académicos en Lehman College, Hunter College, City College, Brooklyn College, John Jay College y Queens College.[20]

Las demandas de estudiantes, profesores y activistas comunitarios de Nueva York también allanaron el camino para la creación del Centro: Center for Puerto Rican Studies en 1973. Este espacio servía de biblioteca, archivo y centro intelectual. Al igual que los académicos del archipiélago, los investigadores del Centro «ayudaron a forjar un paradigma interpretativo basado en el materialismo histórico y la teoría cultural crítica».[21] También hubo diálogo intelectual y colaboración entre estudiosos del archipiélago y la diáspora. Rafael Ramírez, uno de los fundadores del CEREP, fue contratado por el Centro y desempeñó un papel decisivo en la creación de su programa Culture Task Force.[22] Estos esfuerzos intelectuales dieron paso a nuevas interpretaciones del pasado puertorriqueño a medida que los estudiosos intentaban dar centralidad a voces, historias y experiencias que habían sido ignoradas en el pasado. La intelectualidad era un proyecto político que podría ayudar a transformar sus realidades. Es decir, el pasado no era simplemente algo que había sucedido, sino algo a partir de lo cual podían construir nuevos futuros.

Mientras en las aulas universitarias se debatía el significado de Puerto Rico, los movimientos armados por la independencia, incluida la Nueva Lucha, continuaron durante la década de 1980. Uno de los grupos armados más activos fue el de los Macheteros. De 1978 a 1986, reivindicaron dieciocho acciones armadas que buscaban llamar la atención sobre la realidad colonial de Puerto Rico y expropiar fondos para su causa.[23] Los Macheteros sorprendieron a todo el mundo. Para vengar a los dos independentistas asesinados en Cerro Maravilla, atacaron un vehículo de la Marina estadounidense en diciembre de 1979, matando a dos infantes de la marina e hiriendo a decenas. En octubre de 1983, dispararon un cohete M-72 contra las oficinas del FBI en Hato Rey en solidaridad con «el pueblo hermano de Granada» durante la ocupación estadounidense del país caribeño.[24]

Los macheteros entendían esas tácticas en términos de propaganda. Sus acciones más audaces fueron cubiertas por los medios informativos locales y acapararon también la atención internacional. El 11 de enero de 1981, un comando machetero logró introducirse en la Base Aérea Muñiz de la Guardia Nacional en San Juan y bombardeó y destruyó una flota de nueve aviones de combate. La acción no ocasionó muertes, pero los daños materiales se estimaron en 40 millones de dólares.[25] Dos años después, los Macheteros consiguieron infiltrarse y robar 7 millones de dólares de unas instalaciones de Wells Fargo en Hartford (Connecticut).[26] Para contrarrestar la lucha armada independentista, tanto el gobiernos local como el federal pasaron de la infiltración y el terrorismo de Estado a la acción legal. Poco después de los atentados de los Macheteros, muchos independentistas acusados de participar en acciones armadas fueron detenidos y condenados.[27] Sus acciones no solo desafiaron a los funcionarios del gobierno local, sino que también le recordaron a la comunidad internacional el colonialismo estadounidense en Puerto Rico.

«La nación» era también una poderosa forma de movilizar a la gente hacia las urnas. El triunfo del PNP en las elecciones de 1964 puso fin a la racha de dieciséis años de victorias del PPD y marcó el inicio de la era bipartidista en Puerto Rico. Desde entonces, ambos partidos se han alternado en el poder. La cuestión del estatus colonial de Puerto Rico era la fuerza motriz de los tres partidos políticos dominantes. El PNP apoyaba la anexión de Puerto Rico, el PPD favorecía el estatus de Estado Libre Asociado y el PIP se organizaba a favor de la independencia. Lo único que compartían era la creencia en la existencia de la nación puertorriqueña, al menos desde un punto de vista cultural.

Durante las décadas de 1970 y 1980, el PIP siguió abogando por la independencia. El fundador del partido, Gilberto Concepción de Gracia, había sido abogado y periodista formado en la UPR y en la Universidad George Washington. Cuando falleció, en 1968, su membresía oscilaba entre interpretaciones radicales y socialistas de lo que podría ser un Puerto Rico poscolonial y posturas socialdemócratas más moderadas. Estas opiniones y aspiraciones diferentes dieron lugar a tensiones y divisiones inevitables. Finalmente se impuso la corriente más moderada, representada por el sucesor de Concepción de Gracia, Rubén Berrios Martínez.

Rubén Berrios era un abogado prometedor en 1970, cuando se convirtió en presidente del PIP. Con solo treinta y un años y educado en Georgetown, Yale y Oxford, su postura más moderada sobre la independencia le permitió unificar el partido tras la expulsión del sector más radical. Para el PIP, la nación puertorriqueña ya era una realidad. Pero debido a su estatus colonial, carecía de soberanía judicial y política. Para ellos, solo la independencia podría proporcionar un futuro viable para Puerto Rico.[28]

Aunque el PPD no abogaba por la independencia y defendía, en cambio, el Estado Libre Asociado, estaba de acuerdo en la existencia de una nación cultural. De hecho, el PPD había sido crucial para desvincular el nacionalismo del estatus político de Puerto Rico. Cuando el partido llegó al poder en la década de 1940, sus ideólogos promovieron un sentido de pertenencia nacional que no suponía un desafío a la relación establecida con Estados Unidos tras la creación del Estado Libre Asociado y la Constitución de Puerto Rico en 1952. Antropólogos como Arlene Dávila y Jorge Duany han demostrado cómo el PPD creó un aparato cultural a través del Instituto de Cultura y la División de Educación de la Comunidad (DIVEDCO) para promover la idea de la nación puertorriqueña desde una perspectiva cultural, no política.[29]

Ya en la década de 1980 estaba claro que la Operación Manos a la Obra no había logrado lo que pretendía. El proyecto económico del PPD había fracasado y ahora se derrumbaba. Pero el nacionalismo cultural que había acompañado el ascenso del PPD siguió operando en Puerto Rico con mucho vigor. Era tan poderoso que, aunque el PNP abogó abierta y agresivamente por la anexión a Estados Unidos, lo hizo sin abandonar la idea de una nación cultural puertorriqueña.

El PNP se había creado dos décadas antes, a raíz de los debates y tensiones que suscitó el plebiscito de 1967. Cuando se anunció el plebiscito, los miembros del Partido Estadista Republicano se dividieron sobre su participación. Algunos argumentaban que el plebiscito solo daría poder al PPD; otros lo veían como una oportunidad para adelantar su agenda proestadidad. De esas tensiones surgió el PNP, el 20 de agosto de 1968, bajo el liderato del empresario Luis Antonio Ferré.

El fervor revolucionario y la política radical de la década de 1960 no solo afectaron a quienes abogaban por el socialismo y la independencia.

También alteraron los partidos conservadores como el PNP. Por ejemplo, cuando Ferré fue electo primer presidente del partido, Vicente Hita, hijo, antiguo líder sindical y abogado, se acercó al podio y pidió la palabra. Tenía un mazo en las manos. Hita explicó a los asistentes que el mazo había pertenecido a Santiago Iglesias Pantín, uno de los líderes sindicales más importantes de principios del siglo XX. Se lo entregó a Ferré, quien declaró: «Acepto este mallete con espíritu de humildad y con sentido de honda responsabilidad porque este mallete fue manejado por las manos de un hombre grande que fue el redentor de las clases humildes en Puerto Rico».[30]

Para hacer atractiva la estadidad a distintos sectores sociales, Ferré creó la idea de la «estadidad jíbara». Para Ferré, la estadidad otorgaría más derechos, protecciones y fondos federales. Esto podría llevarse a cabo, argumentó, sin perder la cultura puertorriqueña. La cultura se convirtió en un tema dominante en las conversaciones sobre la estadidad y, en última instancia, en la plataforma de su partido. Cuando Carlos Romero Barceló asumió la dirección del PNP en 1974, publicó un libro titulado *La estadidad es para los pobres* con la esperanza de atraer a las masas trabajadoras hacia el partido. El libro, publicado en 1974, reproducía ideas decimonónicas que habían sido consolidadas por el PPD en la década de 1940, entre las que destacaba la noción de Puerto Rico como la mezcla de tres razas: la indígena, la africana y la española. Barceló, sin embargo, añadió también la influencia estadounidense. El libro declara que los puertorriqueños están orgullosos de su herencia. Por ello, Barceló argumentó: «¡Nuestro idioma y nuestra cultura no son negociables!».[31]

En esos discursos, sin duda, se aprecia la influencia de los movimientos por los derechos civiles en Estados Unidos, así como por situaciones locales en Puerto Rico. Pero no significaban que el PNP se hubiera convertido en una institución políticamente radical. Los estudiosos puertorriqueños Rafael Bernabe y César Ayala han señalado: «Como partido comprometido con la conservación de las relaciones económicas y de propiedad existentes en un periodo de austeridad, el PNP no pudo hacer más que volverse contra las luchas obreras, estudiantiles, comunitarias y del pueblo pobre».[32] Incluso cuando Romero Barceló declaró públicamente que la estadidad favorecía a los pobres, su gobierno desató una violencia estatal extrema contra estudiantes, rescatadores de tierras y activistas independentistas.

Romero Barceló perdió su tercera reelección en 1984 frente a Rafael Hernández Colón, del PPD. Tras haber gobernado entre 1973 y 1977, Hernández Colón ocupaba el cargo por segunda vez. Mantuvo el énfasis de su partido en las dimensiones culturales de la nación puertorriqueña para conservar la ambigüedad del estatus jurídico del Estado Libre Asociado. Esto implicaba reforzar el legado hispano de la tríada racial y cultural del mito de la Gran Familia Puertorriqueña.

En 1987, Hernández Colón recibió al Rey Juan Carlos I y a la Reina Sofía en la Fortaleza.[33] Un chiste de la época decía que había encargado un inodoro de oro para los monarcas. Para conmemorar el quinto centenario de la colonización de las Américas, su administración organizó una serie de actos de alto nivel. En 1991, el gobierno puertorriqueño dio la bienvenida a las réplicas de la Pinta, la Niña y la Santa María, las tres naves que usaron Cristóbal Colón y los hermanos Pinzón en su primer viaje a América, y patrocinó multitudinarios actos culturales y artísticos en «honor» de la colonización. Al año siguiente, en 1992, Puerto Rico participó en la organización de la Gran Regata Colón '92, una regata a través del Atlántico en la que participaron más de 250 pequeñas embarcaciones.[34]

En 1991, y en medio del fervor festivo, el gobierno de Hernández Colón consiguió aprobar una ley que convertía el español en la lengua oficial del país. Como símbolo de gratitud por mantener su legado hispánico, Hernández Colón recibió el prestigioso Premio Príncipe de Asturias de España.[35] La ley fue derogada al año siguiente, cuando Pedro Rosselló, del PNP, ganó las elecciones. Su administración continuó promoviendo a Puerto Rico como una «nación» cultural, más que política. Aunque las ideas neoliberales circulaban en Puerto Rico desde la década de 1980, la elección de Rosselló marcó el comienzo de una nueva era en la historia de Puerto Rico: la era de la gobernanza punitiva y neoliberal.

La era de Rosselló I

Pedro Rosselló ganó las elecciones de 1992 con el 49% de los votos. En un país asolado por los problemas económicos, la criminalidad rampante y la corrupción política, la gente se sintió atraída por una cara nueva. Rosselló era joven, enérgico y encantador. Mi abuela, que entonces tenía cincuenta y dos años, bromeaba diciendo que iba a mudarse con su novio a la Fortaleza en cuanto tomara posesión. Rosselló no era un político tradicional: era también un miembro respetado en la comunidad médica y tenía un historial político limpio.[36]

La victoria sin precedentes del PNP se complementó con la obtención de la mayoría en la asamblea legislativa y las alcaldías de 53 de los 78 municipios.[37] El exalcalde y exgobernador Carlos Romero Barceló fue electo Comisionado Residente en Washington D.C. Una de las estrategias publicitarias de la primera campaña de Rosselló fue restarle importancia al estatus político de Puerto Rico y centrarse en los problemas sociales que afectaban a distintos sectores de la sociedad. Esto provocó tensiones dentro del PNP y Romero Barceló —entonces un miembro prominente del partido— lo criticó públicamente por no enfocar su programa en la anexión de Puerto Rico.[38]

En vista de los resultados de las elecciones, el PNP estaba seguro de que saldría victorioso en el plebiscito sobre el estatus de 1994. Para su sorpresa, el Estado Libre Asociado ganó con el 48% de los votos.[39] Los resultados demostraron que gente que no apoyaba necesariamente la estadidad había votado por Rosselló. Pero la cuestión del estatus político de Puerto Rico no fue el único foco de atención de la administración de Rosselló.

En 1993, Rosselló nombró a Pedro Toledo superintendente de la Policía de Puerto Rico. Toledo venía del FBI, donde era el segundo al mando de la organización en Puerto Rico. Siguiendo la política del gobierno de Hernández Colón hacia la delincuencia, Toledo hizo de la Mano Dura Contra el Crimen una pieza central del gobierno de Rosselló. En lugar de abordar la delincuencia desde una postura holística que buscara cambiar las condiciones sociales que la producían, el gobierno de Rosselló militarizó la lucha contra la delincuencia.[40]

En febrero de 1993, Rosselló pronunció un discurso público en el que declaró la guerra a la delincuencia. Activó la Guardia Nacional estadounidense para apoyar a la policía en el control de los delitos relacionados con las drogas.[41] Esto supuso la ocupación física de caseríos. Los caseríos se crearon a mediados del siglo XX como respuesta a la crisis de vivienda. El gobierno construyó esas estructuras junto a enclaves de clase media para fomentar la integración social. Con el tiempo, sin embargo, los residentes de los caseríos —en su mayoría puertorriqueños negros y no-blancos— fueron estigmatizados como peligrosos y vulgares y problemáticos.[42] Adiós al mito de la armonía racial del nacionalismo cultural. Las clases medias vecinas comenzaron a cerrar sus comunidades mientras el gobierno condenaba a las poblaciones de los caseríos al ostracismo. Tales condiciones propiciaron la creación de grandes imperios de la droga que conectaron a unos caseríos y enfrentaron a otros.[43]

El gobierno de Rosselló exhibió su política contra la delincuencia durante la primera operación de Mano Dura Contra el Crimen. El 5 de junio de 1993, el ruido de los helicópteros despertó a los residentes de Villa España. Una operación militar a gran escala ocupó el proyecto de 500 viviendas. Como ha señalado la académica Petra Rivera-Rideau, aquella fue «la primera de setenta y cuatro redadas que hicieron la Guardia Nacional y la Policía de Puerto Rico en el transcurso de tres años».[44] Las redadas y la ocupación de caseríos continuaron hasta 1999.[45]

La política de Mano Dura pretendía controlar, contener y eliminar la delincuencia utilizando la fuerza militarizada. De hecho, la política criminalizaba la pobreza y trataba a los residentes de los caseríos como delincuentes. Mientras tanto, el gobierno de Rosselló se afanaba en implantar su programa económico. A tono con las tendencias económicas mundiales, la administración trató de reducir el gobierno de Puerto Rico mediante la privatización. La primera prueba de Rosselló del nuevo modelo fue el anuncio de la legislación conocida como Reforma de Salud, que privatizaría el sistema de salud mediante la subasta de servicios de salud a empresas privadas. El gobierno pagaría una cantidad por cada paciente. Para gestionar el nuevo programa, el gobierno creó una agencia, la Administración de Seguros de Salud de Puerto Rico. Durante su segundo mandato, el gobierno de Rosselló también privatizó siete de los principales hospitales públicos del archipiélago.[46]

Rosselló continuó con la estrategia del PNP de apelar a las masas al tiempo que impulsaba una agenda neoliberal: neoliberalismo con rostro populista. Por ejemplo, las «tarjetitas» de Rosselló —una referencia a la tarjeta de seguro médico que muchos puertorriqueños tenían por primera vez— se presentaron como opciones para democratizar el acceso a los planes médicos. En la práctica, sin embargo, la reforma creó jerarquías entre quienes podían permitirse un seguro médico privado y quienes tenían la «tarjetita» del gobierno. Debido a las complicaciones burocráticas, muchos médicos y doctores alegaron que no recibían los pagos a tiempo y, por tanto, se negaron a aceptar pacientes del plan gubernamental.[47]

No obstante, Rosselló ganó su segundo mandato sin dificultad. En las elecciones de 1996, fue electo con el mayor margen de la historia electoral del país.[48] Dos años después, el partido organizó otro plebiscito en el que la estadidad volvió a ser derrotada.[49] Aunque la política de Mano Dura y la privatización del sistema de salud fueron consideradas éxitos moderados por los puertorriqueños, la administración de Rosselló estuvo plagada de escándalos y corrupción. Más de ochenta funcionarios del gobierno de Rosselló o allegados a él fueron acusados, convictos o encarcelados por cargos de corrupción.[50] En los años siguientes, *El Nuevo Día,* el principal periódico del país, publicaría un editorial en el que sostenía que las administraciones de Rosselló habían sido «el periodo más corrupto de la historia de Puerto Rico. En 100 años no había habido un Gobierno tan corrupto como el de Pedro Rosselló».[51]

La popularidad de Rosselló comenzó a decaer. Y cayó aún más cuando anunció sus planes de privatizar la Puerto Rico Telephone Company (PRTC), conocida como la Telefónica. El gobernador anterior, Rafael Hernández Colón, también había intentado privatizar la PRTC, pero el descontento generalizado detuvo el proceso. El 18 de junio de 1997, los trabajadores de la Telefónica se declararon en huelga con el apoyo masivo de distintos sectores de la sociedad. Bajo el lema «Puerto Rico no se vende», se realizaron protestas en San Juan y en todo el archipiélago. Algunas se volvieron violentas. En los medios de comunicación nacionales circularon imágenes de manifestantes ensangrentados, heridos por la policía. También hubo una huelga general en la que miles de personas salieron a la calle para exigir que se detuviera el proceso de privatización. Finalmente, la huelga terminó el 21 de julio de 1997 con un movimiento obrero debilitado y la privatización oficial del PRTC.[52]

Dos años después de las protestas contra la privatización, otro movimiento captó la atención de la nación. Esta vez se originó en la isla municipio de Vieques. Las dos islas municipio de Puerto Rico, Vieques y Culebra, habían sido utilizadas como campos de entrenamiento por la Marina estadounidense durante décadas. Sin embargo, no faltaron las protestas. En la década de 1970, un esfuerzo popular liderado por los pescadores expulsó la Marina de Culebra. Durante ese mismo periodo, los pescadores también lideraron la lucha contra la Marina estadounidense en Vieques. Pero no fue hasta 1999 cuando las enormes movilizaciones nacionales empezaron a reproducir y amplificar las demandas de Vieques.

Durante décadas, los residentes de Vieques se habían quejado de la ocupación de la isla por la Marina estadounidense en las zonas donde cultivaban o pescaban. La ocupación también ponía en peligro sus vidas. Un estudio preparado para el Secretario de la Marina señalaba que Estados Unidos bombardeaba Vieques aproximadamente 180 días al año como parte de sus ejercicios. En 1998, lanzaron 23.000 bombas —17.000 de ellas con munición real— o un promedio de ochenta bombas al día.[53] La historiadora Marie Cruz Soto señala que «Vieques es una comunidad de 9.000 habitantes con medios de transporte limitados y poco fiables a las islas cercanas». A falta de un hospital en la isla, «en las últimas décadas la comunidad ha sufrido tasas de morbilidad y mortalidad superiores a las del resto del archipiélago. La pobreza también está muy extendida».[54] Los índices de cáncer, que algunos atribuyen a la contaminación de la Marina estadounidense, son superiores a los del resto del archipiélago puertorriqueño.[55]

El 19 de abril de 1999, un avión de la Marina estadounidense lanzó una bomba equivocadamente y acabó con la vida del guardia civil David Sanes. La protesta pública fue inmediata. Cientos de manifestantes irrumpieron y acamparon en terrenos controlados por la Marina. Personalidades nacionales e internacionales se unieron a la causa y pidieron al gobierno de Estados Unidos la retirada inmediata de la Marina de Vieques. El 21 de febrero de 2000, cerca de 150.000 personas salieron a la calle a exigir una salida inmediata. Fue la mayor marcha registrada en la historia de Puerto Rico hasta ese momento. La lucha continuó hasta 2003, cuando la Marina abandonó oficialmente la isla.[56]

Los movimientos sociales proliferaron a finales del siglo XX, pero el gobierno continuó con su enfoque de Mano Dura incluso después de que Rosselló abandonara el poder. La gobernanza punitiva, como ha demostrado la académica Marisol LeBrón, continuó ininterrumpidamente y se convirtió en parte integral de las administraciones políticas posteriores. El FBI también mantuvo su enfoque punitivo hacia el movimiento independentista.[57]

El 23 de septiembre de 2005, miles de puertorriqueños celebraban el Grito de Lares. Filiberto Ojeda Ríos, líder de los Macheteros, envió un mensaje grabado desde la clandestinidad. Llevaba décadas viviendo clandestinamente, eludiendo a las autoridades locales y federales. Mientras los independentistas escuchaban su voz a través de los altavoces, el FBI, en colaboración con la administración del gobernador Aníbal Acevedo Vilá, allanó la casa de Filiberto en el pueblo de Hormigueros, al oeste de la isla, donde vivía con su compañera de vida, Elma Beatriz Rosado Barbosa. El operativo del FBI llevaba días vigilando la propiedad. A las 16:28, los agentes empezaron a disparar contra la casa. Temiendo por su vida, Filiberto respondió. En el tiroteo, una bala le perforó un pulmón. Aunque podrían haberlo capturado vivo, lo dejaron desangrarse hasta morir.[58]

El asesinato de Filiberto Ojeda Ríos fue un poderoso recordatorio de cómo el FBI había operado en Puerto Rico durante décadas. Miles de personas asistieron a su velorio en el Ateneo Puertorriqueño y el Colegio de Abogados de Puerto Rico. Mientras transportaban sus restos a su ciudad natal de Naguabo, puertorriqueños de distintas orientaciones políticas se apostaron a un lado de la carretera para dar el último adiós al comandante.[59]

CAPÍTULO 12

PROMESAS ROTAS Y RESISTENCIA CONSTANTE

A principios del siglo XXI, Puerto Rico estaba atrapado en un reloj de arena y la arena se estaba agotando rápidamente. Durante décadas, la economía del archipiélago había dependido de las inversiones extranjeras. Atraer a empresas estadounidenses había sido el sello distintivo de la Operación Manos a la Obra de mediados del siglo XX. Cuando el llamado milagro económico llegó a su fin, la Sección 936 del Código de Rentas Internas convirtió a Puerto Rico en un paraíso fiscal. En 1996, sin embargo, el Congreso de Estados Unidos comenzó a eliminar poco a poco la Sección 936. Treinta años después, terminaría oficialmente el 30 de abril de 2006.

Tras la salida del gobernador Pedro Rosselló, dos gobernadores del PPD —Sila María Calderón (2001-2005) y Aníbal Acevedo Vilá (2005-2009)— continuaron las políticas neoliberales promulgadas en la década de 1990. No se puso en marcha ningún plan para la terminación de la Sección 936 ni se tomaron decisiones sobre cómo abordar la inevitable fuga de empresas que le sucedería. Para el movimiento a favor de la estadidad, la aprobación de la Sección 936 había sido una victoria que igualaba a Puerto Rico con los estados de la unión. Bill Clinton se presentó como el hombre fuerte capaz de cerrar esa «brecha fiscal». Para Puerto Rico, sin embargo, la falta de un plan económico coherente tras la terminación de la Sección 936 supuso un desastre fiscal. Más del 40% de las empresas que se habían beneficiado de dicha exención fiscal local abandonaron la isla después de 2006, lo que supuso la pérdida de 67.800 empleos entre 2009 y 2015.[1]

Llegó el 30 de abril de 2006 y la Asamblea Legislativa de Puerto Rico estaba en un tranque. Sus miembros no pudieron ponerse de acuerdo sobre el presupuesto fiscal de Puerto Rico cuando finalmente expiró la Sección 936. Al día siguiente, el 1 de mayo de 2006, el gobierno de Puerto Rico cerró oficialmente durante dos semanas. 95.762 empleados fueron suspendidos y 1.600 empleados públicos fueron despedidos temporalmente.[2] Más allá del impacto inmediato, el fin de la Sección 936 marcó el comienzo de una recesión económica que asoló a Puerto Rico durante las décadas siguientes. También confirmó lo que todo el mundo sabía y temía: el colapso fiscal de Puerto Rico no fue un acontecimiento a largo plazo sobre el que se podía teorizar. Ya estaba ocurriendo.

Mientras los puertorriqueños contemplaban atónitos el desenlace de la crisis, otros salían a la calle para protestar. El 1 de mayo, Día Internacional de los Trabajadores, se celebraba en Puerto Rico desde 1899, el año siguiente de la ocupación estadounidense. El acontecimiento siguió conmemorándose con manifestaciones públicas, acciones militantes y eventos culturales a lo largo de los siglos XX y XXI.[3]

El 1 de mayo de 2006, sindicatos y organizaciones radicales marcharon por la Milla de Oro, el distrito financiero de Puerto Rico. Miles de personas protestaron por la grave situación fiscal y social que parecía descontrolarse. Entre la multitud, un grupo de trabajadores, estudiantes, músicos y artistas lanzaron un nuevo proyecto teatral, Papel Machete. Uno de sus miembros, Jorge Díaz Ortiz, señaló que eran un programa artístico educativo de base comunitaria que agitaba la lucha social. «Mediante el uso del papel maché como medio», explicó Díaz Ortiz, «exploramos una amplia gama de formas y estilos artísticos... Actuamos en comunidades, teatros, calles y protestas utilizando marionetas, máscaras, objetos y música para denunciar la explotación, construir solidaridad y agitar a la gente para llevarla a la acción en las luchas de las comunidades de primera línea de la clase trabajadora».[4]

El colectivo Papel Machete utilizó el teatro callejero para educar a la gente. También creó las marionetas gigantes que se alzarían en las protestas multitudinarias que empezaron a tener lugar en Puerto Rico. El

IMAGEN 12.1. Afiche promocional de Ninguno. Cortesía de Papel Machete y AgitArte.

colectivo formaba parte de una cultura de resistencia más amplia que proliferó y se expandió a medida que se agravaba la crisis fiscal. En vísperas de las elecciones de 2008, Papel Machete lanzó su propio candidato político a la gobernación, «Ninguno». Su lema era: «Todos prometen. ¡Ninguno cumple!». Armada con una cabeza de papel maché y acompañada de la oferta cultural de Papel Machete, la campaña de Ninguno recorrió barrios obreros de todo el archipiélago.[5]

Sin embargo, las elecciones de 2008 dejaron intacta la tradición bipartidista del archipiélago. El Gobernador Acevedo Vilá se presentó a un segundo mandato. Durante su campaña, Acevedo Vilá fue acusado de veinticuatro cargos federales de corrupción.[6] No sorprendió a nadie que su contendiente del PNP, el Comisionado Residente de Puerto Rico en Washington, Luis G. Fortuño, ganara la candidatura por el mayor margen de la historia electoral del país: 224.894 votos. Era el momento de «la medicina amarga» para Puerto Rico, como se referiría Fortuño a su programa económico.[7]

La medicina amarga de Fortuño

Luis G. Fortuño se presentó como una figura paternal. Lo presentaron como el adulto responsable que arreglaría los problemas de Puerto Rico. En cuanto a la economía, tomó prestados argumentos de otros políticos latinoamericanos que abrazaron políticas neoliberales: Puerto Rico necesitaba una dosis de medicina amarga.[8] Poco después de asumir el cargo, organizó el Consejo Asesor de Reconstrucción Económica y Fiscal (CAREF), compuesto por banqueros y hombres de negocios; un grupo de élite que operó como administrador colonial de Puerto Rico.[9]

Como era de esperar, CAREF recomendó un paquete de austeridad, que incluía despidos en masa, la congelación de los convenios colectivos y la eliminación de otros derechos de los trabajadores. Los economistas estadounidenses se habían quejado a menudo de las protecciones laborales de que gozaban los trabajadores puertorriqueños. Basándose en esas recomendaciones, el Gobernador Fortuño firmó una ley de emergencia fiscal, conocida popularmente como la la Ley Pública 7 o Ley 7, a la que siguió el despido de 17.000 empleados públicos. El sector público era el mayor empleador del archipiélago; la Ley 7 devastó sus filas. Siguiendo el espíritu neoliberal de Rosselló, Fortuño intentó reducir el gobierno mediante privatizaciones y despidos.[10]

Tras las elecciones de 2008, el PNP dominaba el poder ejecutivo, el legislativo, la mayoría de los municipios e incluso el Tribunal Supremo.

La Ley 7 se firmó sin impugnación. Fortuño también desplazó al PNP hacia la derecha, alineándose con las facciones más conservadoras del Partido Republicano estadounidense. Durante su administración, Puerto Rico acumuló una deuda de casi 11.000 millones de dólares.[11] Si la era de Pedro Rosselló es conocida por consolidar una gobernanza punitiva, Fortuño perfeccionó el arte de gobernar mediante la austeridad.

Incluso antes de que entrara en vigor la Ley 7, el desempleo había alcanzado el 16,1%. La criminalidad creció en consecuencia. Las disputas entre los narcotraficantes se intensificaron y la gente quedó atrapada en el fuego cruzado, tanto en sentido figurado como literal. En lugar de tratar la drogadicción como un problema médico, el gobierno continuó con su respuesta punitiva. El número de personas sin hogar alcanzó la asombrosa cifra del 35,1% en 2009. Como había ocurrido en el pasado, muchos puertorriqueños emigraron a Estados Unidos en busca de mejores condiciones de vida. De 2004 a 2010, más de 176.000 personas abandonaron el archipiélago en busca de empleo.[12]

Los medios de comunicación estadounidenses han calificado de «milagros» varios procesos económicos en Puerto Rico, sugiriendo que debe haber algo verdaderamente divino en Puerto Rico. En los círculos conservadores estadounidenses, las políticas de Fortuño se consideraron un «milagro» y «un regalo del cielo para el Partido Republicano». Su amarga medicina consistió en medidas de austeridad que agravaron una crisis social ya de por sí frágil y fueron de la mano de un empeoramiento de la situación fiscal. Como señaló el economista puertorriqueño José Alameda, la medicina de Fortuño «fue tan amarga que mató al paciente. La reducción en el gasto y en el empleo público y la incapacidad de las alianzas público privadas para crear inversión privada hicieron la medicina aún más amarga».[13] En lugar de reactivarse, la economía se contrajo del -1,2% en 2007 al -3,8% en 2010.[14] Los afectados por sus medidas salieron a la calle para expresar su descontento y plantear sus reivindicaciones.

Tres años después de las protestas contra la respuesta gubernamental al fin de la Sección 936, el Primero de Mayo volvió a convertirse en escenario de resistencia. El movimiento sindical aprovechó las celebraciones del Primero de Mayo de 2009 para condenar públicamente la

Ley 7 como un ataque directo a los derechos obtenidos tras décadas de lucha. Pronto se sintió un ambiente de protesta en todo Puerto Rico. Los muros urbanos se adornaron con grafitis y afiches, se produjeron protestas pequeñas y esporádicas en distintos puntos del archipiélago, y algunos activistas llevaron a cabo actos de desobediencia civil. Quizás la acción más icónica fue cuando Roberto García Díaz, un empleado despedido, lanzó un huevo al Gobernador Fortuño durante una rueda de prensa. García Díaz llegó a ser conocido en los círculos culturales y políticos como el «tipo común». No era raro que las pancartas y carteles de protesta mostraran dibujos o mensajes alusivos al incidente.[15]

El 15 de octubre, 100.000 personas se unieron bajo el lema «Todo Puerto Rico por Puerto Rico» para exigir que se suavizaran las medidas más estrictas de la Ley 7.[16] Los manifestantes marcharon desde ocho puntos diferentes de la zona urbana de San Juan y convergieron frente a Plaza las Américas, el mayor centro comercial del Caribe y un poderoso símbolo del consumismo. También es el lugar donde Luis Muñoz Marín pronunció su famoso discurso tras regresar del exilio en 1972. Según la académica puertorriqueña Arlene Dávila, «La elección de Plaza las Américas como punto de encuentro puso de manifiesto un dilema clave del neoliberalismo: que si no hay trabajo, no se puede comprar».[17]

La multitudinaria manifestación se reuniría frente a Plaza las Américas y concluiría tras una serie de discursos de varios miembros de distintas organizaciones sociales y activistas. Pero la gente estaba enfadada y desesperada, y la protesta no se limitó a condenar la Ley Pública 7. Los estudiantes universitarios prometieron desafiar al gobierno de Fortuño si procedía a recortar el ya de por sí precario presupuesto de la Universidad de Puerto Rico. Un grupo de estudiantes y miembros de organizaciones radicales ocuparon la PR-52, una de las autopistas principales de San Juan.[18]

Los manifestantes se enfrentaron primero a los conductores que exigían pasar. Les explicaron que necesitaban detener el tráfico para reconstruir a Puerto Rico. Al cabo de unas horas, la policía y los organizadores de la marcha intentaron convencer a los manifestantes de que abandonaran la autopista. Pero los manifestantes empezaron a quemar ruedas y construir barricadas improvisadas para protegerse de la fuerza policial, altamente militarizada, que se hacía cada vez más visible. Cuando parecía que un enfrentamiento violento era inevitable, llegó a la escena Rafael Cancel Miranda, antiguo preso político que había participado en el atentado contra el Congreso estadounidense en 1954. Estaba en su casa cuando vio las imágenes de la ocupación en las noticias locales. Cancel Miranda intentó disuadir a los manifestantes de continuar su enfrentamiento con la policía. Argumentó que iba a ser un baño de sangre. Si los estudiantes y manifestantes hubieran tenido armas, se habría unido a ellos para luchar contra la policía. Pero no era así. Los policías eran más y estaban mejor armados. Como militante de toda la vida, Cancel Miaranda tocó la fibra sensible de los manifestantes. Organizaron una asamblea improvisada en la autopista ocupada y decidieron democráticamente marchar de vuelta a la Universidad de Puerto Rico. Las manifestaciones del 15 de octubre fueron el preludio de una huelga universitaria a gran escala que tuvo lugar apenas seis meses después.[19]

Para evaluar la situación nacional y su impacto en la Universidad, el Consejo General de Estudiantes de la UPR del Recinto de Río Piedras creó Comités de Acción en las facultades: Humanidades, Ciencias Sociales, Ciencias Naturales, Educación y la Escuela de Derecho. Esos comités de acción organizaron una serie de protestas y huelgas de corta duración. En el proceso, prepararon el terreno para una huelga en todo el sistema. Cuando la UPR anunció que pretendía eliminar las exenciones de matrícula e imponer una cuota de 800 dólares para hacer frente a las medidas de austeridad del gobierno, los estudiantes convocaron una Asamblea General el 13 de abril de 2010. Decretaron un paro de cuarenta y ocho horas que se convirtió en una huelga a gran escala y cerró diez de los once recintos de la UPR.[20]

La huelga de la UPR se desarrolló en dos fases. Una consistió en la ocupación estudiantil de los recintos durante más de dos meses, de abril a junio de 2010. Lograron sus objetivos: la administración congeló la propuesta de eliminar las exenciones matrícula y la cuota de 800 dólares. La segunda fase se desarrolló el semestre siguiente, cuando la UPR intentó volver a implantar la cuota, y los estudiantes respondieron con otra huelga en la primavera de 2011. Mientras que los estudiantes ocuparon los recintos durante la fase inicial de la huelga, en la segunda fase, la policía y la administración universitaria reaccionaron arrancando los portones de la universidad e invitando a la Policía de Puerto Rico a entrar en el recinto, algo que no ocurría desde las huelgas de las décadas de 1970 y 1980.

Entre 2010 y 2011, los estudiantes de la UPR estuvieron en huelga intermitente por casi un año académico completo, redefiniendo así la forma de protestar en Puerto Rico. Durante la ocupación de los recintos, los estudiantes crearon formas horizontales de organización. También plantaron huertos comunales para alimentarse, organizaron actos culturales e incluso crearon una emisora de radio pirata, Radio Huelga, que transmitía fuera de los portones de la universidad. En lugar de seguir los modos tradicionales de protesta, los estudiantes recurrieron a la acción directa, las asambleas democráticas y las ocupaciones. Este proceso radicalizó a una generación de activistas que se sintieron empoderados creando arte callejero, construyendo barricadas y forjando amistades para toda la vida. Estas experiencias también sirvieron de catalizador para muchos que continuaron su activismo de base después de graduarse. Otros perfeccionaron sus habilidades políticas y después ocuparon cargos en el gobierno.

Espiral de la muerte

Cuando Fortuño anunció su candidatura a la reelección, era evidente que la mayoría de los puertorriqueños estaban descontentos con su política económica. Sin un programa político claro ni un plan fiscal, el candidato del PPD, Alejandro García Padilla, se apoyó en ese descontento para aglutinar votos de «castigo» al PNP y a Fortuño por sus acciones. García Padilla ganó las elecciones de 2012. Pero no se desvió de las medidas de privatización que fueron parte integral de la administración Fortuño.

De hecho, una de las primeras medidas de García Padilla fue privatizar el aeropuerto Luis Muñoz Marín. Aunque la noticia fue recibida con una oleada de protestas sociales, el proceso de privatización continuó y se consolidó en 2013.[21] Para hacer frente a la situación fiscal del archipiélago, la administración del gobernador García Padilla aprobó con éxito la Ley 66. Aunque no dependía del despido de empleados públicos, sí obstaculizaba el poder de negociación de sindicatos y empleados del sector privado. La ley congelaba los salarios y eliminaba los aumentos negociados previamente. También reducía los beneficios de los empleados públicos, incluidas vacaciones, ascensos y bonos.[22]

En febrero de 2014, la agencia de calificación crediticia Standard & Poor's rebajó los bonos de Puerto Rico a la categoría de «chatarra». La mayoría de los propietarios de estos bonos permanecen en el anonimato a pesar de las exigencias de transparencia de los periodistas, la sociedad civil y el gobierno de Puerto Rico. En lugar de ahuyentar a los inversores, un mes después de que se rebajara la calificación crediticia de Puerto Rico, se vendió un total de 3.400 millones de dólares en nuevos bonos, principalmente a fondos de cobertura. El atractivo de los bonos de Puerto Rico para los fondos de cobertura se remonta a los primeros tiempos del colonialismo estadounidense. La Ley Jones-Shafroth de 1917 no solo concedió la ciudadanía estadounidense a los puertorriqueños, sino que también hizo que los bonos emitidos por el gobierno de Puerto Rico estuvieran exentos de impuestos por partida triple, es decir, que no pagaran contribuciones municipales, estatales ni federales. La constitución puertorriqueña de 1952 hizo del reembolso de la deuda pública una prioridad por encima de la financiación de los servicios públicos. Décadas después, en 1984, el Congreso de Estados Unidos excluyó explícitamente a Puerto Rico del Capítulo 9 del Código de Quiebras de Estados Unidos, obstaculizando así cualquier posibilidad de refinanciar su deuda. Esto significaba que a medida que los bonos de Puerto Rico se degradaban a la categoría de chatarra y su valor caía en picado, los fondos buitre los compraban sabiendo que Puerto Rico se vería obligado a devolverlos.[23]

La situación fiscal desencadenó una serie de conversaciones difíciles sobre Puerto Rico y su condición colonial. Los principales medios de comunicación señalaron que iba a ser la mayor quiebra de la historia de Estados Unidos. Al igual que otros estados, Puerto Rico no podía acogerse a las exenciones por quiebra. Sin embargo, a diferencia de esos estados, las corporaciones o municipios puertorriqueños no podían declararse en quiebra. Pero no siempre fue así. A Puerto Rico se le revocó misteriosamente ese derecho a principios de la década de 1980. En 2014, la deuda había alcanzado niveles sin precedentes. El Estado Libre Asociado debía 72.000 millones a los bonistas y otros 42.000 millones a las pensiones. La situación económica no hizo sino agravar los problemas sociales, creando una crisis humanitaria. En ese momento, el ingreso familiar promedio era de 19.518 dólares, un tercio del de Estados Unidos. Alrededor del 46% de la población vivía por debajo del nivel federal de pobreza, y el 57% de los niños vivía en la pobreza.[24]

El 29 de junio de 2015, el gobernador García Padilla dirigió un mensaje nacional al pueblo de Puerto Rico. Según el periodista Ed Morales, el discurso de García Padilla fue quizás el segundo mensaje más importante pronunciado por un funcionario público puertorriqueño desde la proclamación del Estado Libre Asociado por Luis Muñoz Marín en 1952. García Padilla dijo lo que todo el mundo ya sabía. La deuda era impagable. Puerto Rico no tenía acceso a un tribunal de quiebras ni a instituciones financieras internacionales como el Fondo Monetario Internacional o el Banco Mundial. Describiendo la situación como una espiral mortal, García Padílla declaró que el gobierno puertorriqueño no podía seguir pagando la deuda.[25]

La noticia de la situación de Puerto Rico se extendió y Washington la abordó al año siguiente. Un rescate financiero estaba descartado, más aún en un año electoral. En lugar de proponer una auditoría para explorar cómo se originó la deuda y verificar también su legalidad —muchos activistas y profesionales señalaron que la mayor parte de la deuda pudo haberse acumulado de forma ilegal—, la administración de Obama optó por crear una Junta de Supervisión y Administración Financiera para Puerto Rico.

En un ambiente tenso de negociaciones entre republicanos y demócratas, algunas personalidades de alto nivel utilizaron sus plataformas para presionar a favor del proyecto de ley. El dramaturgo Lin Manuel Miranda, cuya familia forma parte del establishment demócrata neoyorquino, rapeó en el Show de John Oliver sobre la necesidad de ayudar a Puerto Rico, ofreciendo incluso a los demócratas entradas para su premiado espectáculo de Broadway, *Hamilton*.[26] El 30 de junio de 2016, el presidente Barack Obama firmó la ley PROMESA. Según el teórico político Francisco Fortuño Bernier, PROMESA fue «un proyecto de ley concebido por los republicanos que obtuvo el apoyo de Hillary Clinton y la firma de Barack Obama, cualquier viso de autonomía en Puerto Rico ha sido despojado de la relación de la isla con Estados Unidos y el capital financiero: Puerto Rico ha pasado del colonialismo autogestionado inaugurado por el Estado Libre Asociado en 1952 a un colonialismo directo reconstruido y articulado de forma específicamente neoliberal».[27]

La firma del proyecto de ley PROMESA tuvo lugar apenas unas semanas después de que el Tribunal Supremo ratificara una vez más el estatus colonial de Puerto Rico en el caso *Puerto Rico vs. Sánchez Valle*. El caso tuvo lugar después de que dos individuos, Luis M. Sánchez y Gómez Vázquez, fueran procesados por cargos de posesión de armas tanto en tribunales federales como locales. Aunque se declararon culpables a nivel federal, alegaron que no podían ser juzgados en los tribunales locales. El caso llegó hasta el Tribunal Supremo, que acabó dándoles la razón por 6 votos a 2. Al no permitir que los tribunales puertorriqueños litigaran el caso por separado, la decisión echó por tierra cualquier ilusión de soberanía en Puerto Rico.[28]

La Ley PROMESA creó la Junta de Supervisión y Administración Financiera para Puerto Rico. Compuesta por siete miembros no electos nombrados directamente por el Presidente de Estados Unidos, la Junta también cuenta con cinco funcionarios no electos. Conocida coloquialmente por los puertorriqueños como La Junta, su objetivo es garantizar el pago de la deuda del Estado Libre Asociado y proporcionar un plan fiscal «que provea un método para alcanzar la responsabilidad fiscal y el acceso a los mercados de capital», según establece el Título I del proyecto de ley.[29] Para llevar a cabo sus actividades, la Junta recibió amplios poderes y puede operar con independencia de los poderes legislativo o ejecutivo de Puerto Rico.

Dado su mandato, la Junta no llegó a Puerto Rico para buscar un equilibrio entre las necesidades sociales y fiscales de la isla. Propuso una serie de medidas de austeridad que afectaron a todos los sectores de la sociedad puertorriqueña. Los presupuestos fiscales aprobados por la Junta recortaron drásticamente los fondos destinados a los servicios públicos.

El Departamento de Salud, por ejemplo, recibió un recorte enorme en un momento en que el país se enfrentaba a una infraestructura hospitalaria deficiente y a una epidemia sanitaria a causa de la propagación del Zika, el Chikungunya y el Dengue, todos vinculados al mosquito *Aedes aegypti*. Esto ocurrió a la vez que un gran número de médicos y enfermeras abandonaban la isla en masa buscando mejores oportunidades laborales en Estados Unidos.[30] Como señala la académica feminista Marisol LeBrón, «la crisis de la deuda, por supuesto, no creó todos estos problemas, pero los ha profundizado».[31]

Al tiempo que la Junta proponía recortes presupuestarios, se intensificaban las protestas. Cuando la Junta organizó su Primera Conferencia PROMESA en agosto de 2016, decenas de manifestantes y activistas de diferentes organizaciones se unieron para impedir el acceso al hotel Condado Plaza donde se realizaría el evento. Algunos activistas llegaron a las cinco de la mañana. Durante horas, la policía intentó dispersar a la multitud empleando la fuerza y gas pimienta. A medida que el pueblo veía lo que ocurría en la televisión, aparecían más manifestantes. El éxito de la protesta fue tal que los asistentes a la conferencia tuvieron que ser escoltados hasta el hotel, ubicado en la playa, porque los manifestantes habían bloqueado todas las entradas principales.[32]

La Junta comenzó a trabajar justo cuando se celebraba otro ciclo electoral. Ricardo Rosselló, hijo del exgobernador Pedro Rosselló, ganó la gobernación por el PNP en 2016. Ganó en las urnas con solo el 42% de los votos, la cifra más baja de la historia electoral de Puerto Rico hasta entonces. Ricky Rosselló, como se le conocía coloquialmente, se licenció en el Massachusetts Institute of Technology (MIT) y se doctoró en ingeniería biomédica en la Universidad de Michigan. Es el segundo gobernador electo más joven. En 2014, la escritora boliviana Lupe Andrade lo acusó de plagiar uno de sus conceptos para una columna periodística.[33] Pasó algún tiempo como Catedrático Auxiliar en la Universidad Ana G. Méndez, vinculada al PNP, y más tarde en la Escuela de Medicina de la UPR. Algunas personas cuestionaron sus credenciales y denunciaron favoritismo.[34]

Siguiendo los pasos de sus predecesores, la primera orden ejecutiva de Ricardo Rosselló fue declarar la emergencia fiscal en Puerto Rico, lo que permitió al gobierno promover y aprobar leyes impopulares. El movimiento obrero se convirtió en objetivo tanto de la Junta como de la administración de Ricardo Rosselló. Un artículo publicado en *The Economist* en abril de 2018 señala que «los puertorriqueños disfrutan de las protecciones más generosas de cualquier trabajador estadounidense, incluidas las vacaciones obligatorias y la indemnización por despido». Lo que el artículo no menciona es que los trabajadores puertorriqueños cobran un tercio de lo que ganan los estadounidenses. La Junta se hizo eco de los sentimientos contra el movimiento obrero cuando declaró que los beneficios de los puertorriqueños eran «muy superiores a los exigidos por cualquier estado continental».[35]

El 5 de febrero de 2018, la Junta envió una carta a Rosselló haciendo hincapié en la necesidad de compensar los costos laborales porque dichos costos hacían que Puerto Rico no fuera competitivo. Al mes siguiente, el gobierno de Rosselló anunció su plan de derogar la Ley 80, que establecía protecciones contra los despidos arbitrarios y beneficios para las personas despedidas injustamente. El anuncio fue visto como una victoria de la Junta, y la reacción de diferentes sectores sociales y miembros de su propio partido no se hizo esperar. Ocho días después de su declaración, Rosselló cambió de actitud respecto a la derogación de la legislación laboral y dijo que había sido obligado por la Junta.[36]

La educación también se vio gravemente afectada por las políticas promulgadas por el gobierno de Rosselló con la aprobación de la Junta. Rosselló nombró a Julia Keleher al puesto de secretaria del Departamento de Educación de Puerto Rico. La Junta había señalado que el Gobierno necesitaba ahorrar al menos 40 millones de dólares mensuales. Las recomendaciones incluían el cierre de casi 300 escuelas. El cierre de escuelas no era nuevo. Como ha señalado la académica feminista Aurora Santiago Ortiz, el gobierno puertorriqueño cerró sesenta y tres escuelas entre 2015 y 2016, alegando una baja matrícula debida en parte a la migración.[37]

Padres, alumnos y un amplio sector de la población se opusieron al cierre de escuelas. Keleher respondió a las críticas en una entrevista en el *New York Times*: «Tenemos que cerrar escuelas. Vamos a cerrar escuelas».[38] En mayo de 2017, Keleher anunció el cierre de 165 escuelas. Al año siguiente, cerró otras 263. El impacto social se sintió inmediatamente en las comunidades pobres y obreras, que fueron las más afectadas.[39] Las políticas de Keleher también abrieron las puertas a la privatización del sistema escolar público.

La UPR volvió a convertirse en un blanco del gobierno. El gobernador Rosselló propuso recortar 300 millones del ya precario presupuesto anual de la universidad para el año académico 2017-2018. En respuesta al anuncio, la Junta señaló: «La Junta apoya la difícil decisión del Gobernador de reducir las subvenciones a la Universidad de Puerto Rico en 300 millones de dólares en el año fiscal 2019. La magnitud del déficit estructural del Gobierno, sin embargo, exige que esta reducción de la subvención anual aumente hasta un mínimo de 450 millones de dólares para el año fiscal 21».[40] Es casi la mitad del presupuesto total de la UPR.[41] Para los estudiantes era inaceptable. Temían que esos recortes acabaran con la universidad.

El 21 de marzo de 2017, el Recinto de Río Piedras de la UPR fue nuevamente paralizado por una huelga estudiantil. Casi dos semanas después, el 5 de abril, 10.000 estudiantes de los once recintos de la UPR se reunieron en San Juan para celebrar una Asamblea General. Algunas consignas mostraban su espíritu combativo y alegre a la vez: «Si en vez de vino, bebieran malta, estos recortes no harían falta».[42]

Nueve de los once recintos de la Universidad de Puerto Rico declararon la huelga con cinco reclamos: «(1) el desarrollo urgente de un plan de reforma universitaria proveniente de todos los sectores universitarios; (2) restitución de la Comisión Ciudadana por la Auditoría de la Deuda, el comienzo de la auditoría de la deuda y moratoria de la deuda durante el proceso; (3) no contemplar aumento en matrícula ni eliminación de exenciones; (4) no contemplar ningún recorte al presupuesto de la UPR; (5) no penalización a estudiantes participantes del proceso huelguista».[43]

Las huelgas no eran novedad en la UPR. Pero a diferencia de las huelgas anteriores, el reclamo de los estudiantes de auditar la deuda fue una reivindicación política que trascendió las puertas de la universidad y obligó al gobierno a desafiar a la Junta.[44] Al cabo de setenta y dos días, todos los recintos levantaron la huelga. Once estudiantes enfrentaron cargos por delitos graves y menos graves, que luego fueron desestimados.[45] Aunque la UPR no satisfizo las demandas de los estudiantes en huelga, algunos participantes argumentaron que el mejor resultado fue la propia huelga, ya que radicalizó a una nueva generación de estudiantes, como había ocurrido en 2010. Durante la huelga, los estudiantes también reflexionaron seriamente sobre la deuda y los recortes propuestos a la UPR. Desarrollaron planes fiscales alternativos que fueron entregados a la legislatura puertorriqueña, pero, a fin de cuentas, ignorados.[46]

Al igual que en el pasado, las celebraciones del Primero de Mayo se convirtieron en un momento álgido. La de 2017 fue la primera celebración del Primero de Mayo desde la creación de la Junta. Ese día, las protestas comenzaron a primera hora de la mañana. La organización feminista negra Colectiva Feminista en Construcción inició un inesperado «cacerolazo» a las cinco de la mañana frente a La Fortaleza. Fueron atacadas y dispersadas por la policía. Mientras tanto, otro grupo, Jornada Se Acabaron Las Promesas, obstruyó la entrada al aeropuerto Luis Muñoz Marín, y otros grupos bloquearon carreteras congestionadas de la ciudad, haciendo sentir su descontento por todo el paisaje urbano de San Juan.[47] Todas esas acciones se realizaron antes de que comenzaran las celebraciones oficiales patrocinadas por los trabajadores.

Las personas que participaron en ese Primero de Mayo no provenían de los mundos tradicionales del trabajo. Nuevas organizaciones compuestas por estudiantes, personas *queer* y trabajadores precarios no sindicados ocuparon un lugar central. Como declaraba una de sus consignas, les habían quitado todo, hasta el miedo. A su paso por el distrito financiero de Puerto Rico, algunos manifestantes comenzaron a lanzar objetos contra los bancos, rompiendo varios ventanales de cristal, lo que desencadenó la intervención policial y condujo a la detención de diecisiete personas. Una de ellas, Nina Droz, cumplió una condena de treinta y siete meses en una prisión federal por incendio premeditado. Fue acusada de intentar incendiar un edificio propiedad del Banco Popular de Puerto Rico. José Carrión III, entonces presidente de la Junta, está emparentado con Richard Carrión, propietario del banco.[48]

Los acontecimientos del Primero de Mayo demostraron que en Puerto Rico se gestaba un coraje colectivo. Los manifestantes comprendían el poder simbólico de los edificios contra los que lanzaron piedras; para ellos, los bancos le estaban robando a la gente su futuro. Las protestas preocuparon mucho al gobierno puertorriqueño. Pero todas las tensiones entre los manifestantes, el gobierno y la Junta cesaron cuatro meses después, cuando el huracán María arrasó a Puerto Rico.

CAPÍTULO 13

LA NOCHE EN QUE TODO SE SUMIÓ EN EL SILENCIO

Llamé a mi abuela de setenta y ocho años a última hora de la tarde el 19 de septiembre de 2017. Sonaba tranquila. Me aseguró que estaba a salvo. En cuestión de horas Puerto Rico sentiría la ira de un huracán de categoría cinco, apenas unas semanas después de que el huracán Irma azotara el Caribe. Aunque Irma no impactó directamente a Puerto Rico, demostró que el archipiélago no estaba preparado para un huracán de semejante magnitud. Solo Irma tuvo un saldo de 700 millones de dólares en daños, cuatro muertos y un millón de personas sin servicio de electricidad.[1]

La mayoría de las casas de Puerto Rico están construidas en cemento, precisamente por nuestra larga historia de tormentas y huracanes. La casa de mi abuela, sin embargo, es de madera. No es la misma casa en la que crecí; aquella también era de madera y se había quemado en un incendio eléctrico. Aunque fuera bonito, el material de construcción marcaba la condición de clase trabajadora de mi abuela.

«Te quiero. No te preocupes por mí, todo va a estar bien». Fueron sus últimas palabras antes de colgar el teléfono. Aquella noche los vientos aullaron, alterando el sueño de todos, pero el propio Puerto Rico pareció sumirse en el silencio. El huracán María tocó tierra a la mañana siguiente. «Ese ruido», recordó más tarde. «Nunca olvidaré el ruido del huracán; sonaba como si el diablo estuviera aullando».

No supe nada de ella durante días. Yo era una de las miles de personas de «allá afuera» que esperaban con angustia cualquier noticia. La

IMAGEN 13.1. «Huracán» de Cristián Guzmán Cardona. Cortesía del artista.

comunicación telefónica era imposible. No había internet. En las redes sociales, alguien recomendó una aplicación de teléfono parecida a un escáner de radio. La gente organizó docenas de canales para buscar a sus seres queridos. Parecía como si hubiera un canal para cada uno de los setenta y ocho municipios de Puerto Rico. Enseguida me uní al canal de Aguadilla, pero descubrí que todo el mundo que se había unido al canal estaba en Estados Unidos. Al igual que yo, estaban desesperados por escuchar noticias.

Varios días después del huracán, recibí una llamada de una de las vecinas de mi abuela y querida amiga de la familia. «Tu abuela está bien. No tengo mucho tiempo. Encontré señal y tengo una lista de personas a las que tengo que llamar para informarles que sus familiares están bien. Pero ella está bien. Su casa está bien». Lloré de alivio. Lloré de culpa. Culpa por tener electricidad y agua potable. Lloré porque había vivido otros huracanes en el archipiélago y había pasado meses sin servicios esenciales. Lloré porque sabía que no había precedentes recientes para lo que acababa de ocurrir en Puerto Rico. Todavía lloro; lloro mientras escribo estas líneas.

Como consecuencia de los huracanes Irma y María, la isla de Barbuda quedó inhabitable. Dominica parecía una zona de guerra. Y, aunque el gobierno no lo admitió, los expertos estimaron en miles el número de muertos en Puerto Rico. Algunas personas tuvieron que enterrar a sus seres queridos en los patios de sus casas, que quedaron aisladas tras los derrumbes de puentes y los deslizamientos de tierra que cubrieron lo que antes eran carreteras. El huracán María dejó a la población de Puerto Rico sin servicio de electricidad ni agua potable durante meses; azotó a una isla que ya sufría un estancamiento económico y profundas crisis sociales.

La tormenta no cesó al día siguiente. Sus secuelas continuaron con fuerza y furia, cobrándose la vida de miles de personas. Esas secuelas se debieron a las deficientes infraestructuras de Puerto Rico y, como sabemos ahora, al abandono colonial.

La tormenta

Podría escribir un relato detallado sobre el sufrimiento que padeció la gente aquella noche. Hay miles de historias de personas que lucharon por su vida, miles de historias de personas que fracasaron en esa lucha. Sin embargo, me abstendré de hacerlo. Las heridas que han dejado esas historias siguen abiertas como si el huracán nunca hubiera abandonado el archipiélago. Incluirlas en pro de la narrativa de este libro podría acabar perpetuando la violencia, el trauma y el dolor, como ha demostrado poderosamente en su obra la historiadora y estudiosa de la literatura Saidiya Hartman.[2]

Los puertorriqueños llevan siglos haciéndoles frente a los huracanes. Las comunidades indígenas se adaptaron a ellos. Cosechaban tubérculos como la yuca y el ñame. Identificaban cavernas en las que esconderse durante las tormentas, que solían predecir según los patrones meteorológicos. Una de sus deidades también se llamaba Jurakán; algunos estudiosos sostienen que la palabra huracán proviene de ese nombre.[3] Los gobiernos coloniales, primero de España y después, de Estados Unidos, también se enfrentaron a los huracanes. El primer desafío que tuvo que superar la ocupación estadounidense en Puerto Rico no fue la resistencia ni la insurrección, sino la furia de San Ciriaco, un huracán de categoría cuatro que, en 1899, dejó 3.370 muertos y causó daños estimados en 20 millones de dólares.[4]

Solo en el siglo XX, Puerto Rico fue azotado por seis grandes huracanes.[5] Álvarez Guedes, cómico cubano, comentó cómo los huracanes se han arraigado en la cultura puertorriqueña. En una de sus bromas, señala que estuvo de visita en San Juan antes de un gran huracán. Todo el mundo estaba alegre en las calles y en las tiendas se había agotado el alcohol. Esa vez, el huracán cambió de rumbo y la isla se salvó. Al día siguiente, sin embargo, Guedes observó que había un ambiente de tristeza en San Juan. El alcalde salió en la tele y dijo: «Pero no perdamos la fe, a lo mejor el año que viene tenemos mejor suerte».[6]

Hay una verdad oculta tras la historia de Guedes. Los huracanes se han imaginado como un momento en el que la gente se reúne y se suspenden las obligaciones. Como ha argumentado la académica feminista Aurora Santiago Ortiz, «de niña, idealizaba los huracanes, recordando noches jugando al dominó, escuchando la radio, contando historias de fantasmas».[7] Cuando se anunciaba un huracán, la gente empezaba su ritual de acudir en masa a supermercados y gasolineras, clavar paneles de madera en las ventanas y rezar a la deidad de su predilección. Pero, como han señalado muchos supervivientes, nada les preparó para María.

La noche del 19 de septiembre de 2017, los puertorriqueños se prepararon para recibir la embestida de un huracán de categoría cinco con vientos sostenidos de 281 km/h. Tras causar estragos en la isla de Barbuda, sus vientos disminuyeron a 250 km/h. María era un huracán de categoría cuatro cuando tocó tierra en la ciudad de Yabucoa a las 6:15 de la mañana del día siguiente. Durante horas, el pueblo de Puerto Rico se sometió a su ira despiadada. Se registraron más de cuarenta pulgadas de lluvia en algunas partes de la isla, y los vientos parecían destruir todo lo que encontraban a su paso. Los techos de zinc que protegían a las familias pobres y de clase obrera volaron por el aire.

Para algunos, las catástrofes como el huracán María pueden considerarse grandes ecualizadoras. A los fenómenos naturales no les importan la clase, la raza o el género de nadie. Aunque eso pueda ser cierto, los desastres no son naturales. Son fenómenos naturales que causan desastres provocados por los seres humanos. Las comunidades pobres y de clase trabajadora —que en Puerto Rico también suelen ser en su mayoría negras y no-blancas— viven en espacios de alto riesgo con mayores probabilidades de sufrir inundaciones, deslizamientos de tierra y otras calamidades. Sus humildes hogares suelen estar hechos de materiales que no resisten vientos de semejante fuerza. Aunque los gobiernos municipales suelen proporcionar refugios, muchos regresan a sus hogares solo para ver que lo poco que habían acumulado a lo largo de su vida ha sido destruido en un abrir y cerrar de ojos. De nuevo, hay muchos Puerto Ricos. Y las gente experimentó el huracán María de acuerdo al Puerto Rico en el que vivía.[8]

María causó daños a miles de edificios y derrumbó puentes. Cientos de personas desaparecieron en las inundaciones que arrasaron el archipiélago. En la localidad de Yabucoa, situada en el este de la isla grande, se derrumbó el 99% de los edificios municipales.[9] Un informe de la RAND Corporation presentó un panorama desolador: El 100% de la red eléctrica, el 95% de los servicios de telefonía móvil y el 43% de las plantas de tratamiento de aguas dejaron de funcionar. Hubo más de 40.000 deslizamientos de tierra y más del 97% de las carreteras de la isla estaban intransitables. Esto creó una crisis sanitaria, ya que más del 95% de la población careció de agua potable durante semanas y el 28% de los centros de salud habilitados por el gobierno federal habían sufrido daños.[10] El gobierno central tardó varios días en poder comunicarse con los setenta y ocho municipios de Puerto Rico.

María no fue la única causa de tal devastación. La infraestructura de Puerto Rico llevaba décadas vulnerable. Los apagones se habían convertido en parte de la vida cotidiana. Los puertorriqueños bebían agua contaminada casi a diario. Un informe de la Asociación Nacional de Derecho Ambiental (NRDC, por sus siglas en inglés) señaló que en 2015, «el 99,5% de la población de Puerto Rico era abastecida por sistemas de agua comunitarios que violaban la Ley de Agua Potable Segura [SDWA, por sus siglas en inglés], y el 69,4% por ciento de los habitantes de la isla eran abastecidos por fuentes de agua que violaban las normas sanitarias de la SDWA».[11] La situación era tan grave que entre 2005 y 2015, Puerto Rico tuvo «un total de 33.842 violaciones a la Ley de Agua Potable Segura, incluyendo violaciones de las normas de salud, violaciones de monitoreo y violaciones de informes».[12]

En el municipio de Guayama, Applied Energy Services (AES), una multinacional con sede en Arlington, Virginia, producía unas ochocientas toneladas diarias de cenizas de carbón. Comenzó a funcionar en 2002 y durante casi dos décadas vertió cenizas en un vertedero tóxico que alcanzaba más de doce pisos de altura. Un estudio de la UPR señaló que en Guayama las enfermedades crónicas como el cáncer o los problemas respiratorios se habían duplicado entre 2016 y 2018. Ignorando a residentes, activistas e incluso al gobierno de Puerto Rico, AES no cubrió las cenizas antes del huracán María. Las reubicaron junto a un acuífero que suministraba agua potable a gran parte de la isla principal del archipiélago.[13] Los activistas locales de Guayama habían dejado claro que la negligencia del Estado y el afán de lucro de AES no tuvieron en cuenta la salud de los residentes cercanos.

La crisis fiscal y las medidas de austeridad impuestas por varias administraciones también habían afectado gravemente los servicios públicos, incluidos los servicios de salud. Cuando llegó la tormenta, esas condiciones agravaron su impacto. En un principio, el gobierno señaló que el huracán solo había causado dieciséis muertes. Pero dadas las condiciones de Puerto Rico antes de la tormenta, todo el mundo sabía que esas cifras eran falsas. El número de víctimas mortales de María no se detuvo cuando la tormenta abandonó el archipiélago. El colapso de las infraestructuras, la negligencia colonial del gobierno federal estadounidense y la mala gestión de los funcionarios locales causaron la muerte de miles de personas.

Después de la tormenta

«Esta habitación está llena de amor. Se puede sentir el amor», pronunció el presidente Donald J. Trump al entrar en una iglesia llena de puertorriqueños desesperados. La mayoría de ellos habían sido desplazados por la ira de María. Algunos de los asistentes habían sido trasladados desde distintos refugios en la zona de San Juan. Fue un montaje para unas cuantas fotografías; Trump llevaba un impermeable. Algunos puertorriqueños llevaban casi un año sin electricidad. Trump pasó menos de cinco horas en el archipiélago.[14]

Este acontecimiento se convirtió en un poderoso símbolo que encendió la indignación en todo el archipiélago y la diáspora puertorriqueña. La visita de Trump tuvo lugar poco después de una rueda de prensa en la que participaron el presidente, la primera dama de Estados Unidos, Melania Trump, el gobernador Ricardo Rosselló, y la primera dama de Puerto Rico, Beatriz Rosselló. Mientras Trump hablaba a las cámaras, el gobernador puertorriqueño se hacía *selfies* en un segundo plano. «Este gobernador no jugó a la política», señaló Trump. «No jugó en absoluto. Decía las cosas como eran y nos dio las calificaciones más altas. Y quiero... en nombre de nuestro país, darle las gracias».

Trump añadió: «Ahora, odio decírselo, Puerto Rico, pero nos han desajustado un poco el presupuesto porque hemos gastado mucho dinero en Puerto Rico, y eso está bien. Hemos salvado muchas vidas». Siguió argumentando que Katrina había sido una verdadera catástrofe con «tremendos cientos y cientos y cientos de personas que murieron». «Lo que ocurrió aquí», dijo, «fue totalmente sobrecogedor... ¿Cuál es su recuento de muertos en este momento? ¿Diecisiete?». El gobernador respondió: «Dieciséis certificados». El presidente exclamó: «Dieciséis personas frente a miles. Pueden estar muy orgullosos de toda su gente, de toda nuestra gente trabajando junta». La realidad, sin embargo, era muy distinta. La cifra oficial no era correcta. Miles de personas murieron a causa de María y sus secuelas.[15]

Poco después del huracán, la gente empezó a reportar muertes que no se habían incluido en el recuento oficial. Parecía que todo el mundo conocía a alguien que había perdido a un ser querido en la tormenta. En noviembre de 2017, el gobierno había declarado cincuenta y cinco muertes. El Centro de Periodismo Investigativo (CPI) publicó un informe el 16 de noviembre en el que señalaba que había descubierto al menos cuarenta y cuatro muertes que no se había informado anteriormente.[16] Ese número se cuenta ahora por centenares. Diez meses después del huracán, había más de trescientos cadáveres sin identificar almacenados en contenedores climatizados en el Instituto de Ciencias Forenses de Puerto Rico.[17]

En febrero de 2018, la creciente presión por la rendición de cuentas obligó al gobierno de Puerto Rico a solicitar un informe externo a la UPR y la Universidad George Washington sobre las muertes relacionadas con María.[18] La Universidad Carlos Albizu de San Juan y una institución de Cambridge, Massachusetts, realizaron otro estudio simultáneamente. Los resultados se publicaron el 12 de julio de 2018 en *The New England Journal of Medicine*. El estudio revela que «el número de muertes excesivas relacionadas con el huracán María en Puerto Rico es más de setenta veces la estimación oficial». Encuestaron a 3.299 hogares elegidos al azar en todo Puerto Rico y estimaron una tasa de mortalidad de 14,3 muertes por cada 1.000 personas entre el 20 de septiembre y el 31 de diciembre de 2017. El estudio concluye: «Nuestra estimación de 4.645 muertes en exceso… tal vez sea conservadora, ya que los ajustes posteriores para tomar en cuenta el sesgo del superviviente y el tamaño del hogar aumentan esta estimación a más de 5.000».[19] El número 4.645 se convirtió en motivo recurrente en las protestas que se realizaron en los meses siguientes.

Para la administración Trump, el bajo número de muertes reportadas originalmente constituía una buena historia. Los medios de comunicación estadounidenses también se hicieron eco de la noticia, pero resaltaron que la incompetencia federal estaba creando una crisis humanitaria. Los periodistas acudieron en masa a Puerto Rico en busca de historias. En el proceso, los puertorriqueños fueron retratados como desesperanzados y necesitados de salvación. Inmediatamente después, la gente buscó salir de la isla a toda costa y llegó en tropel al aeropuerto Luis Muñoz Marín tratando de encontrar vuelos en un aeropuerto inoperativo. Según la antropóloga Hilda Llorens, la forma en que se cubrió este suceso en los medios de comunicación reprodujo varios estereotipos sobre lo que ella denomina «los trópicos desastrosos». «Las imágenes de los trópicos desastrosos», señala Llorens, «muestran esencialmente a individuos, grupos y multitudes que parecen aturdidos, desconcertados, abatidos, indigentes, traumatizados, incapaces, enfermos, discapacitados, moribundos o muertos».[20]

La idea de que había que salvar a los puertorriqueños del «trópico desastroso» y de sí mismos iba acompañada de una justificación. Los puertorriqueños son ciudadanos estadounidenses. El gobierno federal tenía la obligación de ayudarles, no por su humanidad, sino por su condición de ciudadanos. Esto creó lo que la cineasta, escritora y académica Frances Negrón-Muntaner ha llamado «ciudadanía retórica». Periodistas, empresas y ciudadanos estadounidenses empezaron a discutir sobre la necesidad de ayudar a «los 3,5 millones de ciudadanos estadounidenses de Puerto Rico». Incluso Moe, el camarero de la popular serie *Los Simpson*, recaudó fondos para ayudar a Puerto Rico.[21] Según Negrón-Muntaner, la ciudadanía retórica oculta tres cosas: no reconoce la ocupación estadounidense de Puerto Rico como un acto de colonialismo; ignora los vínculos estrechos entre colonialismo y racismo, ya que «la ciudadanía nunca ha ofrecido plena protección a los ciudadanos legales racializados, coloniales y de otras minorías en Estados Unidos»; y, por último, no acepta «la responsabilidad colonial ni la humanidad compartida».[22]

Aunque los puertorriqueños eran presentados como ciudadanos estadounidenses, el gobierno federal no respondió a la destrucción de María del mismo modo que lo hizo ante los huracanes de Florida y Texas. Un estudio realizado por *BMJ Global* Health concluyó que se había producido «una marcada disparidad en el tiempo que tardaron las víctimas del huracán María en Puerto Rico en recibir asistencia en comparación con el territorio continental de Estados Unidos».[23] Cuando la alcaldesa de San Juan afirmó en la televisión nacional estadounidense que los puertorriqueños se estaban muriendo, Donald Trump inició una disputa en las redes sociales. Dirigiéndose a la alcaldesa Yulín y a «otros», Trump tuiteó: «Quieren que se lo hagan todo cuando debería ser un esfuerzo comunitario».[24] Lo que Trump no reconoció, o ignoró voluntariamente, fue el hecho de que sin la rápida respuesta de las comunidades que trabajaron solidariamente entre sí, el número de muertos habría sido mucho mayor.

La comunidad como supervivencia

Después de María, muchos puertorriqueños sintieron que vivían en un país sin Estado. Para los del interior, la ayuda gubernamental, local o federal, tardó semanas en llegar. En el pueblo de San Sebastián, trabajadores jubilados de la Autoridad de Energía Eléctrica de Puerto

Rico (AEE) reconectaron el servicio para sus comunidades. Brigadas vecinales improvisadas comenzaron a despejar las carreteras. Y las comunidades sin electricidad reunieron todo lo que les quedaba en sus refrigeradores para preparar comidas colectivas. Cuando por fin llegaron, los alimentos de FEMA carecían de valor nutritivo. Un estudio de la Universidad George Washington señaló que los alimentos enviados a Puerto Rico tras María no cumplían con las normas dietéticas federales.[25]

Tras la tormenta, empezaron a aparecer por todo el archipiélago centros de ayuda mutua gestionados por voluntarios, conocidos como Centros de Apoyo Mutuo (CAM). En su estudio de estos CAM, los sociólogos Jacqueline Villarrubia y Roberto Vélez Vélez encontraron que la experiencia con el huracán Irma ya había iniciado conversaciones sobre lo que podría suceder en una gran catástrofe. El primer CAM abrió sus puertas en la ciudad de Caguas nueve días después de María. Aunque surgió en el contexto posterior a la tormenta, sus miembros habían formado parte de proyectos de base en torno a la justicia alimentaria desde la huelga de la UPR de 2010.[26]

Poco después de su aparición en Caguas, otros catorce CAM comenzaron a operar en diferentes partes del archipiélago, incluida la isla-municipio de Vieques. Villarrubia y Vélez Vélez señalan que la mayoría se abrieron en los municipios del interior más afectados y también más desatendidos por el Estado. Cada CAM tenía objetivos que se basaban en las necesidades de la comunidad. Aunque autónomos, también hubo esfuerzos por reunir a los CAM en diálogos nacionales para compartir estrategias y acciones. Sus programas se organizaron en torno a temas como la agricultura, nutrición, cultura, economía, educación, geriatría, salud, sostenibilidad, reconstrucción y vivienda.[27]

En Las Carolinas, un barrio del municipio de Caguas, la antropóloga Sarah Molinari señaló que «los residentes estuvieron sin servicio de agua durante tres meses, sin electricidad durante siete meses y sin recogida de escombros municipales durante ochenta días».[28] Para complicar más las cosas, «entre el sesenta y el setenta por ciento de los 2.500 residentes de la comunidad tienen más de cincuenta y cinco años, y uno de cada tres hogares vive por debajo del nivel de pobreza». Las Carolinas era un CAM dirigido por mujeres que ocupaba una escuela que había sido cerrada por las medidas de austeridad anteriores a María. Mientras los funcionarios de FEMA se quejaban de una supuesta cultura de «querer que se lo hicieran todo», el CAM de Las Carolinas ofrecía cien almuerzos tres veces por semana a residentes ancianos y encamados y les proporcionaba compañía y apoyo.[29] En palabras de Molinari, el CAM de Las Carolinas creó «un espacio de sanación, cuidado y aprendizaje que, en respuesta a las necesidades de la comunidad, ha pasado de la emergencia a la recuperación a más largo plazo y a la transformación local».[30]

Otros espacios también se transformaron por las necesidades de la comunidad. Antes de la tormenta, El Local era un bar de Santurce donde se reunían múltiples escenas *underground* para bailar, cantar karaoke o escuchar bandas *punk* locales. El espacio comenzó como biblioteca pública anarquista y espacio para eventos, pero luego se convirtió en un nodo de la vida nocturna *underground* de San Juan.[31] Tras la tormenta, El Local reabrió sus puertas con otro propósito. Los grupos musicales subían al escenario pero, a falta de energía, tocaban en modo acústico durante el día para aprovechar la luz del sol. También abrieron *La Cocina Huracanada,* un espacio para compartir comidas, recursos, apoyo básico, información y conocimientos.[32] La Cocina Huracanada, equipada con un hornillo de gas comercial y un grupo de voluntarios, preparó comidas para todo aquel que las necesitara.[33]

También hubo organizaciones profesionales que movilizaron sus recursos para ayudar a las comunidades necesitadas. La psicóloga comunitaria Blanca Ortiz Torres señaló que, un mes después de la emergencia, participó en una iniciativa organizada por el Colegio de Médicos y Cirujanos de Puerto Rico. Organizaron diez grupos «compuestos por médicos de varias especialidades (por ejemplo, pediatras, médicos de familia, endocrinólogos), enfermeras y al menos un profesional de la salud conductual (psicólogos, orientadores o trabajadores sociales)». Tras reunirse con residentes de Valle Hill —una comunidad pobre de la región noreste que se vio muy afectada por el huracán— Ortiz inició una colaboración de ocho meses. Su intervención pretendía capacitar a los miembros de la comunidad para organizarse de forma autónoma y acceder a los servicios esenciales.[34]

Estos esfuerzos demuestran que, a falta de ayuda estatal, las comunidades dependían de sí mismas para sobrevivir. Algunos medios de comunicación empezaron a difundir tropos de resiliencia. También se utilizó el hashtag #PuertoRicoSeLevanta. Sin embargo, centrarse en la resiliencia ignora el hecho de que las personas que habían sufrido múltiples traumas hacían lo que podían para sobrevivir. Celebrar la resiliencia desplaza la culpa del Estado al individuo. Para muchos, María reveló dolorosamente que el gobierno estadounidense seguía considerando a los puertorriqueños ciudadanos de segunda clase en el mejor de los casos, vagos y necesitados de salvación en el peor.

El impacto de la tormenta dejó al descubierto la fragilidad de la infraestructura de Puerto Rico, resultado de décadas de crisis social, política y fiscal. También demostró la realidad colonial del archipiélago. El huracán María no fue un acontecimiento singular. Formó parte de procesos mayores que le precedieron y que persisten aún después de que sus vientos amainaran.

CAPÍTULO 14

LA TORMENTA DESPUÉS DE MARÍA

Muchas personas murieron tras el paso del huracán María por carecer de productos de primera necesidad, como el agua. Pocos días después de la tormenta, el alcalde de Rincón envió un mensaje urgente al Gobierno central a través de un teléfono por satélite pidiendo agua porque los residentes estaban «llegando a la desesperación» en un municipio que parecía «como si hubiera caído una bomba nuclear».[1] La falta de acceso a agua potable provocó un aumento de los casos de leptospirosis, enfermedad bacteriana transmitida a través de la orina de animales infectados.[2] Sin electricidad, las estaciones de bombeo de agua no podían funcionar y el archipiélago sufrió inundaciones que obligaron a los puertorriqueños a beber agua de recursos contaminados.[3] Cinco días después de que el huracán tocara tierra, una foto del pueblo de Humacao se hizo viral. En un acto de desesperación, sus residentes pintaron en una calle «S.O.S. Necesitamos agua/alimentos» para que pudiera verse desde un helicóptero.[4]

En agosto de 2017, un mes antes del huracán, la FEMA admitió haber perdido un camión lleno de agua.[5] No era la primera vez, ni sería la última. El 11 de septiembre de 2018, casi un año después de que María tocara tierra en Puerto Rico, un fotógrafo aficionado sobrevoló con un dron un aeropuerto militar abandonado en el municipio Ceiba. Las fotos que tomó desataron la indignación pública. Había 20.000 paletas de botellas de agua sin usar. En total, alrededor de 1.440.000 botellas se habían dejado estropear al sol. FEMA culpó al gobierno local de Puerto Rico, que a su vez culpó al gobierno federal estadounidense. Al año siguiente, en julio de 2019, se encontró otro cargamento de miles de botellas de agua sin usar en un solar vacío en Dorado.[6]

Tanto si se trataba de casos de corrupción como de mala gestión de los suministros, muchos puertorriqueños estaban indignados. Cuando los informes confirmaron que las muertes se contaban por miles y no por docenas como había afirmado inicialmente el gobierno, las enormes cantidades de botellas de agua desencadenaron conversaciones sobre cuántas vidas pudieron haberse salvado de no ser por la negligencia local y federal. 4.645 —la cifra facilitada por el informe de la Universidad Carlos Albizu— empezó a figurar en pancartas y carteles de protesta, y se pintó con *spray* por todo San Juan.

Inmediatamente después del huracán, la diáspora puertorriqueña en todo el mundo se unió para buscar formas de ayudar a los habitantes del archipiélago. La respuesta de la diáspora volvió a destacar la idea de la nación desvinculada de un lugar fijo. Los puertorriqueños de todo el mundo se organizaron para enviar fondos, alimentos y suministros médicos.[7] Se recaudaron millones de dólares para ayudar a reconstruir a Puerto Rico. La cuestión pasó a ser cuál era la mejor manera de entregar el dinero y los suministros. La primera dama puertorriqueña, Beatriz Rosselló, creó una organización sin fines de lucro llamada Unidos por Puerto Rico. La organización recibió más de 41,1 millones de dólares de particulares y empresas. Muchos no confiaban en el gobierno de Rosselló y decidieron recurrir a otras organizaciones, como el Fondo María, un fondo sombrilla que aglutinaba grupos de base.[8]

La desconfianza intuitiva hacia el gobierno resultó ser correcta. El 10 de agosto de 2018, una estación de radio local, Radio Isla 1320, publicó un video en su cuenta de Facebook que mostraba doce contenedores llenos de suministros originalmente recibidos a través de Unidos por Puerto Rico y encontrados en las instalaciones de la Comisión Estatal de Elecciones de Puerto Rico. El vídeo mostraba suministros de primeros auxilios, que se necesitaban desesperadamente, cubiertos de excrementos de animales. La Guardia Nacional, que supervisó su distribución, dijo que algunos habían llegado ya caducados.[9] Posteriormente, el FBI inició una investigación sobre Unidos por Puerto Rico.[10]

Unas semanas antes de que los medios de comunicación encontraran los contenedores, Ricardo Rosselló despidió al Secretario de Hacienda de Puerto Rico, Raúl Maldonado Gautier. El ex secretario había comparado públicamente la administración Rosselló con una «mafia institucional».[11] Enfadado por el despido de su padre, Raúl Maldonado Nieves escribió una serie de mensajes incendiarios en Facebook que le llevaron a ser entrevistado en la radio pública.[12] Lo que dijo fue chocante. Según Maldonado Nieves, su padre había sido despedido por investigar la implicación de Beatriz Rosselló en los contenedores de la Comisión Electoral. Fue incluso más allá, argumentando que Ricardo Rosselló, en colaboración con la consultora fiscal BDO Puerto Rico, había modificado un informe sobre la gestión de suministros para ayudar a su esposa.[13] En lugar de distribuir suministros, argumentó Maldonado Nieves, Rosselló quería hacer «noticia» con ellos.[14]

Beatriz Rosselló respondió que las acusaciones vertidas contra ella y su marido eran falsas. Pero en lugar de hacer frente a las consecuencias políticas, el gobernador y su familia abandonaron el país para pasar unas vacaciones en Europa. Mientras Rosselló turisteaba, varios miembros de su administración fueron detenidos. Las agencias federales iniciaron una investigación de la Administración de Seguros de Salud de Puerto Rico (ASES), que finalmente condujo a la renuncia y posterior detención de Ángela Ávila Marrero. Quizá más explosiva fue la noticia de que la Secretaria de Educación, Julia Keleher —quien había cerrado cientos de escuelas— también había sido detenida.[15] Otras dos personas cercanas a la administración, Fernando Sherrer, de la consultora fiscal BDO Puerto Rico, y Mayra Ponce, del Departamento de Educación, también fueron detenidas. Un gran jurado federal formuló cargos de corrupción, conspiración y fraude a seis miembros del círculo íntimo de Ricardo Rosselló. [16]

Luego llegaron las filtraciones.

Verano 2019

El 9 de julio de 2019, mientras Ricardo Rosselló y su familia vacacionaban en Europa, el legislador del PPD Carlos Bianchi Angleró publicó una conversación de un chat entre el gobernador y su círculo íntimo. En la conversación filtrada, el gobernador y sus amigos, a quienes llamó «los hermanos», se burlaban de la secretaria de Justicia, Wanda Vázquez, y del presidente del Senado, Thomas Rivera Schatz.

Los funcionarios habían estado utilizando Telegram, el servicio de mensajería que cifra los mensajes y autodestruye el contenido de su servidor.[17] Los «hermanos» de Rosselló eran un círculo íntimo de once miembros del gabinete y amigos del sector privado, todos ellos jóvenes profesionales y empresarios. Como se demuestra al inicio del chat, el grupo no solo se burlaba de sus adversarios políticos, sino que también tenían injerencia en la política pública y daba acceso a miembros del sector privado a información confidencial y privilegiada del Gobierno.[18] La reacción fue inmediata. Cuando se filtraron los comentarios del chat, la gente empezó a pedir la renuncia de todos los implicados. El presidente del Senado, también miembro del partido del gobernador, declaró: «Esa gente se tiene que ir».[19]

Al día siguiente, los medios informativos locales publicaron la noticia de la detención de la Secretaria de Educación, Julia Keleher, y otros miembros de la administración de Rosselló. Al final del día, un pequeño grupo de personas se reunió frente a La Fortaleza para protestar. Ese mismo día, se activó el *hashtag* #RickyRenuncia en Twitter. En las semanas que siguieron, las protestas proliferaron y se intensificaron. #RickyRenuncia se convirtió, según Twitter, en el hashtag más relevante y trascendental de la historia de la plataforma hasta entonces con 1,30 millones de interacciones.[20]

La indignación estaba más que justificada. La gente vivía crisis políticas y fiscales continuas. La ineficacia del gobierno había sentenciado a muerte a miles de personas tras el paso del huracán María. Ahora, leían transcripciones de mensajes, al parecer enviados en el momento en que ocurrían los hechos, en los que se detallaba la forma corrupta en que los funcionarios del Gobierno habían confabulado con el sector privado para configurar la política pública en beneficio de un puñado de personas.

A medida que aumentaban las tensiones políticas, se filtró otra parte del polémico chat: veintiséis páginas en las que Ricardo Rosselló respondía a las políticas de la Junta. «Mis expresiones autorizadas», escribió el gobernador, «*Dear Oversight Board... Go Fuck Yourself....* [Estimada Junta de Supervisión... Váyanse a la m...]». Las nuevas páginas no solo demostraban la forma en que el gobernador manejaba la política, sino que también revelaban un sexismo escandalosamente informal. Los miembros del chat se refirieron a Natalie Jaresko, presidenta de la Junta, como «gatita». En referencia a Melissa Mark-Viverito, ex presidenta del Consejo Municipal de Nueva York, Rosselló escribió: «Nuestra gente debe salir a defender a Tom [Pérez, ex presidente del Comité Nacional Demócrata] y caerle encima a esta puta». También utilizó palabras similares para referirse a Alexandra Lúgaro, quien se había postulado como candidata a gobernadora en 2016 y 2020.[21]

La vorágine obligó al gobernador a acortar sus vacaciones. De regreso a Puerto Rico, fue recibido por una población enfurecida que golpeaba cacerolas en señal de protesta. Rosselló pidió perdón argumentando que el chat era solo una forma de desahogarse tras largas jornadas de trabajo. A su tibia respuesta siguió otra filtración el 12 de julio. Las páginas recién publicadas documentaban un patrón continuado de comentarios sexistas contra las mujeres; también mostraban las maquinaciones de unos miembros del chat para dar forma a las narrativas públicas sobre la administración.

La noche del 12 de julio, una fuente anónima se puso en contacto con Omaya Sosa Pascual, periodista cofundadora del CPI. La fuente le ofreció la transcripción completa de la infame charla. Sosa Pascual reunió a un equipo de periodistas que pasó toda la noche leyendo y verificando el documento. A la mañana siguiente, el CPI publicó el chat de 889 páginas. Se había desatado una tormenta política sin precedentes en la historia electoral del país.[22]

La publicación del chat confirmó lo que todo el mundo ya sabía. También demostró, lamentablemente, cómo Rosselló y su círculo íntimo se burlaron de la miseria que vivían los puertorriqueños. Bromearon sobre los cadáveres y la destrucción ocasionada por María en una casa humilde junto al chalé del gobernador. El chat también está plagado de comentarios sexistas, homófobos, gordófobos, clasistas y degradantes hacia políticos, figuras públicas, activistas y gente del pueblo. Por último, el chat documenta claramente la forma en que personas del sector privado habían accedido a información gubernamental confidencial que beneficiaba a sus empresas.[23]

Lo que comenzó como una pequeña protesta frente a la mansión del gobernador se convirtió en un movimiento a gran escala sin un liderato definido. Todos los días había convocatorias de protestas y marchas. Parecía que lo único que se necesitaba para iniciar una protesta era un anuncio en las redes sociales. Cada día que pasaba, los actos atraían a más gente. El 17 de julio de 2019, por ejemplo, casi medio millón de personas inundaron las calles de San Juan para exigir la renuncia de Ricardo Rosselló. Fue, sin duda, una de las mayores protestas de la historia del país, comparable al movimiento contra la Marina en Vieques a principios de la década de 2000 y a la huelga contra la privatización de la compañía telefónica en 1998. Artistas reconocidos como el rapero Residente, el cantante de trap Bad Bunny y la estrella del pop Ricky Martin, entre otros, se unieron al movimiento.[24]

La protesta multitudinaria del 17 de julio no fue un acontecimiento aislado. Cinco días después, otra marcha de más de 500.000 personas tomó la autopista principal de San Juan. Cuando el Jefe de Policía, Henry Escalera, pidió a los organizadores del evento que se reunieran con la policía, fue ridiculizado en las redes sociales: no había organizadores.[25] Esos sucesos no fueron aislados. Forman parte de una vibrante cultura de protesta surgida al menos desde 2006 en respuesta a las medidas de austeridad, los recortes presupuestarios a la universidad y la lógica punitiva.

A diferencia de otras protestas en el pasado, la pluralidad fue el marcador que definió el movimiento de protesta que se suscitó contra Rosselló y su administración. Cada día parecían surgir nuevas formas de protesta. El movimiento no se limitó al área metropolitana, sino que se extendió por todo el archipiélago. La gente protestó a caballo, en bicicleta, en kayak, haciendo yoga y actos de desobediencia civil. Por la mañana hubo actividades para niños y familias. Los cacerolazos nocturnos se oían por toda la ciudad. Muchos de estos actos giraron en torno a la alegría de unirse para impulsar el cambio. Pero la gente también estaba indignada. El coraje había activado la acción.[26]

Casi todas las noches, en la calle de la Fortaleza, más tarde rebautizada simbólicamente como calle de la Resistencia, se produjeron enfrentamientos entre la policía y los manifestantes. Mientras que las actividades diurnas eran para todos, las noches eran «pa'l combate», como señaló un miembro del Movimiento Socialista de Trabajadores.[27] Hacia las 11:30 de la noche, la policía daba por concluidas las protestas del día. Cuando la gente se negaba a irse, la dispersaban utilizando la fuerza. El 17 de julio, un agente de la policía declaró por megáfono que se había suspendido la Constitución.[28] A continuación, las fuerzas policiales, fuertemente militarizadas, utilizaron balas de goma, gas pimienta y gases lacrimógenos contra la multitud congregada. La gente resistió con piedras, botellas de agua y todo lo que pudo encontrar. La cobertura mediática se centró en las acciones de los manifestantes, pero la Unión Americana de Libertades Civiles (ACLU, por sus siglas en inglés) señaló que la policía se había infiltrado entre la multitud.[29]

En el pasado, se consideraba que a las protestas solo asistían «los pelús», alusión a los socialistas y los estudiantes, a quienes se les suele considerar melenudos y revoltosos. Lo que ocurrió en Puerto Rico ese verano cuestionó drásticamente las ideas preconcebidas sobre el movimiento de protesta. Personas de diferentes orígenes y experiencias de vida se unieron bajo la consigna #RickyRenuncia.

Aunque la renuncia del gobernador era su objetivo claro, diversos grupos formularon otras demandas. Un ejemplo de ello fue Rey Charlie, un joven recogedor de basura aficionado a las motocicletas que arrasó en las redes sociales. Durante las protestas del 17 de julio, Rey Charlie encabezó una caravana de 3.000 motocicletas a través del área metropolitana de San Juan. Sus seguidores de clase trabajadora se aseguraban de detenerse en diferentes proyectos de viviendas para invitar a otros a unírseles. Como hemos señalado la académica feminista Aurora Santiago Ortiz y yo: «Al dirigirse tanto a los miembros de la caravana como a una cadena de noticias puertorriqueña en vivo, Charlie no solo transmitió el mensaje de pedir la renuncia de Rosselló, sino que también reflexionó discursivamente sobre la marginación y la opresión, reconociendo el potencial político de los 'pobres y humildes'».[30] A fin de cuentas, eso «derrotó y desafió directamente muchas suposiciones, tanto de la izquierda como de la derecha, sobre el desinterés de las clases marginadas por los procesos políticos más allá de las urnas».[31]

Aunque hubo protestas diarias durante dos semanas, otras actividades de protesta se produjeron en distintas partes del archipiélago, entre ellas, los «bailes» *queer* y el perreo combativo. Las redes sociales también se convirtieron en un espacio donde la gente se unió tanto en las islas como en la diáspora para pedir activamente la renuncia de Rosselló. Cuando la policía se disponía a dispersar a la multitud frente a la calle Fortaleza, las personas que seguían las imágenes en vivo desde todas partes del mundo pudieron alertar a sus amigos y seres queridos que estaban en el lugar. Los manifestantes también crearon cuentas de *crowdfunding* para comprar equipos de protección, como agua, máscaras antigás y botiquines de primeros auxilios.[32]

Para muchos era su primer mitin político; otros habían participado en la larga historia de protestas de Puerto Rico. Eran recordatorios de que ese movimiento de protesta no era algo espontáneo. Había veteranos de grupos afrodescendientes como el Colectivo Ilé, estudiantes que habían participado en las huelgas de la UPR de 2010 y 2017, y participantes de los ya establecidos y vibrantes movimientos por la justicia medioambiental, todos ellos tomando las calles.

Uno de los grupos que más se hizo sentir fue la Colectiva Feminista en Construcción, una organización feminista negra que comenzó a organizarse en 2013. Aunque La Cole había sido ignorada públicamente por el gobierno de Rosselló, los miembros del chat se burlaban de Sharriana Ferrer, portavoz de la organización. La variedad de tácticas que La Cole había utilizado para captar la atención de los medios de comunicación en años anteriores sentó las bases para algunas de las acciones y discursos que se amplificaron en las protestas del Verano '19. A través de acciones como acampar frente a La Fortaleza, organizar protestas improvisadas en el Senado de Puerto Rico o en Plaza Las Américas, el mayor centro comercial del Caribe, La Cole ha captado la atención del público. Antes de ese verano, una de sus campañas más importantes había sido exigir que el gobierno de Puerto Rico declarara el estado de emergencia debido al alto número de feminicidios en el archipiélago. Y esas demandas no hicieron más que aumentar durante las protestas del Verano '19.[33]

En un intento desesperado por controlar la narrativa, Rosselló aceptó ser entrevistado por el periodista Sheppard Smith de Fox News el 22 de julio. Durante diecisiete lacerantes minutos, Rosselló se esforzó por responder a las preguntas de Smith. Repitiendo frases ensayadas, insistió también en que no renunciaría. Cuando Smith pidió a Rosselló que nombrara a las personas que habían acudido en su apoyo, el gobernador ignoró la pregunta. El periodista volvió a preguntarle y Rosselló respondió vagamente: «He hablado con gente de diferentes grupos. Mucha gente de mi administración». Smith le pidió que nombrara a una sola persona. «El alcalde de San Sebastián», municipio del noroeste de Puerto Rico, respondió Rosselló. La entrevista fue un desastre de relaciones públicas. Pocas horas después, Javier Jiménez, alcalde de San Sebastián, desmintió la afirmación del gobernador.[34]

En la medida en que continuaron las protestas, muchos miembros del PNP se distanciaron de Rosselló. Mientras, sus aliados más cercanos renunciaban a sus puestos. Su padre, Pedro Rosselló, viajó a Puerto Rico para ver si podía cerrar filas dentro del partido, pero no tuvo éxito. Para colmo, el movimiento de protesta había sido cubierto por medios de comunicación internacionales. El 23 de julio, el día después de que cientos de miles de personas marcharon por las calles de San Juan, las protestas llegaron a las portadas de *The New York Times, The Washington Post, The Wall Street Journal* y el *Miami Herald.*[35]

El 24 de julio, comenzó a rumorarse que Rosselló renunciaría. Se les informó a los periodistas que el gobernador se dirigiría a ellos en su mansión a las cinco de la tarde. Los minutos se convirtieron en horas, y los periodistas fueron trasladados del patio a una sala interior. Esas decisiones improvisadas revelaban el caos que se producía a puerta cerrada. A las siete de la tarde, una multitud se había congregado frente a la Fortaleza. Las protestas nocturnas habituales estaban por comenzar. Esta vez, sin embargo, había un aura de celebración. Se había convocado un perreo combativo frente a La Fortaleza, pero debido a la gran concurrencia, se trasladó a unas cuadras, a las escalinatas de la catedral de San Juan.[36]

Siete minutos antes de la medianoche —la víspera del aniversario de la ocupación estadounidense de 1898, de la creación del Estado Libre

Asociado en 1952 y del asesinato de los dos jóvenes independentistas en el Cerro Marravillla en 1978— se transmitió un mensaje pregrabado del gobernador. El silencio reinó en las calles, en los hogares y en la diáspora puertorriqueña en todo el mundo. El discurso duró catorce minutos. Cuando Rosselló anunció su renuncia, efectiva el 2 de agosto, millones de puertorriqueños celebraron un momento histórico sin precedentes en el archipiélago.[37]

Tras las celebraciones llegó la pregunta crucial: ¿y ahora qué? Pedro Pierluisi, quien había perdido las primarias de 2016 y ejercía como asesor de la Junta de Supervisión Fiscal, había sido nombrado Secretario de Estado de Puerto Rico por Rosselló, lo que lo haría el siguiente en la cadena de sucesión. Sin embargo, el Senado de Puerto Rico había bloqueado su confirmación como Secretario de Estado. Cuando llegó la renuncia de Rosselló, no había un sucesor claro. En el vacío político, Pedro Pierluisi reclamó la gobernación y juró el cargo ante un juez en la casa de su hermana el 2 de agosto. Tres días después, el Senado se reunió y no confirmó su nombramiento como Secretario de Estado. Pierluisi no pudo reclamar el puesto de gobernador. El Tribunal Supremo intervino y acordó que su nombramiento había sido inconstitucional. La siguiente en la cadena de sucesión era Wanda Vázquez Garced, Secretaria de Justicia, quien se convirtió en la nueva gobernadora de Puerto Rico.[38]

Para muchos de los que habían participado en las protestas del verano, la gobernadora Vázquez Garced era más de lo mismo. Después de todo, había formado parte de la administración de Rosselló y había sido acusada de no investigar de forma adeucada irregularidades, como, por ejemplo, las relacionadas con los contenedores desaparecidos de Beatriz Rosselló. En todo el archipiélago empezaron a convocarse «asambleas populares» improvisadas y autónomas. Cada una tenía sus propias prioridades, pero todas compartían una preocupación colectiva respecto a la auditoría de la deuda, la privatización de servicios esenciales y las repercusiones sociales de la crisis fiscal vigente.[39] Las asambleas populares prometían la continuidad del movimiento, pero la gente estaba cansada y las asambleas pronto desaparecieron. Es posible que las experiencias cotidianas de vivir en la escasez económica también influyeran en su desaparición. Algunos miembros, sin embargo, se unieron otros grupos comunitarios de base que se convirtieron en una extensión de las asambleas.[40]

La continuación la administración de Rosselló, aun después de su renuncia, no debe considerarse un fracaso. De hecho, las protestas del Verano '19 desafían el binario fijo de éxito o fracaso. Como señala el filósofo Pedro Lebrón, «la belleza del verano de 2019 fue el sujeto colectivo que emergió a través de las diferencias ideológicas de ese momento (por ejemplo, pro-estadidad, pro-Estado Libre Asociado, pro-independencia, ateos, cristianos, anticolonialistas, feministas, *queer*, etc.). Si bien es cierto que el verano de 2019 nos cambió de alguna manera, aún se desconocen sus efectos a nivel intersubjetivo».[41] Participar en los actos del verano de 2019 nos permitió a muchos puertorriqueños vislumbrar un futuro distinto, un futuro que podíamos construir de forma colectiva.

Catástrofe continua

«¿Qué pasa?» Me desperté de repente. La habitación temblaba violentamente y las paredes chirriaban. Me levanté pero caí al suelo. Mi esposa se arrastró hasta el dormitorio de nuestro hija. Era el 7 de enero de 2020. Durante unos segundos que parecieron eternos, sentimos la fuerza de un terremoto de magnitud 6,4.

Tras el terremoto inicial, salimos corriendo para reunirnos con los vecinos. Todos compartimos experiencias y luego guardamos silencio. Se había ido la luz y estábamos todos juntos sin saber qué pasaría a continuación. Pero al menos estábamos juntos.

Cuando por fin regresamos a nuestro apartamento para descansar un poco, volvieron los temblores. Para nosotros era la primera de muchas réplicas, pero para muchos otros no. Desde el 28 de diciembre de 2019, el área sur de Puerto Rico había experimentado un enjambre sísmico de más de 9.000 terremotos, once de ellos de magnitud superior a 5,0.[42] Un informe del Servicio Geológico de Estados Unidos (USGS, por sus siglas en inglés) indicó que las réplicas «persistirán durante años o décadas».[43]

Vivimos el terremoto en la ciudad norteña de Manatí. Sin embargo, su epicentro se situó en el pueblo sureño de Guánica. A medida que avanzaba el día, circulaban noticias de los daños sufridos en los municipios del sur. En los noticieros locales y en las redes sociales aparecían imágenes de casas derrumbadas. Las fotografías arrojaban luz sobre las desigualdades geográficas de Puerto Rico. Aunque la región sur había sido el centro de proyectos de industrialización en la década de 1960, había retrocedido económicamente en décadas posteriores y ahora albergaba refinerías de petróleo abandonadas.[44] Los residentes de las comunidades y los municipios más afectados eran en su mayoría puertorriqueños no blancos y negros.[45]

Al ser entrevistado por la antropóloga Hilda Llorens, un médico que había trabajado en la región durante cuarenta años explicó que el marcado aumento en enfermedades se debía a «los contaminantes de la central de carbón de AES [Applied Energy Systems], la central termoeléctrica de Aguirre y las industrias agroquímicas de OMG [Organismos Modificados Genéticamente]». Pero, sobre todo, señaló: «La peor enfermedad que aqueja a la región es la pobreza... Como esta es una región pobre, la gente está indefensa. Tiene poca voz e influencia política para defenderse de la embestida de las industrias contaminantes que se instalan aquí».[46]

Una vez más, los esfuerzos de solidaridad se convirtieron en tabla de salvación para muchos. Justo después del terremoto, la gente organizó campañas de recaudación de fondos para ayudar a los más necesitados. El gobierno desaconsejó viajar a los municipios del sur en las horas inmediatamente posteriores al seísmo, ya que algunos puentes y carreteras necesitaban ser evaluados por daños infraestructurales. Una vez que fue posible viajar, miles de personas se dirigieron a la ciudad de Guánica con donativos.

Al igual que ocurrió con el huracán María, el terremoto dejó al descubierto la frágil infraestructura de Puerto Rico. El derrumbe de una escuela en Guánica suscitó conversaciones sobre la seguridad de los niños. Un día después del terremoto del 7 de enero, el Colegio de Ingenieros de Puerto Rico señaló que solo 500 de las 857 escuelas públicas de Puerto Rico que no habían sido cerradas por el gobierno de Rosselló estaban reforzadas para soportar un terremoto.[47] La ciudad de Guánica sufrió réplicas que siguieron empeorando su ya frágil infraestructura.

La situación llegó a ser tan grave que la gente durmió fuera de sus casas durante semanas. Algunos tuvieron la suerte de encontrar refugio en contenedores de camiones, otros durmieron en automóviles o en tiendas de campaña.[48]

La secuela del terremoto fue una de las múltiples catástrofes provocadas por la crisis fiscal del país. Exacerbó problemas sociales con los que muchas personas ya convivían desde hacía años. Y, al igual que las secuelas de María, demostró que la gente no podía depender del gobierno local o federal para ningún tipo de ayuda. Muchos alcaldes de los municipios afectados se quejaron de la falta de ayuda del gobierno central de Puerto Rico.[49]

Mientras la gente luchaba por sobrevivir, una transmisión en vivo por Facebook volvió a desatar la rabia colectiva. El 19 de enero, un bloguero investigador conocido como León Fiscalizador, comenzó un *livestream* en un almacén del municipio sureño de Ponce. En lo que a muchos nos pareció un *déjà vu*, el vídeo en vivo mostraba un almacén lleno de suministros que no se habían distribuido: miles de productos, desde agua hasta pañales, cocinas y catres. El bloguero había recibido una denuncia anónima de alguien de la administración del PNP que afirmaba ser leal al partido, pero que ya no aguantaba más los abusos. El vídeo se hizo viral y obtuvo más de 700.000 visitas. Los grupos empezaron a llegar al almacén, lo asaltaron y redistribuyeron los suministros hasta que apareció la policía y los desalojó.[50]

La gobernadora Wanda Vázquez Garced negó tener conocimiento del almacén, pero se vio obligada a retractarse públicamente. El gobierno también confirmó otros almacenes llenos de suministros. Como ha señalado la académica feminista Marisol LeBrón, «muchas personas sintieron que [Vázquez Garced] estaba manejando los esfuerzos de recuperación del terremoto de manera similar a como su predecesor, el ex gobernador caído en desgracia, Ricardo Rosselló, había manejado los huracanes Irma y María». La gobernadora Vázquez Garced negó su responsabilidad y culpó a la administración anterior, pero como señala LeBrón, «La ironía, por supuesto, es que Vázquez formaba parte de la administración anterior… y muchos de sus asesores y miembros de su gabinete también formaban parte del gobierno de Rosselló y, por tanto, estaban implicados en la misma corrupción e ineptitud de las que ahora intentaba distanciarse».[51]

El incidente del almacén desencadenó una serie de protestas que evocaron las de Verano '19. Noche tras noche, sonaron los cacerolazos y los manifestantes marcharon y exigieron la dimisión de Vázquez Garced. Crearon incluso una guillotina de tamaño natural como símbolo de lo que había que hacer con la clase política de Puerto Rico. La corrupción es sistémica, un mal que aqueja a las élites de Puerto Rico o lo que los académicos-activistas Joaquín Villanueva, Félix Rodríguez y Martín Cobián han denominado «el bloque criollo». Ese bloque es una clase dirigente y una élite política que administra la colonia y cuya «riqueza ha sido heredada por generaciones en virtud de su posición racial privilegiada y sus alianzas de clase históricas».[52] Aunque muchos esperaban una secuela de los actos de Verano '19, el agotamiento político era palpable, como demostraron la escasa asistencia y el carácter efímero de estas protestas.[53]

Mientras diversos sectores sociales exigían la renuncia de la gobernadora Vázquez Garced, la frágil infraestructura de salud del país estaba a punto de enfrentar otro reto, la pandemia del COVID-19. En marzo de 2020, el gobierno de Puerto Rico activó a la Guardia Nacional estadounidense e impuso una orden de confinamiento de dos semanas. Le siguieron estrictos toques de queda. A medida que avanzaba la pandemia, muchos puertorriqueños se quejaban de que los turistas utilizaban el archipiélago como patio de recreo. También criticaron la forma en que el gobierno atendía a los extranjeros ricos y a los cripto-empresarios mediante exenciones fiscales. Entre tanto, cientos de miles de puertorriqueños —muchos más que los que participaron en la Gran Migración Puertorriqueña de mediados del siglo XX— abandonaron el archipiélago, posiblemente para siempre.

CAPÍTULO 15

MEMORIAS ROTAS E HISTORIAS ORIENTADAS AL FUTURO

En las protestas del Verano '19, los activistas utilizaron pancartas y las redes sociales para denunciar que el gobierno de Puerto Rico odiaba a su pueblo. El chat de Telegram del grupo de Rosselló parecía confirmarlo. El 18 de enero de 2019, los «*brothers*», como se autodenominaban los miembros del chat, comentaron un anuncio que el presidente Trump iba a hacer al día siguiente sobre la crisis humanitaria que se desarrollaba en la frontera sur de Estados Unidos. Bromearon con que Trump anunciaría «la venta de Puerto Rico a Rusia». Uno de los «*brothers*» era Edwin Miranda, un publicista que trató de ocultar su labor propagandística para el gobierno de Rosselló una vez que se filtró el chat. Pero el CPI mostró múltiples instancias en las que utilizó su agencia para favorecer la imagen del ex gobernador en las redes sociales y los medios noticiosos.[1] Miranda bromeó en inglés: «I saw the future… .is so woooooonderful… there are no puertorricans». [Vi el futuro… .es tan maravilloso… no hay puertorriqueños.][2]

Sus palabras se volvieron casi proféticas. La población de Puerto Rico se redujo a 3,3 millones en el censo de 2020, lo que significa que el archipiélago perdió el 11,8% de sus habitantes en una década. Cientos de miles se marcharon tras las crisis fiscales, las catástrofes naturales y el abandono colonial. En la Gran Migración Puertorriqueña de mediados del siglo XX, el Estado facilitó la reubicación de la gente con la intención de allanar el camino a la modernización. La economía de posguerra creó un mercado laboral que permitió a los puertorriqueños encontrar «una plétora de oportunidades limitadas».[3] Muchos emigraron sin saber que eran cifras de un plan estructural más amplio trazado por el gobierno puertorriqueño. La migración pasó a formar parte de la política oficial del Estado.

Sin embargo, a diferencia de las migraciones a gran escala del pasado, en las primeras décadas del siglo XXI, Puerto Rico no se encamina hacia la industrialización o la modernización. Todo lo contrario. El archipiélago avanza hacia el colapso a falta de un plan o agenda clara del gobierno para abordar la crisis fiscal más allá de atraer a estadounidenses ricos, la última iteración de la dependencia fiscal de Puerto Rico de la inversión extranjera.

Los miles de puertorriqueños que siguen llegando a Estados Unidos se encuentran con un mercado laboral precario. La pandemia global, el alto precio del petróleo y los conflictos militares han creado una situación económica internacional desesperada. Los puertorriqueños también se enfrentan a un racismo estructural. La supremacía blanca —o la idea de la superioridad de los blancos— ha sido una ideología fundacional en Estados Unidos. Una oleada de protestas ha destacado las desigualdades raciales en el país tras una serie de asesinatos —a manos de la policía— de afroestadounidenses, entre ellos Tamir Rice, George Floyd y Sandra Bland, por mencionar solo algunos. La presidencia de Donald Trump envalentonó a los grupos supremacistas blancos, que desde entonces se han vuelto más ruidosos y activos.[4]

En 2014, pocos meses después de mudarme a Estados Unidos para cursar estudios graduados, un señor mayor me dijo que me regresara a mi país cuando me oyó hablar en español con mi hija en una tienda. Fue un sutil recordatorio de que, para algunas personas, los puertorriqueños no son bienvenidos en Estados Unidos. Pero es importante reconocer también que los puertorriqueños tenemos la ciudadanía estadounidense y, aunque sea de segunda clase, gozamos de privilegios que otras comunidades latinas no tienen. La raza y la clase social también desempeñan un papel importante en la racialización de los puertorriqueños en Estados Unidos. Mi posición como puertorriqueño de piel clara con estudios me otorga privilegios que no puedo pasar por alto. Todavía hay muchos puertorriqueños y cientos de miles de historias de emigración.

La migración no es el único detonante de los cambios demográficos a los que se enfrenta la nación puertorriqueña. Un informe publicado por el Centro: Center for Puerto Rican Studies de CUNY señala que, en 2017, las personas mayores de 65 años, eran «el único grupo demográfico con tasas de crecimiento positivas». Esto se debe en parte al descenso de las tasas de fecundidad, el aumento de la esperanza de vida y la migración de las personas en edad fértil.[5] El crecimiento de la población de más edad se produce en un momento en que el gobierno puertorriqueño ha recortado drásticamente las pensiones de maestros, profesores universitarios y empleados públicos para hacer frente a la crisis fiscal.[6]

Cuando era niño, cualquier conversación sobre la posible independencia de Puerto Rico terminaba siempre con el mismo comentario: «¿Quieres convertirte en otra Cuba o República Dominicana?». Más allá de las connotaciones xenófobas y racistas de esos comentarios, había una preocupación por la pobreza y la falta de infraestructura que dificultaban la vida en esos países. Me hablaban de escasez de alimentos y combustible, de redes eléctricas poco fiables. La independencia nunca llegó a Puerto Rico y, sin embargo, en 2022, los puertorriqueños se enfrentaban a cortes de electricidad diarios. El aumento de la pobreza, que afecta sobre todo a los niños, dificulta la vida en Puerto Rico. La falta de empleos también ha empujado a muchas personas de todas las clases sociales a migrar.

El futuro sin puertorriqueños con el que soñaba Edwin Miranda no era una broma abstracta, sino un proyecto político que pretendía hacer de Puerto Rico un archipiélago en vías de desaparición. Mientras muchos puertorriqueños luchan por sobrevivir o llegar a fin de mes, una nueva clase de extranjeros estadounidenses ricos ha llegado al archipiélago para aprovechar los incentivos fiscales del gobierno. Algunos de esos nuevos extranjeros sueñan con crear proyectos utópicos basados en criptomonedas. Para muchos en Puerto Rico, como atestiguan los grafitis en las calles de San Juan, es una forma más de colonialismo.

Nuevas formas de colonialismo

La primera línea de un artículo de *The New York Times* publicado el 2 de noviembre de 2018 lee: «They call what they are building Puertopia». [Llaman Puertopía a lo que están construyendo.] Para muchos puertorriqueños, era la primera vez que oían hablar de empresarios que habían amasado fortunas a través de Blockchain y Bitcoin migrando al archipiélago. «Quieren construir una cripto utopía», dice el artículo, «una nueva ciudad donde el dinero sea virtual y los contratos sean todos públicos para demostrarle al resto del mundo cómo podría ser un futuro cripto. Blockchain, un sistema de contabilidad digital que constituye la base de las monedas virtuales, tiene el potencial de reinventar la sociedad, y los habitantes de Puertopía quieren demostrarlo».[7]

Cuando se publicó el artículo, un puñado de criptoinversores ya se había instalado en el Viejo San Juan y había convertido el Museo del Niño en su base de operaciones. Más tarde comprarían el edificio, un gesto simbólico que demostraba su intención de quedarse. Los criptoinversores también sostuvieron conversaciones sobre la compra de la antigua base militar de Roosevelt Roads, en la zona este del país, para iniciar su Puertopía, más tarde rebautizada como Sol. Esas fantasías coloniales también estaban impregnadas del discurso espiritual de la Nueva Era. Brock Pierce, antiguo actor infantil convertido en gurú del movimiento, expresó: «Un multimillonario es alguien que ha influido positivamente en la vida de mil millones de personas».[8] Durante la entrevista con un periodista del *New York Times*, Pierce se puso delante de una ceiba y rezó por Puertopía.[9]

Tras el huracán María, los criptoinversores vieron el archipiélago como una oportunidad de hacer borrón y cuenta nueva.[10] En lugar de retar esos deseos coloniales, el gobierno puertorriqueño fomentó la llegada de los criptoinversores. En marzo de 2018, el gobierno de Puerto Rico patrocinó la convención Blockchain Unbound a la que asistieron ochocientas personas.[11]

A muchos les atrajeron las exenciones fiscales. En 2012, la administración del gobernador Fortuño había aprobado dos leyes para atraer capital extranjero, convirtiendo al país en un paraíso fiscal. La Ley 20

(Ley para Fomentar la Exportación de Servicios) y la Ley 22 (Ley Para Incentivar el Traslado de Individuos Inversionistas a Puerto Rico) ofrecían incentivos fiscales a los nuevos residentes o empresas que llegaban al archipiélago.[12] Si bien, al establecerse, estas leyes no incluían a las criptoempresas, después se incluyeron a través de la Ley 60 de 2019 (Código de Incentivos de Puerto Rico).[13] Como señala el sociólogo del derecho José Atiles, «en la actualidad, cualquier persona que pase tres meses en Puerto Rico puede recibir exenciones de los impuestos federales y locales, impuestos por ganancia de capital y por ingresos pasivos hasta 2035».[14]

Durante décadas, Rincón, en el oeste de Puerto Rico, ha sido un destino de surf que atrae a muchos residentes estadounidenses blancos. En años recientes, los residentes puertorriqueños se han quejado de que las exenciones fiscales aceleran el proceso migratorio. Los puertorriqueños se están viendo desplazados por los elevados precios de la vivienda. Samuel Sánchez Tirado, vecino de Rincón, señaló que los que llegan «no preguntan el precio» cuando quieren comprar una propiedad. «Simplemente te dan un cheque en blanco y te piden que pongas la cantidad que crees que vale la casa».[15]

Un informe de *El Nuevo Día,* el periódico de mayor tirada de Puerto Rico, señala que, en 2022, el archipiélago contaba con 22.426 habitaciones que se usaban para alquileres a corto plazo. En el Viejo San Juan, el 25% de las unidades habitables —una de cada cuatro residencias— se alquilaba a corto plazo.[16] Según datos del Gobierno, el sector del alquiler creció un 99% en 2020.[17] Los puertorriqueños también se quejan de que los turistas han empezado a aventurarse fuera del área metropolitana, desencadenando procesos de gentrificación que aumentan los alquileres y el costo de la vida en otros municipios.

El turismo ha sido una parte importante de la economía de Puerto Rico desde mediados del siglo XX. En 2019, antes de que comenzara la pandemia, por ejemplo, el turismo aportó el 5,1% del PIB total de Puerto Rico.[18] El gobierno ha utilizado el cine y los medios de comunicación para presentar a Puerto Rico como un paraíso tropical que los residentes estadounidenses pueden visitar sin necesidad de pasaporte. No es casualidad que el eslogan del Gobierno de Puerto Rico para atraer a los nuevos criptoempresarios fuera «Paradise Performs».[19] Pero el turismo no siempre es benigno o beneficioso. Los pueblos caribeños llevan mucho tiempo criticando el modo en que el turismo ha perpetuado las jerarquías coloniales entre naciones y exacerbado la dependencia económica.

En 2020, cuando Puerto Rico atravesaba la pandemia de COVID-19, la Gobernadora Wanda Vázquez Garced solicitó a la Agencia Federal de Aviación el cierre del Aeropuerto Internacional Luis Muñoz Marín debido al elevado número de casos de Covid. Su solicitud fue denegada.[20] Por el contrario, los viajes continuaron a pesar de las estrictas restricciones y protocolos del gobierno. El Gobierno de Puerto Rico anunció que el 2021 fue un año récord para el turismo «al registrar las cifras más altas en recaudaciones por impuestos de habitaciones de alquiler».[21]

La llegada en masa de turistas a San Juan durante la pandemia creó tensiones con la población local. A diario aparecían noticias sobre alquileres destrozados, riñas en espacios públicos y peleas con trabajadores del sector de servicios. Los puertorriqueños respondieron utilizando las redes sociales para compartir memes, vídeos y críticas. Se creó la sensación de que Puerto Rico era un patio de recreo para turistas, lo que recordaba a todos el sueño siniestro de Edwin Miranda de «Puerto Rico sin puertorriqueños».

Contrario a los extranjeros estadounidenses —blancos en su mayoría—, atraídos por las exenciones fiscales, muchos turistas durante las primeras fases de la pandemia eran afroestadounidenses. En reacción al auge turístico, algunos puertorriqueños articularon un discurso racista hacia ellos, como señaló la antropóloga Yarimar Bonilla en la prensa puertorriqueña. En una columna periodística expresó: «En lugar de enfocarnos en el tipo de turismo que nos está llegando, deberíamos quizás reflexionar sobre cómo el turismo representa un acto violento en sí— basado no solo en legados coloniales, relaciones de extracción y la destrucción de la naturaleza, sino también en imaginarios racistas y sexistas que son reproducidos aun por aquellos que también son víctimas de las mismas».[22] Yarimar Bonilla no fue la única persona que advirtió sobre la violencia del turismo.

IMAGEN 15.1. Mural en el Expreso Baldorioty de Castro en San Juan. Fotografía del autor.

Más allá de las redes sociales, los puertorriqueños utilizan los muros de las vías de tránsito como tablones de anuncios. En la avenida Baldorioty de Castro, una de las autopistas más transitadas del archipiélago, el colectivo de arte activista La Puerta pintó un mural en letras gruesas que lee en inglés: GRINGO GO HOME. END COLONIALISM. Esto se complementó con frases similares de personas anónimas de todos los núcleos urbanos. Frases como «Gringo, no eres bienvenido» o «Ley 20/22 = Genocidio étnico» se pintaron en los baños y las paredes de la ciudad o se pegaron en los postes de las calles. Son formas de protesta y resistencia cotidianas de quienes pretenden resistirse al sueño de Edwin Miranda.

La política de la deuda y la vida cotidiana

Desde 1968, la historia electoral de Puerto Rico ha estado dominada por dos partidos tradicionales: el Partido Popular Democrático (PPD) y el Partido Nuevo Progresista (PNP). Cada uno ha defendido un estatus político particular para el archipiélago. El PPD creó el Estado Libre Asociado durante la década de 1950, mientras que el PNP ha abogado por la estadidad, o la incorporación de Puerto Rico a Estados Unidos. El Partido Independentista Puertorriqueño (PIP) había quedado en segundo lugar poco después de su creación en 1946, pero luego se convirtió en un partido minoritario. Y, aunque los dos partidos que se han alternado en el poder tenían al inicio puntos de vista diferentes sobre el estatus político del archipiélago, con el paso del tiempo se han ido pareciendo cada vez más.

En los albores del siglo XXI, el pueblo de Puerto Rico empezó a perder la fe en su aparato político. La participación electoral disminuyó. En las elecciones de 2000, votó más del 82% de los votantes elegibles, mientras que en 2018 solo el 55% lo hizo.[23] Las primeras décadas del siglo XXI también vieron surgir nuevos partidos políticos como Puertorriqueños por Puerto Rico en 2003, Movimiento Unión Soberanista en 2010 y el Partido del Pueblo Trabajador en 2010. Aunque sus números seguían siendo reducidos y todos acabaron por disolverse tras unas pocas contiendas electorales, su mera existencia demostró el creciente descontento con la política tradicional. Esos partidos lograron acumular, junto con el PIP, un porcentaje marginal del total de votos emitidos. En las elecciones de 2012, por ejemplo, los partidos minoritarios solo acumularon el 5% del total de votos emitidos en Puerto Rico.[24]

En 2019, varios grupos sociales, entre ellos el antiguo Partido del Pueblo Trabajador, se unieron para crear un nuevo partido político llamado Movimiento Victoria Ciudadana (MVC). El partido comenzó como una coalición y eligió internamente a Alexandra Lúgaro como candidata a la gobernación. Lúgaro es una empresaria que había liderado una exitosa campaña por la gobernación como candidata independiente en las elecciones de 2016, en las que acumuló más del 11% de los votos, una cifra impresionante para una mujer que se presentó sin un aparato partidista que la respaldara. Pero el MVC no es el partido de Alexandra Lúgaro. Se trata más bien de una coalición compuesta por activistas experimentados, organizadores comunitarios y políticos de partidos tradicionales.

Tras los acontecimientos del verano de 2019 que desembocaron en la renuncia del gobernador Ricardo Rosselló, tanto el MVC como el PIP pasaron por un momento de efervescencia política. Esto se debió en parte a las campañas políticas de base centradas en una generación más joven que no se sentía representada por los partidos políticos tradicionales. Los nuevos partidos articulaban posturas en torno al género, la raza y la sexualidad que resonaban entre los activistas y los jóvenes cansados del sistema bipartidista en el que habían crecido.

Las elecciones de 2020 fueron las primeras después de la renuncia de Rosselló al cargo y demostraron que el modelo bipartidista había entrado en un momento de crisis. Pedro Pierluisi, del PNP —un asesor de La Junta que intentó hacerse cargo del gobierno cuando Rosselló dimitió, pero cuyo nombramiento fue declarado inconstitucional por el Tribunal Supremo de Puerto Rico— ganó la gobernación con menos del treinta y tres por ciento de los votos. Otros partidos vieron crecer drásticamente sus cifras. El PIP, que había luchado por sobrevivir durante décadas, obtuvo el 14% de los votos, algo que no conseguía desde la década de 1950. El MVC también recibió el 14% de los votos y logró la elección de dos senadores y dos legisladores.

Los partidos de izquierda no fueron los únicos que se aprovecharon el momento político. En años anteriores, los conservadores y religiosos fundamentalistas se habían quejado de su falta de representación en los partidos políticos tradicionales. En 2020 crearon un partido llamado Proyecto Dignidad. Aunque la idea de «dignidad» había sido un grito de guerra de los movimientos sociales en toda América Latina, el grupo usó el nombre en Puerto Rico para defender ideas y valores conservadores. En las elecciones de 2020 también lograron la elección de un senador y un legislador.

La baja participación electoral no se limitó a las elecciones. En 2020, el gobierno de Puerto Rico organizó su sexto plebiscito sobre la cuestión del estatus. El primer plebiscito se celebró en 1967; le siguieron otros cuatro en 1993, 1998, 2012 y 2017. Aunque los partidos políticos siempre han negociado el lenguaje a fin de impactar negativamente a sus oponentes, alguna versión del «Estado Libre Asociado» siempre había ganado estos plebiscitos, excepto en 2017, cuando ganó la estadidad, aunque con solo el voto del 27% de los votantes elegibles. En el plebdiscito de 2020, la estadidad ganó ampliamente, pero con la participación de menos del 50% de los votantes con derecho a voto. Para muchos puertorriqueños, esos plebiscitos no vinculantes son un despilfarro de los recursos gubernamentales.

El reducido número de votos también refleja desconfianza y descontento, sobre todo de parte de una generación más joven que siente que la democracia representativa le ha fallado. En cambio, está poniendo en práctica políticas y otras formas de democracia participativa más allá de las urnas. Proyectos radicales, como las bibliotecas callejeras, obligan a la gente a replantearse su relación con el espacio y la propiedad privada. La Colectiva Feminista en Construcción ha demostrado que las reivindicaciones no se hacen a puerta cerrada, sino que, ante la ola de feminicidios, las calles deben convertirse en foros públicos. Los colectivos agrícolas están orientando la conversación hacia los significados de la soberanía alimentaria en una colonia que importa casi el 90% de todos los alimentos que consume. Y los activistas también han creado bancos de alimentos por toda la isla para combatir el hambre desde un punto de vista radical.

Para muchas de las personas que participan en esos proyectos, la descolonización es una cuestión urgente. Como no pueden seguir esperando a que los oficiales electos las ayuden, confían en sí mismas para hacerlo. La frase «solo el pueblo salva al pueblo» adquiere fuerza en este contexto. Pero los activistas también nos advierten que no podemos idealizar las luchas a las que se enfrenta la gente celebrando la resiliencia. Muchos de esos proyectos, aunque radicales en su orientación política, surgen de la necesidad. Como sostienen algunos activistas, sobrevivir en la colonia es un acto radical. Y, en ese caso, emitir un voto cada cuatro años no acarrea la promesa de cambiar una situación que parece descontrolarse de forma apresurada.

Existe una correlación directa entre la participación electoral y la crisis fiscal que Puerto Rico lleva sufriendo desde 2006. Se dice que los partidos tradicionales no han hecho gran cosa ante la crisis. Y, para algunos puertorriqueños, los partidos son directamente responsables de ella.

En 2017, el presidente del Tribunal Supremo de Estados Unidos, John G. Roberts, asignó a la jueza de distrito estadounidense Laura Taylor Swain la supervisión del caso de quiebra de Puerto Rico, uno de los mayores de la historia de Estados Unidos.[25] Tras casi tres años de deliberaciones y discusiones, la jueza Swain accedió a reestructurar la deuda. El acuerdo borró 33.000 millones de dólares de la deuda total y redujo a 7.000 millones los bonos por valor de 22.000 millones.[26] Algunos miembros de la Junta lo celebraron como una gran victoria para Puerto Rico. Por ejemplo, Natalie Jaresko y David Skeel señalaron en un editorial de *The Wall Street Journal* que Estados Unidos no había abordado la cuestión del estatus de Puerto Rico debido a su enorme deuda. Según ellos, eso ya estaba resuelto. Según su lógica, sus acciones allanaban el camino para resolver el eterno problema del estatus.[27]

Sin embargo, el proceso de refinanciación no abordó una de las principales preocupaciones planteadas por múltiples grupos activistas y cívicos. La mayor parte de la deuda se había acumulado ilegalmente, pero el acuerdo pactado cercenó cualquier posibilidad de auditoría. Además, como han señalado las académicas Marisol LeBrón y Sarah Molinari, desde su creación, La Junta ha utilizado medidas de austeridad para recortar fondos y reducir el gobierno. El plan de amortización de la deuda, que el pueblo de Puerto Rico pagará durante cuarenta años, no incluye ninguna estrategia para reconstruir o abordar las numerosas instituciones afectadas por las medidas de austeridad. Sin un plan nacional claro, parece como si el plan del gobierno puertorriqueño dependiera, nuevamente, de la inversión extranjera una vez reestructurada la deuda.

En 2021, el gobierno de Puerto Rico privatizó la red eléctrica. Luma Energy se hizo cargo de la distribución de electricidad en el archipiélago. Con la privatización llegaron múltiples aumentos en las facturas de electricidad en un momento en que la infraestructura está tan debilitada y es poco fiable que los puertorriqueños se enfrentan a apagones a diario. Los precios de los alquileres siguen subiendo, ya que las empresas de alquiler a corto plazo sirven a los extranjeros con poder adquisitivo. La crisis fiscal que comenzó en 2006 continúa sin un final a la vista. Mientras tanto, Jenniffer González, Comisionada Residente de Puerto Rico en Washington —un cargo sin poder de voto en el Congreso de Estados Unidos—, trabaja en la creación de otro plebiscito para abordar la cuestión del estatus.

La privatización y la corrupción siguen asolando al gobierno de Puerto Rico. De 2020 a 2022, veinticuatro funcionarios del gobierno o personas cercanas a ellos fueron arrestadas por cargos de corrupción o fraude, incluida la exgobernadora Wanda Vázquez Garced.[28] La corrupción no tiene una definición sencilla. Según los estudiosos José Atiles, Gustavo A. García López y Joaquín Villanueva, las organizaciones internacionales como las Naciones Unidas, el Banco Mundial y el Fondo Monetario Internacional definen ampliamente la corrupción como «el abuso de poder en beneficio propio». Sin embargo, esos estudiosos sostienen que la cuestión es mucho más compleja. En el caso de Puerto Rico, la corrupción ha servido para legitimar el colonialismo estadounidense; «el capitalismo estadounidense», argumentan, «ha impulsado de forma rutinaria medidas instrumentales contra la corrupción y las prácticas excepcionales para garantizar la extracción de riqueza y la obtención de beneficios al tiempo que patologiza funcionalmente a los líderes locales como indignos de confianza, desviados y 'corruptos'».[29]

Pero la corrupción no empezó en 1898 con la ocupación estadounidense. Los comerciantes españoles traficaban con africanos esclavizados, mientras que gran parte de la población rural de Puerto Rico dependía del contrabando. Miguel Enríquez, quien se convirtió en el puertorriqueño más rico de principios del siglo XVIII, amasó su fortuna en los arreglos corruptos que hizo con el gobernador Gabriel Gutiérrez de la Riba. Más tarde, en el siglo XIX, la élite blanca de los hacendados acusó a las masas trabajadoras de corrupción. Creían que había que regenerar a las masas. Esa fue una pieza fundacional del mito de la Gran Familia Puertorriqueña.[30]

Antes y después de la ocupación estadounidense de 1898, políticos, miembros de las élites y funcionarios del gobierno confabularon para obtener beneficios. En un estudio publicado recientemente que utilizó informes de auditorías municipales para crear un conjunto de datos longitudinales, un grupo de académicos descubrió que la política partidista después de 1952 —el año en que se inauguró el Estado Libre Asociado de Puerto Rico— los casos de corrupción «fueron prominentes y centrales en la trayectoria de Puerto Rico».[31] El informe demostró, además, que «el deterioro institucional está directamente correlacionado con la normalización de las prácticas de corrupción a través del tiempo».[32]

Como se ha demostrado en este libro, la corrupción no cesó en las dos primeras décadas del siglo XXI. La condición colonial del país ha creado una clase de empresarios que se han beneficiado de la relación actual de Puerto Rico con Estados Unidos. Sus prácticas de corrupción han cambiado a lo largo del tiempo, pero se han mantenido posiciones de poder en la vida pública y política de Puerto Rico. En el verano de 2019 se produjo una ruptura cuando los puertorriqueños salieron a la calle para exigir la renuncia del gobernador Ricardo Rosselló. Mientras que en el siglo XIX las élites acusaban a las masas de corrupción, ahora era el pueblo el que acusaba a los gobernantes de corruptos y exigía un cambio.[33] Pero esas protestas no tuvieron como único objetivo retar la corrupción. Mientras la gente ocupaba las calles, pintaba paredes y «perreaba» frente a la catedral de San Juan, se estaban negociando nuevas formas de entender a Puerto Rico. Aunque no hubo cambios drásticos tras las protestas del verano de 2019, a quienes participaron en ellas sí les cambió la vida.

La corrupción continúa sin fin a la vista. En el pueblo costero de Aguadilla, la gente protestó por la construcción ilegal de un hotel en terrenos públicos protegidos. Movidos por un sentido de impunidad, el 29 de enero de 2023, agentes de seguridad privada dispararon municiones reales contra la multitud, hiriendo a uno de los manifestantes. El suceso se convirtió en una metáfora del modo en que los desarrolladores se apoderan de los terrenos públicos, en particular de las playas de Puerto Rico, sin preocuparse por el bienestar de los puertorriqueños.[34] Mientras tanto, unas semanas después, la periodista Sandra Rodríguez

Cotto dio la noticia de que un estudio señalaba que el hijo del gobernador Pierluisi, Anthony Pierluisi, posee el 88% de todas las propiedades de alquiler a corto plazo en el área de San Juan. Y aunque esas propiedades no son ilegales propiamente, reciben promoción gratuita de agencias gubernamentales como la Compañía de Turismo y Discover Puerto Rico.[35]

Todos esos acontecimientos ocurren mientras continúa la crisis social y, con ella, siguen aumentando la criminalidad, los asesinatos relacionados con las drogas y los delitos menores. En lugar de presentar un proyecto social integral que preste atención a la educación, la economía y los enfoques holísticos y médicos del consumo de drogas, el gobierno solo emplea la «mano dura» en sus prácticas de vigilancia y control. Como se ha demostrado en este libro, dichas prácticas se han estado utilizado en el archipiélago desde la década de 1990, y han fracasado una y otra vez.[36]

La situación actual —un sistema educativo empobrecido, desplazamientos y migraciones en masa y una corrupción interminable— parece diseñada adrede. Pero, mientras los amigos del ex Gobernador Ricardo Rosselló sueñan con un Puerto Rico sin puertorriqueños, muchas personas anónimas trabajan para construir un Puerto Rico lleno de puertorriqueños. Es decir, el pueblo está trabajando para crear futuros liberadores para los puertorriqueños, independientemente de que vivan en Santurce, Cayey, Cabo Rojo, Nueva York, Orlando o Milwaukee.

El apagón

Muchos jóvenes se identificaron como la generación del «yo no me dejo» durante las protestas del verano de 2019. El lema fue acuñado por el artista de *trap* y reguetón Bad Bunny en una canción con sus compañeros Residente e iLe, que se lanzó durante las protestas. Benito Martínez Ocasio, conocido como Bad Bunny, trabajaba de embolsador en un supermercado antes de convertirse en una superestrella mundial. Cuando anunció un nuevo concierto en Puerto Rico con entradas que solo se vendían en persona, partes del área metropolitana de San Juan se cerraron debido al enorme número de personas que acampó frente al coliseo.

Su música ha llegado a definir a una generación no solo en Puerto Rico, sino también en todo el mundo.

A diferencia del *ethos* machista y chovinista que dominaba el género musical del reguetón, Bad Bunny representa una estética *queer* con sus trajes de colores brillantes, sus uñas pintadas y sus representaciones artísticas que desafían las convenciones de género. En *Un verano sin ti,* su cuarto álbum de estudio en solitario, Bad Bunny volvió a encabezar las listas de éxitos y batir récords de *streaming*. Uno de los temas, «El apagón», se convirtió inmediatamente en un himno en el archipiélago.

Un ritmo alegre acompaña a una multitud que grita «Puerto Rico está bien cabrón» (que, en español puertorriqueño, según se interprete, quiere decir que Puerto Rico es una maravilla o que en Puerto Rico la vida es muy difícil). Aparte de su tono festivo, la canción, como refleja el título, es también un recordatorio de la terrible realidad que viven muchos en el archipiélago. Hacia el final de la canción, Gabriela Berlingeri canta:

> Yo no me quiero ir de aquí.
> No me quiero ir de aquí.
> Que se vayan ellos.
> Que se vayan ellos.
> Que se vayan ellos.
> Que se vayan ellos.
>
> Lo que me pertenece a mí
> se lo quedan ellos.
> Que se vayan ellos.
>
> Esta es mi playa.
> Este es mi sol.
> Esta es mi tierra.
> Esta soy yo.[37]

La canción documenta la rabia y el descontento colectivos. Puerto Rico recibe a los extranjeros estadounidenses ricos mientras los propios puertorriqueños se ven obligados a irse. Muchos de los que se han ido dicen que no querían hacerlo, como canta Gabriela Berlingeri en la canción. Se fueron porque no tenían otra opción.

Mi abuelo abandonó el archipiélago en la década de 1950 con la esperanza de no volver jamás. Escribo estas últimas palabras en un avión mientras abandono de nuevo el archipiélago. Yo también formo parte de lo que algunos han llamado «la guagua aérea», o el «vaivén», un constante ir y venir entre la diáspora y el archipiélago. Me fui en 2013 con la esperanza de volver, pero no sé si será posible. Sin embargo, como señala la canción de Bad Bunny, muchos puertorriqueños esperamos que los funcionarios corruptos, los capitalistas y los extranjeros ignorantes se vayan para que podamos regresar a nuestras playas, nuestro sol, nuestra tierra. Mientras tanto, otros Puerto Ricos están siendo imaginados «aquí o allá», sea lo que sea aquí o allá.

AGRADECIMIENTOS

A menudo, los libros no tienen un único origen. Este libro es, sin duda, uno de ellos. En el otoño de 2020, Laurel Davis-Delano me invitó a dar una conferencia en Springfield College. La tarea consistía en presentar un amplio panorama histórico de Puerto Rico, los puertorriqueños y la puertorriqueñidad, en una hora. Fue un ejercicio de construcción narrativa que sentó las bases de este libro. Sin embargo, la idea de empezar a escribirlo surgió de una conversación con mi editora Priya Nelson después de que mi colega Matt Delmont facilitara nuestra interacción inicial. A todos ellos les estoy agradecido.

Escribir un libro es siempre un esfuerzo colectivo. Es el producto de innumerables conversaciones con amigos, colegas y familiares. Siempre estaré en deuda y agradecido a todos mis maestros y profesores de historia que fomentaron en mí el orgullo de ser de Puerto Rico, el Caribe y América Latina. También les agradezco a todos mis estudiantes por todo lo que me han enseñado en el salón de clases a lo largo de los años. Estoy especialmente agradecido a mis estudiantes de Dartmouth College y de la Universidad de Wisconsin-Madison por su compromiso con algunas de las ideas que acabaron en las páginas de este libro.

Este libro se nutrió de la comunidad con Pedro Lebrón, Mónica Jiménez, Joaquín Villanueva, Karrieann Soto Vega, Marie Cruz Soto, Sarah Molinari, Daniel Nervaez, José Atiles y Aurora Santiago Ortiz, todos ellos miembros del Colectivo PfknR. También se nutrió de conversaciones con Francisco Moscoso, Rocío Zambrana, Ronald Mendoza de Jesús, César Salcedo Chirinos, Michael Staudenmaier, Melody Fonseca, Marcelo A. Luzzi y muchas otras personas maravillosas.

Mi querida alumna Fionnuala Murphy prestó un apoyo crucial a la investigación durante las primeras fases del libro. Otro amigo y colega,

Nelson Pagán Butler, también me ayudó a realizar investigaciones en Puerto Rico cuando la pandemia dificultaba los viajes. Durante el proceso de redacción, también conté con el inestimable apoyo editorial de Hannah Brooks-Motl.

Este libro se escribió entre San Juan de Puerto Rico y Hanover, New Hampshire. Lo terminé en un avión en mi último vuelo a Nueva Inglaterra antes de trasladarme a la Universidad de Wisconsin-Madison. En Verona, Wisconsin, revisé el manuscrito final. Menciono estos lugares porque sirven como radiografía de la forma en que los puertorriqueños estamos siempre en movimiento. Al igual que la puertorriqueñidad, este libro es diaspórico.

Durante mi estancia en Dartmouth College pude conectar con personas que trascendieron los lazos de amistad y se convirtieron en parte de mi familia extendida: Ernesto Mercado Montero, Jorge Ramírez-López, Vanessa Castañeda, Melanie Z. Plasencia, MT-Vallarta, Joe Blanco, Charlie Guyer, Shaonta' Allen, Christian Hadome, Bryan Winston y Audrey Winston. El equipo de El Norte Frío, como nos llamábamos, se convirtió en una tabla de salvación cuando empecé a escribir este libro. Marisol LeBrón, Margaret Power, Joaquín Villanueva y Mark Bray leyeron los primeros borradores y aportaron valiosos comentarios. Los estudiantes de las clases de Michael Staudenmaier en Manchester University-Indiana también leyeron distintas partes de este libro y se implicaron con su contenido. A todos ellos les estoy agradecido.

No podría haber escrito este libro sin el apoyo de mi amiga y mentora, Blanca G. Silvestrini. Su obra, junto con la de tantos historiadores puertorriqueños, ha influido en mi comprensión del archipiélago. Mi familia siempre ha sido mi principal apoyo: Iris Meléndez, Robin Guzzo y Ada Roldán Soto. Este es el producto de todo su esfuerzo. Mi familia política también me ha apoyado siempre: Blanca Ortiz, Julio Santana y Guadalupe Santiago.

Libertad sigue siendo mi fuente de inspiración. Su alegría y sentido del humor han sido cruciales para que emprendiera este proyecto. Este libro también tiene una enorme deuda contigo por todo el tiempo que les robó de sus propias actividades. Espero que algún día su lectura les enorgullezca y te ayude a comprender el dolor y la belleza de nuestro pueblo. Mi principal interlocutora ha sido mi compañera de vida, amiga y colega, Aurora Santiago Ortiz. Eres el motor que me impulsa a seguir produciendo un trabajo que, espero, contribuya a esos futuros de libertad que tanto deseamos. Que nuestro amor nos siga proporcionando una brújula para navegar juntos el resto de nuestra vida juntos. Y que esa vida siga llena de risas, solidaridad y amor.

Que Puerto Rico sea libre pronto, y para siempre.

NOTAS

Prólogo: «Nunca regresaré aquí»

1. Sobre la época de Carlos Alberto Rivera Nieves, *United States Census, 1940*, base de datos con imágenes, *FamilySearch*: https://www.familysearch.org/ark:/61903/1:1:KFJ7-WV9: 20 de mayo de 2021; Carlos Alberto Nieves Rivera en el hogar de Herminia Rivera vda. de Nieves, Corrales, Aguadilla, Puerto Rico; tomado de distrito de enumeración (ED), hoja, línea, familia, *Sixteenth Census of the United States, 1940*, NARA publicación digital T627. Registros de la Oficina del Censo, 1790 - 2007, RG 29. Washington, D.C.: Administración Nacional de Archivos y Registros, 2012, rollo. Sobre el primer vuelo de PanAm, véase; https://digitalcollections.library.miami.edu/digital/collection/asm0341/id/219732/ (consultado el 28 de agosto de 2023). Sobre la migración aérea, véase Jorge Duany, *Puerto Rico: What Everyone Needs to Know* (Oxford: Oxford University Press, 2017) 138; Edna Acosta Belén y Carlos E. Santiago, *Puerto Ricans in the United States: A Contemporary Portrait,* 2ª ed. (Boulder: Lynne Rienner Publishers, 2018) 4.

2. Arcadio Díaz Quiñones, *La memoria rota: ensayos sobre cultura y política* (Río Piedras: Ediciones Huracán, 1993).

3. Para algunas meditaciones teóricas sobre el concepto de destierro o desarraigo, véase Yomaira Figueroa Vásquez, *Decolonizing Diasporas: Radical Mappings of Afro-Atlantic* Literature*: Radical Mappings of Afro-Atlantic Literature* (Evanston: Northwestern University Press, 2020).

4. Francisco Rivera-Batiz y Carlos E. Santiago, *Island Paradox: Puerto Rico in the 1990s* (Nueva York: Russel Sage Foundation, 1996); Edgardo Meléndez, *Sponsored Migration: The State and Puerto Rican Postwar Migration to the United* States (Columbus: The Ohio State University Press, 2017) 202.

5. Jorge Duany, *The Puerto Rican Nation on the Move: Identities on the Island and in the United* States (Chapel Hill: University of North Carolina Press, 2002).

6. Lesley Gill, *The School of the Americas: Military Training and Political Violence in the* Americas (Durham: Duke University Press, 2004).

7. Frances Negrón-Muntaner, «Our Fellow Americans: Why Calling Puerto Ricans "Americans" Will Not Save Them», en Yarimar Bonilla y Marisol LeBrón, eds. *Aftershocks of Disaster: Puerto Rico Before and After the Storm* (Chicago: Haymarket Books, 2019) 113-123.

8. José Trías Monge, *Puerto Rico: las penas de la colonia más antigua del mundo* (San Juan: Editorial de la Universidad de Puerto Rico, 1999).

9. Véase Ángel López Cantos, *Los puertorriqueños: mentalidad y actitudes. Siglo XVIII* (San Juan: Ediciones Puerto, 2001).

10. Véase Ángel G. Quintero Rivera, «Apuntes para una sociología del análisis social en Puerto Rico: el mundo letrado y las clases sociales en los inicios de la reflexión sociológica», Capítulo 4 de *Patricios y plebeyos: burgueses, hacendados, artesanos y obreros. Las relaciones de clase en el Puerto Rico de cambio de siglo* (Río Piedras: Ediciones Huracán, 1988) 189-279.

11. Véase Arlene M. Dávila, *Sponsored Identities: Cultural Politics in Puerto Rico* (Filadelfia: Temple University Press, 1997).

12. Para interpretaciones recientes, véase Michael Goebel, curador, «Rethinking Nationalism», *The American Historical Review* vol. 127, núm. 1 (marzo de 2022) 311-371.

13. Lisa Lowe, *The Intimacies of Four Continents* (Durham: Duke University Press, 2015).

14. Aurora Santiago Ortiz desarrolla este concepto en un proyecto de libro titulado *Circuits of Self-Determination: Mapping Solidarities and Radical Political Pedagogies in Puerto Rico.*

1. Los primeros pueblos de Borikén: de la migración a la insurrección

1. Francisco Moscoso, *Sociedad y economía de los taínos* (Río Piedras: Editorial Edil, 2003); Para las geografías caribeñas de las vías fluviales en un periodo posterior, véase Ernesto Bassi, *An Arqueous Territory: Sailor Geographies and New Granada's Transimperial Caribbean World* (Durham: Duke University Press, 2017).

2. Quizá el relato más famoso de la violencia de la conquista lo escribió Bartolomé de las Casas, fraile y sacerdote dominico. Véase Bartolomé de las Casas, *Brevísima relación de la destrucción de las Indias.* https://www.cervantesvirtual.com/obra-visor/brevsima-relacin-de-la-destruccin-de-las-indias-0/html/847e3bed-827e-4ca7-bb80-fdcde7ac955e_18.html (consultado el 7 de septiembre de 2023).

3. Jalil Sued Badillo, *El Dorado borincano: la economía de la conquista, 1510-1550* (San Juan: Ediciones Puerto, 2001) 61.

4. Sued Badillo, *El Dorado borincano.*

5. Ada Ferrer, *Cuba: An American History* (Nueva York: Scribner, 2021) 17. [Traducción Lauzardo Ugarte]

6. Citado en Pedro Lebrón, «Against the Mythological Machine, Towards Decolonial Revolt», *Theory & Event* vol. 24, núm. 3 (julio de 2021) 799. [Traducción Lauzardo Ugarte]

7. Walter Mignolo, *La idea de América Latina. La herida colonial y la opción decolonial.* Traducción de Silvia Jawerbaum y Julieta Barba (Barcelona: Gedisa Editorial, 2007) 77 y 104.

8. Según Jalil Sued Badillo, solo los caciques eran los intérpretes de las historias colectivas e individuales. Véase, Jalil Sued Badillo, *Caribe taíno: ensayos históricos sobre el siglo XVI* (San Juan: Editorial Luscinia C.E., 2020) 33.

9. Véase Mario R. Cancel, *El laberinto de los indóciles: estudios sobre historiografía puertorriqueña del siglo 19* (Cabo Rojo: Editora Educación Emergente, 2021); Francisco Scarano, «La historia heredada: cauces y corrientes de la historiografía puertorriqueña, 1880-1970», *Exégesis* vol. 6, núm. 17 (1993) 40-52.

10. María de los Ángeles Castro Arroyo, «De Salvador Brau a la "novísima historia": un replanteamiento y una crítica», *Op. Cit., Boletín del Centro de Investigaciones Históricas,* núm. 4 (1988) 9-25.

11. Laurent Dubois y Richard Lee Turits, «The Indigenous Caribbean», en *Freedom Roots: Histories from the Caribbean* (Chapel Hill: University of North Carolina Press, 2019) 14.

12. Luis A. Chanlatte Bail, *Proceso y desarrollo de los primeros pobladores de Puerto Rico y las Antillas* (San Juan: s.e., 1986); Labor Gómez y Manuel Ballesteros Gabrois, *Culturas indígenas de Puerto Rico* (Río Piedras: Editorial Cultural, 1978); Museo de Historia, Antropología y Arte,

Universidad de Puerto Rico, Recinto de Río Piedras, *Culturas indígenas de Puerto Rico* (Río Piedras: Impresos de la Universidad de Puerto Rico, 1996).

13. L. Antonio Curet, «Las crónicas en la arqueología de Puerto Rico y el Caribe», *Caribbean Studies* vol. 34, núm. 1 (enero-junio, 2006) 163-199.

14. Irving Rouse, *The Taínos: Rise and Decline of the People Who Greeted Columbus* (New Haven: Yale University Press, 1992).

15. L. Antonio Curet, «The Earliest Settlers», en *The Caribbean: A History of the Region and Its People,* Stephan Palmié y Francisco Scarano, eds. (Chicago: The University of Chicago Press, 2011) 54.

16. Luis M. Díaz Soler, *Puerto Rico desde sus orígenes hasta el cese de la dominación española* (Río Piedras: Editorial de la Universidad de Puerto Rico, 1994), 61-62; sobre los *cemíes*, véase Francisco Moscoso, *Sociedad y economía de los taínos* (Río Piedras: Editorial Edil, 2003) 50.

17. Blanca G. Silvestrini y María Dolores Loque de Sánchez, *Historia de Puerto Rico: trayectoria de un pueblo* (San Juan: Ediciones Cultural Panamericana, 1992) 62.

18. Jalil Sued Badillo, *La mujer indígena y su sociedad* (Edición revisada, Río Piedras: Editorial Cultural, 2010); Jalil Sued Badillo, «Las taínas en resistencia», en *Caribe taíno: ensayos históricos sobre el siglo XVI* (San Juan: Editorial Luscinia C.E., 2020) 257-272.

19. Sebastián Robiou Lamarche, *Taínos y caribes: las culturas aborígenes antillanas* (San Juan: Editorial Punto y Coma, 2019) 3. Colón escribió sobre el posible motín en la anotación de su diario del miércoles 10 de octubre de 1492, véase Cristóbal Colón, *Los cuatro viajes. Testamento.* Editado por Consuelo Varela (Madrid: Alianza Editorial S.A., 2007) 57.

20. Jalil Sued Badillo, *Los caribes: realidad o fábula* (San Juan: Editorial Cultural, 1978).

21. Jalil Sued Badillo, *Agüeybaná el Bravo* (San Juan: Ediciones Puerto, 2008).

22. Fray Ramón Pané, *Relación de las antigüedades de los indios: el primer tratado escrito en América.* Nueva versión con notas, mapa y apéndices por José Juan Arrom, (México: Siglo XXI, 1974) 21.

23. Fray Ramón Pané, *An Account of the Antiquities of the Indians.* A New Edition by José Juan Arom. Translated by Susan C. Griswold. Durham: Duke University Press, 1999. [Traducción Lauzardo Ugarte]

24. Véase Edward Wilson-Lee, *The Catalogue of Shipwreck Books: Christopher Columbus and the Quest to Build the World's Greatest Library* (Nueva York: Scribner, 2019).

25. Pané, *Relación de las antigüedades de los indios,* xxv, 48. Para más información sobre los cemíes, véase José R. Oliver, *Caciques and Cemi Idols: The Web Spun by Taino Rulers Between Hispaniola and Puerto Rico* (Tuscaloosa: University of Alabama Press, 2009).

26. Pané, *Relación de las antigüedades de los indios,* 101

27. Robiou Lamarche, *Taínos y caribes,* 17.

28. Robiou Lamarche, *Taínos y caribes,* 17.

29. Robiou Lamarche, *Taínos y caribes,* 17.

30. Robiou Lamarche, *Taínos y caribes,* 40

31. Robiou Lamarche, *Taínos y caribes,* 12.

32. Osvaldo García Goyco, «El yacimiento Jácana (PO-29), su probable participación en la rebelión taína de 1511», en *5to centenario de la rebelión taína, 1511-2011* (San Juan: Instituto de Cultura Puertorriqueña, 2011), 106; Francisco Moscoso, «El sermón de fray Antonio Montesinos,

antecedentes de las Leyes de Burgos de 1512-1513: contextualización histórica», en *5to centenario de la rebelión taína, 1511-2011*, 51.

33. Sobre algunos de los primeros colonos de Puerto Rico, véase Luis Rafael Burset Flores, *Diccionario biográfico de residentes en la cuenca del Caribe*, vol. 2 (Santo Domingo: Archivo General de la Nación, 2020) 279-380.

34. Ida Altman, *Life and Society in the Early Spanish Caribbean: The Greater Antilles, 1493-1550* (Baton Rouge: Louisiana University Press, 2021) 1. [Traducción Lauzardo Ugarte]

35. Olga Jiménez de Wagenheim, *Puerto Rico: An Interpretive History from Pre-Columbian times to 1900* (Princeton: Markus Wiener Publishers, 2006) 39.

36. Juan Ángel Silén, *Historia de la nación puertorriqueña* (Río Piedras: Editorial Edil, 1980) 27.

37. Ida Altman, *Life and Society in the Early Spanish Caribbean*, 194.

38. Sued Badillo, *Agüeybaná el Bravo*, 28.

39. Sued Badillo, *El Dorado borincano*, 41.

40. Sued Badillo, *El Dorado borincano*, 61.

41. Véase Francisco Moscoso, «El sermón de fray Antonio Montesinos», 48-54.

42. Francisco Moscoso, *Fundación de San Juan en 1522* (San Juan: Ediciones Laberinto, 2020) 18-23.

43. Adolfo de Hostos, *Tesauro de datos históricos: índice compendioso de la literatura histórica de Puerto Rico, incluyendo algunos datos inéditos, periodísticos y cartográficos*, vol. 5 (Río Piedras: Editorial de la Universidad de Puerto Rico, 1995) 423.

44. Osvaldo García Goyco, «El yacimiento Jácana (PO-29), su probable participación en la rebelión taína de 1511», en *5to centenario de la rebelión taína*, 108.

45. Para un ejemplo de cómo se reprodujo este mito, véase Salvador Brau, *Historia de Puerto* Rico (Río Piedras: Editorial Edil, 2000).

46. Sued Badillo, *Agüeybaná el Bravo*, 68.

47. Sued Badillo, *Agüeybaná el Bravo*, 32.

48. Sued Badilo, *Agüeybaná el Bravo*, 71.

49. García Goyco, «El yacimiento Jácana (PO-29)», 111.

50. El primer censo se realizó en 1530. Utilizando documentos relacionados con la minería, Jalil Sued Badillo calcula que, en 1510, en Puerto Rico vivían no menos de 621 personas. Véase Sued Badillo, *El Dorado borincano*, 47.

51. Brau, *Historia de Puerto Rico*, 25-26.

52. Sued Badillo, *Agüeybaná el Bravo*, 184-189.

53. Francisco Moscoso, *Agricultura y sociedad en Puerto Rico: siglos XVI al XVIII* (San Juan: Editorial del Instituto de Cultura Puertorriqueña, 2001) 9.

2. Consolidar el proyecto colonial

1. Sobre Alonso *Manso*, véase Juan Alberto Delgado Negrón, *La visión y misión evangelizadora del obispo Alonso Manso en Las Américas* (Lajas: Centro de Estudios e Investigaciones del Sur Oeste, 2020).

2. Robiou Lamarche, *Taínos y caribes*, 180.

3. Sued Badillo, *Caribe taíno*, 263; sobre el papel de la mujer en la sociedad taína, véase Jalil Sued Badillo, *La mujer indígena y su sociedad* (Río Piedras: Editorial Cultural, 2010).

4. Jalil Sued Badillo y Ángel López Cantos, *Puerto Rico negro* (Río Piedras: Editorial Cultural, 2007) 20.

5. Sued Badillo y López Cantos, *Puerto Rico negro,* 19.

6. El historiador David Wheat ha argumentado de forma convincente que no podemos entender la historia colonial española durante las primeras etapas de la conquista únicamente a través del binario de la producción de azúcar y la resistencia de los pueblos esclavizados. Más bien, señala, los estudiosos deben prestar atención a las formas en que los pueblos africanos, libres o esclavizados, se convirtieron en colonos sustitutos de la Corona española, sobre todo en las zonas rurales. Aunque habría que investigar más para comprender las particularidades de Puerto Rico, es probable que ese fuera el caso en el archipiélago. Para más información sobre los «colonos sustitutos», véase David Wheat, *Atlantic Africa and the Spanish Caribbean, 1570-1640* (Williamsburg and Chapel Hill: Omohundro Institute of Early American History and Culture y University of North Carolina Press, 2016).

7. La Corona recibió dos millones de pesos oro de 450 maravedíes cada uno, lo que equivaldría a 294.787.584,84 dólares en 2022. Véase Sued Badillo, *El Dorado borincano,* 42.

8. Luis M. Díaz Soler, *Historia de la esclavitud negra en Puerto Rico* (Río Piedras: Editorial de la Universidad de Puerto Rico, 1981) 29-33; para una historia de la esclavitud en el Caribe español, véase Erin Woodruff Stone, *Captives of Conquest: Slavery in the Early Modern Spanish* Caribbean (Filadelfia: University of Pennsylvania Press, 2021).

9. Sued Badillo y López Cantos, *Puerto Rico negro,* 111; sobre la economía azucarera, véase Elsa Gelpí Báez, *Siglo en blanco: estudio de la economía azucarera en Puerto Rico, siglo XVI* (Río Piedras: Editorial de la Universidad de Puerto Rico, 2000).

10. Sued Badillo y López Cantos, *Puerto Rico negro,* 156-158.

11. Véase Stuart B. Schwartz, *Mar de tormentas: la historia de los huracanes en el Gran Caribe desde Colón hasta María.* Traducción de Aurora Lauzardo Ugarte (San Juan: Ediciones Callejón, 2018); Luis Caldera Ortiz, *Historia de los ciclones y huracanes tropicales en Puerto Rico* (Lajas: Editorial Akelarre, 2014).

12. Sued Badillo y López Cantos, *Puerto Rico negro,* 175-176; Caldera Ortiz, *Historia de los ciclones,* 15-16.

13. Sued Badillo and López Cantos, *Puerto Rico negro,* 183.

14. Sobre la historia de Garcés, véase Miguel Rodríguez López, *El indio borincano y el rey emperador: un encuentro para la historia, 1528* (San Juan: Editorial EDP, 2021). Parece que el viaje de Garcés fue organizado y financiado por Diego Muriel, otro vecino influyente y enemigo de Villasante.

15. Véase Francisco Moscoso, *Fundación de San Juan en 1522* (San Juan: Ediciones Laberinto, 2020).

16. Sobre las estimaciones de población, véase Sued Badillo, *El Dorado borincano,* 49.

17. Sobre los orígenes de San *Germán,* véase José Aridio Taveras de León, *San Germán: comunidad, parroquia y misión, 1511-1556* (SL: Edición del autor, 2021).

18. Jorell Meléndez-Badillo, «El cabildo secular en Puerto Rico: Siglos XVI-XVIII», *Kalathos: Revista Transdisciplinaria Metro-Inter,* vol. 6, núm. 1 (2011). http://kalathos.metro.inter.edu/Num_9/Cabildo%20Secular.pdf (consultado el 7 de septiembre de 2023).

19. Francisco Moscoso, *El hato: latifundio ganadero y mercantilismo en Puerto Rico, siglos XVI al XVIII* (San Juan: Publicaciones Gaviota, 2020); véase también, Francisco Moscoso,

Agricultura y sociedad en Puerto Rico, siglos XVI al XVIII (San Juan: Instituto de Cultura Puertorriqueña, 2001).

20. Sued Badillo, *Puerto Rico negro,* 110.

21. Citado en Arturo Morales Carrión, *Historia del pueblo de Puerto Rico* (San Juan: Editorial Cordillera, Inc, 1983) 140.

22. Morales Carrión, *Historia del pueblo de Puerto Rico,* 138; Gelpí Báez, *Siglo en blanco.*

23. Morales Carrión, *Historia del pueblo de Puerto Rico,* 140.

24. Arturo Morales Carrión, *Puerto Rico y la lucha por la hegemonía en el Caribe* (Río Piedras: Editorial de la Universidad de Puerto Rico, 2003).

25. Morales Carrión, *Historia del pueblo de Puerto Rico,* 141-146.

26. Isabel Gutiérrez del Arroyo, *Conjunción de elementos del medioevo y la modernidad en la conquista y colonización de Puerto Rico* (San Juan: Instituto de Cultura Puertorriqueña, 1974) 26.

27. Luis M. Díaz Soler, *Puerto Rico: desde sus orígenes hasta el cese de la dominación española* (Río Piedras: Editorial de la Universidad de Puerto Rico, 1994) 170.

28. La última flota zarpó en 1776. Para más información sobre estas instituciones, véase Bibiano Torres Ramírez, *La Armada de Barlovento* (Sevilla: Escuela de Estudios Hispano-Americanos, 1981); Esteban Mira Caballos, *El sistema naval del imperio español. Armadas, flotas y galeones en el siglo XVI* (Madrid: La Esfera de los Libros, 2005); y Esteban Mira Caballos, *Las armadas imperiales: la guerra en el mar en tiempos de Carlos V y Felipe II* (Madrid: Punto de Vista Editores, 2015).

29. Sued Badillo and López Cantos, *Puerto Rico negro,* 52.

30. Para un relato detallado de la economía durante la segunda mitad del siglo XVI, véase Gelpí Báez, *Siglo en blanco.*

31. «Carta del gobernador Juan de Céspedes al rey sobre varios asuntos. Informa de los daños causados por los indios caribes, sobre el número de esclavos en la obra de la catedral y el despoblamiento de la isla», en *Documentos históricos de Puerto Rico,* vol. 5, Ricardo Alegría, ed. (San Juan: Centro de Estudios Avanzados de Puerto Rico y el Caribe, 2009) 5-8. La preocupación por la despoblación continuó en el siglo siguiente. Véase Ángel López Cantos, *Historia de Puerto Rico, 1650-1700* (Sevilla: Escuela de Estudios Hispano-Americanos de Sevilla y Consejo Superior de Investigaciones Científicas, 1975) 13; Morales Carrión, *Historia del pueblo Puerto Rico,* 144.

32. Sued Badillo y López Cantos, *Puerto Rico negro,* 128.

33. Moscoso, «La población de Puerto Rico», 31.

34. Sobre los debates en torno a la supervivencia indígena en Puerto Rico, véase Sherina Feliciano-Santos, *A Contested Caribbean Indigeneity: Language, Social Practice, and Identity within Puerto Rican Taíno Activism* (New Brunswick: Rutgers University Press, 2021).

35. «Carta del gobernador Diego Menéndez de Valdés al rey confirmando el recibo de dos cédulas que advierten de un posible ataque de Francis Drake. Sobre la presencia de corsarios ingleses y franceses en las cosas y las precauciones tomadas en caso de ataque», en *Documentos históricos de Puerto Rico,* vol. 5, 251-255.

36. Morales Carrión, *Puerto Rico y la lucha por la hegemonía en el Caribe,* 42.

37. Fernando Picó, *History of Puerto Rico: A Panorama of Its* People (Princeton: Markus Wiener Publishers, 2017) 82.

38. Morales Carrión, *Puerto Rico y la lucha por la hegemonía en el Caribe,* 49.

39. Morales Carrión, *Puerto Rico y la lucha por la hegemonía en el Caribe,* 54.

40. «Relación de la entrada y cerco del enemigo Boudoyno Henrico, general de la armada del príncipe de Orange en la ciudad de Puerto Rico de las Indias por el licenciado Diego de Larrasa», en *Biblioteca histórica de Puerto Rico, que contiene varios documentos de los siglos XV, XVI, XVII y XVIII,* coordinados y anotados por Alejandro Tapia y Rivera, ed. (San Juan: s.n., 1854) 424: https://www.loc.gov/resource/gdcmassbookdig.bibliotecahistor00tapi/?sp=428&st=image (consultado el 11 de septiembre de 2023).

41. Salvador Brau, *Historia de Puerto Rico* (Río Piedras: Editorial Edil, 2000) 103.

42. Para una descripción detallada del ataque holandés de 1625, véase «Relación de la entrada y cerco del enemigo Boudoyno Henrico», en *Biblioteca histórica de Puerto Rico,* 416-432: https://www.loc.gov/resource/gdcmassbookdig.bibliotecahistor00tapi/?sp=420&st=image (consultado el 11 de septiembre de 2023).

43. «Carta del obispo de Puerto Rico D. Fray Damián López de Haro á Juan Díaz de la Calle, con una relación muy curiosa de su viaje y otras cosas», en *Biblioteca histórica de Puerto Rico,* 442: https://www.loc.gov/resource/gdcmassbookdig.bibliotecahistor00tapi/?sp=446&st=image (consultado el 11 de septiembre de 2023); Enríquez apuntó lo mismo en sus memorias, véase Ángel López Cantos, *Mi tío, Miguel Enríquez* (San Juan: Ediciones Puerto, 2006) 51.

44. Ángel López Cantos, *Historia de Puerto Rico,* 311-340.

45. Citado en Bibiano Torres, *La isla de Puerto Rico* (San Juan: Instituto de Cultura Puertorriqueña, 1968) 84.

46. Francisco Moscoso, *Agricultura y sociedad en Puerto Rico: siglos XVI al XVIII* (San Juan: Editorial del Instituto de Cultura Puertorriqueña, 2001) 99.

47. Picó, *History of Puerto Rico,* 95-98.

48. Sobre la vida de Miguel Enríquez, véase Ángel López Cantos, *Miguel Enríquez* (San Juan: Ediciones Puerto, 1998).

49. Véase Arcadio Díaz Quiñones, *El arte de bregar. Ensayos* (San Juan: Ediciones Callejón, 2003).

50. López Cantos, *Mi tío, Miguel Enríquez,* 19-21.

51. López Cantos, *Mi tío, Miguel Enríquez,* 95.

52. López Cantos, *Miguel Enríquez,* 59.

53. López Cantos, *Miguel Enríquez,* 367-368.

54. López Cantos, *Mi tío, Miguel Enríquez,* 19-21.

55. «Descripción de la isla y ciudad de Puerto-Rico, y de su vecindad y poblaciones, presidio, gobernadores y Obispos; frutos y minerales. Enviada por el licenciado Don Diego de Torres Vargas, Canónigo de la Santa Iglesia de esta Isla en el aviso que llegó á España en abril 23 de 1647 al Sr. Cronista Maestro Gil González Dávila», *Biblioteca histórica de Puerto Rico,* 478: https://www.loc.gov/resource/gdcmassbookdig.bibliotecahistor00tapi/?sp=482&st=image&r=-0.225,0.584,1.708,1.096,0 (consultado el 11 de septiembre de 2023).

56. Citado en Ángel López Cantos, *Los puertorriqueños: mentalidad y actitudes, siglo XVIII* (San Juan: Ediciones Puerto, 2001) 2. Énfasis del autor.

57. Curiosamente, en 1788, en lo que algunos estudiosos consideran el primer libro de historia de Puerto Rico, fray Iñigo Abbad y Lasierra utilizó el término «criollo» como una categoría amplia que incluía a cualquier persona nacida en el archipiélago. Para más información

sobre la racialización del término «criollo», véase Manuel R. Cancel-Sepúlveda, «Jíbaros, criollos, puertorriqueños: identidad y raza», *Claridad,* 25 de enero de 2023: https://claridadpuertorico.com/jibaros-criollos-puertorriquenos-identidad-y-raza/?fbclid=IwAR2-dWrPuYI8N3-Ov_68uVgM0snhUKXNuI0XIYoUjyrWpPb_oIi-MiMLE3E#_ftn7 (consultado el 10 de junio de 2023).

3. Vientos revolucionarios: de la reforma a la insurrección

1. Sobre la historia naval del periodo, véase Arturo Morales Carrión, *Puerto Rico y la lucha por la hegemonía en el Caribe.*

2. «El Caribe: espacio estratégico y de rivalidad imperial», en *El Caribe: origen del mundo moderno,* Consuelo Naranjo Orovio, María Dolores González-Ripoll Navarro y María Ruiz del Árbol Moro, eds. (Madrid: Centro Superior de Investigaciones Científicas, 2022) 18-19.

3. Sobre las relaciones raciales en el Puerto Rico del siglo XIX, véase María del Carmen Baerga, *Negociaciones de sangre: dinámicas racializantes en el Puerto Rico decimonónico* (Madrid: Iberoamericana Vevuert, 2015).

4. Laurent Dubois, *Haití: The Aftershocks of History* (New York: Metropolitan Books, 2012) 19.

5. Michel-Rolph Trouillot, *Silenciando el pasado: el poder y la producción de la historia* (Granada: Editorial Comares, 2017).

6. Tal vez el libro más importante que se haya escrito sobre la revolución hatiana sea el de C.L.R. James, *Los jacobinos negros: Toussaint L'Ouverture y la Revolución de Sainte-Domingue* (La Habana: Casa de las Américas, 2010).

7. Laurent Dubois, «Why Haiti Should Be at the Center of the Age of Revolution», *Aeon,* 7 de noviembre de 2016: https://aeon.co/essays/why-haiti-should-be-at-the-centre-of-the-age-of-revolution (consultado el 10 de junio de 2023). [Traducción Lauzardo Ugarte]

8. Un libro con ilustraciones se convirtió en una prueba crucial tras la Rebelión de Aponte en Cuba en 1812. Véase Matt D. Childs, *The 1812 Aponte Rebellion in Cuba and the Struggle for Against Atlantic Slavery* (Chapel Hill: University of North Carolina Press, 2009).

9. Lauren Dubois, *A Colony of Citizens: Revolution and Slave Emancipation in the French Caribbean, 1787-1804* (Chapel Hill: University of North Carolina Press, 2012), 7. [Traducción Lauzardo Ugarte]

10. Germán Delgado Pasapera, «Orígenes del independentismo puertorriqueño», en *En busca de una estrella. Antología del pensamiento independentista puertorriqueño: de Betances a Filiberto,* ed. Juan Mari Brás (Mayagüez: Editora Causa Común, 2007), 22.

11. Soler, *Puerto Rico desde sus orígenes,* 365.

12. Jiménez de Wagenheim, *Puerto Rico: An Interpretative History from Pre-Columbian Times to 1900* (Princeton: Markus Wiener Publishers, 2006), 107.

13. Jiménez de Wagenheim, *Puerto Rico,* 108.

14. Jiménez de Wagenheim, *Puerto Rico,* 109. [Traducción Lauzardo Ugarte]

15. Francisco Moscoso, *La revolución puertorriqueña de 1868: el Grito de Lares* (San Juan: Instituto de Cultura Puertorriqueña, 2003) 15.

16. Moscoso, *La revolución puertorriqueña de 1868,* 16.

17. Delgado Pasapera, «Orígenes del independentismo», 29.

18. Moscoso, *La revolución puertorriqueña de 1868,* 18; Francisco Moscoso, comunicación personal con el autor, 13 de julio de 2022.

19. Delgado Pasapera, «Orígenes del independentismo», 30.

20. Guillermo Baralt, *Esclavos rebeldes: conspiraciones y sublevaciones de esclavos en Puerto Rico, 1795-1873* (Río Piedras: Ediciones Huracán, 1981) 16.

21. Delgado Pasapera, «Orígenes del independentismo», 22.

22. Baralt, *Esclavos rebeldes* 17-18.

23. Baralt, *Esclavos rebeldes,* 18.

24. Jiménez de Wagenheim, *Puerto Rico,* 120-123.

25. Picó, *Historia general de Puerto Rico,* 129.

26. Baralt, *Esclavos rebeldes,* 27-29.

27. Jiménez de Wagenheim, *Puerto Rico,* 117.

28. Jiménez de Wagenheim, *Puerto Rico,* 118. [Traducción Lauzardo Ugarte]

29. Sobre las transformaciones demográficas del periodo, véase Jorge Duany, «Población y migración desde 1815 hasta la actualidad», *Historia de Puerto Rico,* Luis E. González Vale y María Dolores Luque de Sánchez, eds. (Madrid: Consejo Superior de Investigaciones Científicas, 2010) 62-69.

30. Christopher Schmidt-Nowara, «A Second Slavery? The 19th-Century Sugar Revolutions in Cuba and Puerto Rico», en *The Caribbean: A History of the Region and Its Peoples,* Stephan Palmié y Francisco Scarano, eds. (Chicago: The University of Chicago Press, 2011) 333-346.

31. Mosoco, *La revolución puertorriqueña de 1868,* 23.

32. Véase Vincent Brown, *Tacky's Revolt: The Story of an Atlantic Slave* War (Cambridge: Harvard University Press, 2020); sobre los cimarrones en Puerto Rico, véase Benjamin Nistral-Moret, *Esclavos, prófugos y cimarrones, Puerto Rico, 1770-1870* (Río Piedras: Editorial de la Universidad de Puerto Rico, 2004). Algunos estudiosos utilizan ahora el término «cimarronaje» para pensar sobre las prácticas liberadoras contemporáneas, véase Pedro Lebrón Ortiz, *Filosofía del cimarronaje* (Cabo Rojo: Editora Educación Emergente, 2021).

33. Moscoso, *La revolución puertorriqueña,* 26.

34. Lidio Cruz Monclova, *Historia de Puerto Rico: siglo XIX,* vol. 1 (Río Piedras: Editorial de la Universidad de Puerto Rico, 1970) 179-181; para más información sobre María de las Mercedes Barbudo, véase Raquel Rosario Rivera, *María de las Mercedes Barbudo: primera mujer independentista de Puerto Rico, 1773-1849* (N.l: Edición del autor, 1997).

35. Gilberto Cabrera, *Puerto Rico y su historia íntima, 1500-1996,* vol. 2 (San Juan: Academia Puertorriqueña de la Historia y Centro de Estudios Avanzados de Puerto Rico y el Caribe, 1997) 92.

36. Baralt, *Esclavos rebeldes,* 48-49.

37. Sobre el régimen de Miguel de la Torre, véase Carlos Altagracia Espada, *La utopía del territorio perfectamente gobernado: miedo y poder en la época de Miguel de la Torre. Puerto Rico, 1822-1837* (s.l.: 2013).

38. Jiménez de Wagenheim, *Puerto Rico,* 127-128.

39. Baralt, *Esclavos rebeldes,* 57.

40. Cabrera, *Puerto Rico y su historia íntima,* vol. 2, 105; Cruz Monclova, *Historia de Puerto* Rico, vol. 1, 175-190.

41. Loida Figueroa, *Breve historia de Puerto Rico,* vol. 1 (Río Piedras: Editorial Edil, 1979) 177-180.

42. En 1832, había 52 pueblos y municipios reconocidos en Puerto Rico.

43. Cabrera, *Puerto Rico y su historia íntima,* vol. 2, 98-101.

44. Schmidt-Nowara, «A Second Slavery?»; Díaz Soler, *Historia de la esclavitud negra en Puerto Rico;* Sued Badillo y López Cantos, *Puerto Rico negro.*

45. Picó, *Puerto Rico: A Panorama of Its People,* 173. [Traducción Lauzardo Ugarte]

46. Picó, *Puerto Rico: A Panorama of Its People,* 173.

47. Altagracia Espada, *La utopía del territorio perfectamente gobernado.*

48. Baralt, *Esclavos rebeldes,* 85-144.

49. Cabrera, *Puerto Rico y su historia íntima,* vol. 2, 129-142, 173-184 y 185-196.

50. Cabrera, *Puerto Rico y su historia íntima,* vol. 2, 177-180.

51. Baralt, *Esclavos rebeldes,* 129-130; Cabrera, *Puerto Rico y su historia íntima,* vol. 2, 178.

52. Cabrera, *Puerto Rico y su historia íntima,* vol. 2, 187.

53. Alicea Ortega, Luz M. *La formación de la clase obrera en Puerto Rico: Aproximación teórico-metodológica, 1815-1910* (Puerto Rico: First Book Publishing of P.R., 2002)

54. «Discurso que el día 2 de enero de 1849 en la solemne apertura de la Real Audiencia de Puerto Rico, dijo su presidente, el excelentísimo señor Teniente General, don Juan de la Pezuela, gobernador y capitán general de la misma», A.H,N., Ultramar, 5069, exp. 20, folio 6.

55. Quintero Rivera, *Patricios y plebeyos,* 195-198; Silvia Álvarez Curbelo, *Un país del porvenir: el afán de modernidad en Puerto Rico, siglo XIX* (San Juan: Ediciones Callejón, 2005) 67.

56. López Cantos, *Los puertorriqueños,* 2.

4. Imaginar la Gran Familia Puertorriqueña

1. James L. Dietz, *Historia económica de Puerto Rico*. Traducción de Yvette Torres Rivera (Río Piedras: Ediciones Huracán, 1989) 72. Véase también Joaquín Villanueva, «The Criollo Bloc: Corruption Narratives and the Reproduction of Colonial Elites in Puerto Rico, 1860-1917», *Centro Journal,* vol. 34, núm. 2 (verano de 2022) 27-50.

2. Picó, *Historia general de Puerto Rico,* 185-186.

3. Fernando Picó, *Amargo café: los pequeños y medianos caficultores de Utuado en la segunda mitad del siglo XIX* (Río Piedras: Ediciones Huracán, 1981).

4. Dietz, *Historia económica de Puerto Rico,* 68-70.

5. Véase Félix Ojeda Reyes, *El desterrado de París: biografía del doctor Ramón Emeterio Betances* (San Juan: Ediciones Puerto, 2001).

6. Moscoso, *La revolución puertorriqueña de 1868,* 40-41; Jesse Hoffnung-Garskof, *Racial Migrations: New York City and the Revolutionary Politics of the Spanish Caribbean* (Princeton: Princeton University Press, 2019).

7. Véase Antonio Rivera, *Acercándonos al Grito de Lares* (San Juan: Instituto de Cultura Puertorriqueña, 1972); Lidio Cruz Monclova, *El Grito de Lares* (San Juan: Instituto de Cultura Puertorriqueña, 1968); Olga Jiménez de Wagenheim, *El Grito de Lares: sus causas y sus hombres* (Río Piedras: Ediciones Huracán, 1999).

8. «Ramón Emeterio Betances», *En busca de una estrella,* 46-47.

9. «Ramón Emeterio Betances», *En busca de una estrella,* 45.4

10. Mario R. Cancel Sepulveda, *Segundo Ruiz Belvis: el prócer y el ser humano* (Bayamón: Editorial Universidad de América, 1994).

11. Moscoso, *La revolución puertorriqueña de 1868*, 58-63.

12. Jiménez de Wagenheim, *Puerto Rico*, 173.

13. Véase María F. Barceló Miller, «Las mujeres en el Grito de Lares», ponencia leída en el Museo de la Universidad de Puerto Rico en la inauguración de una exposición sobre El Grito de Lares, 27 de abril de 2011: https://www.academia.edu/11747718/Las_mujeres_en_el_Grito_de_Lares (consultado el 11 de junio de 2023).

14. Jiménez de Wagenheim, *Puerto Rico*, 174.

15. Moscoso, *La revolución puertorriqueña de 1868*, 62.

16. Moscoso, *La revolución puertorriqueña de 1868*, 63.

17. Ojeda Reyes, *El desterrado de París*, 128.

18. Moscoso, *La revolución puertorriqueña*, 68-72. Olga Jiménez de Wagenheim, *El Grito de Lares: sus causas y sus hombres* (Río Piedras: Ediciones Huracán, 1999) 221.

19. Ada Ferrer, *Insurgent Cuba: Race, Nation, and Revolution, 1868-1898* (Chapel Hill: University of North Carolina Press, 1999).

20. Cabrera, *Puerto Rico y su historia íntima*, vol. 2, 173-174.

21. Picó, *History of Puerto Rioco*, 214-216.

22. Fernando Bayrón Toro, *Historia de las elecciones y los partidos políticos de Puerto Rico, 1809-2012* (San Juan: Publicaciones Gaviota, 2016) 101-124.

23. Véase Jürgen Habermas, *The Structural Transformation of the Public Sphere: An Inquiry into a Category of Bourgeois* Society (Cambridge: Polity Press, 2015).

24. Álvarez Curbelo, *Un país del porvenir.*

25. Meléndez Badillo, *The Lettered Barriada*, 7.

26. «Sociedad protectora de la inteligencia del obrero», *El obrero*, 10 de noviembre de 1899, 2.

27. Véase Ángel G. Quintero Rivera, *Patricios y plebeyos*, 190-195.

28. Ileana Rodríguez Silva, «Abolition, Race, and the Politics of Gratitude in Late Nineteenth-Century Puerto Rico», *Hispanic American Historical Review*, vol. 93, núm. 4 (2013) 621-657. [Traducción Lauzardo Ugarte]

29. Adolfo de Hostos, *Tesauro de datos históricos*, vol. 5 (Río Piedras: Editorial de la Univesidad de Puerto Rico, 1990) 461-463; Adolfo de Hostos, *Diccionario histórico bibliográfico comentado de Puerto Rico* (San Juan: Academia Puertorriqueña de la Historia, 1976) 135.

30. Isabel Gutiérrez del Arroyo, «Sociedad recolectora de documentos históricos: su colección documental», *Revista del Instituto de Cultura Puertorriqueña*, núm. 48 (julio-septiembre. 1970) 36.

31. «Fundación del Ateneo Puertorriqueño: Acta de la primera junta general de socios», 30 de abril de 1876, reproducida en Cayetano Coll y Toste, *Biblioteca histórica de Puerto Rico* vol. 1, núms. 1-2 (1914-1915) 141-143: https://www.loc.gov/resource/gdcmassbookdig.bibliotecahistor00tapi/?sp=145&st=image (consultado el 11 de septiembre de 2023).

32. Alejandro Tapia y Rivera dirigió *La azucena*, una revista dedicada a las mujeres. Véase Alejandro Tapia y Rivera, *La azucena* (San Juan: Ediciones Puerto, 2001).

33. Sobre Barbosa, véase Daisy Flores Fernández, *Barbosa en el tiempo* (s.l.: s.e., 2022).

34. Para un relato detallado del mundo político de Puerto Rico en el siglo XIX, véase Lidio Cruz Monclova, *Historia de Puerto Rico, siglo XIX,* 3 vols. (Río Piedras: Editorial Universitaria, 1971).

35. Jiménez de Wagenheim, *Puerto Rico,* 185.

36. Cabrera, *Puerto Rico y su historia íntima,* vol. 2, 498.

37. Jiménez de Wagenheim, *Puerto Rico,* 182-188.

38. Véase Hoffnung-Garskof, *Racial Migrations.*

39. See Patria Figueroa de Cifredo, *Pachín Marín: héroe y poeta* (San Juan: Instituto de Cultura Puertorriqueña, 1967); José Limón de Arce, *Biografía de Francisco Gonzalo Marín* (Ponce: Casa Paoli del Centro de Investigaciones Folkóricas de Puerto Rico, 2007).

40. Cabrera, *Puerto Rico y su historia íntima,* vol. 2, 582-588.

41. Germán Delgado Pasapera, *Puerto Rico: sus luchas emancipadoras* (Río Piedras: Editorial Cultural, 1984) 536-537.

42. Ramón R. O'Neill Santos, «Betances y el anarquismo», *Archipiélago,* núm. 92 (abril-junio 2016) 18.

43. O'Neill Santos, «Betances y el anarquismo», 18.

44. Mark Bray, *The Anarchist Inquisition: Assassins, Activists, and Martyrs in Spain and France* (Ithaca: Cornell University Press, 2022) 128.

45. Bray, *The Anarchist Inquisition,* 128.

46. Frank Fernández, *La sangre de Santa Águeda: Angiolillo, Betances y Cánovas del Castillo* (Miami: Editorial Universal, 1994).

47. Véase Bray, *The Anarchist Inquisition.*

48. Richard Bach Jensen, *The Battle Against Anarchist Terrorism: An International History, 1878-1934* (Cambridge: Cambridge University Press, 2015).

49. Ojeda Reyes, *El desterrado de París,* 350-352.

50. O'Neill Santos, «Betances y el anarquismo», 19.

51. Ojeda Reyes, *El desterrado de París,* 354-357.

52. Ojeda Reyes, *El desterrado de París,* 354-357.

53. Ojeda Reyes, *El desterrado de París,* 354-357.

54. Loida Figueroa, *Historia de Puerto Rico,* vol. 2, 139-140.

55. Bray, *The Anarchist Inquisition,* 143. [Traducción Lauzardo Ugarte]

5. Crónica de una guerra anunciada

1. Figueroa, *Historia de Puerto Rico,* vol. 2, 491-492.

2. US War Department, Porto Rico Census Office, *Report on the Census of Porto Rico, 1899* (Washington, DC: Government Printing Office, 1900).

3. Sobre el Ateneo, véase Fernando Picó, *History of Puerto Rico: A Panorama of Its* People (Princeton: Markus Wiener Editores, 2017), 221; Hernández, *Nilita Vientós Gastón y la legitimación de las disidencias políticas bajo su presidencia en el Ateneo Puertorriqueño, 1946-1961* (San Juan: Disonante, 2018).

4. «Bases del Partido Revolucionario Cubano», *Patria,* núm. 1, New York, 14 de marzo de 1898, 1. https://medium.com/revistapioneroweb/patria-el-peri%C3%B3dico-de-la-libertad-b83e3e3ea645 (consultado el 7 de septiembre de 2023);

5. Hoffnung-Garskoff, *Racial Migrations.*

6. Véase, por ejemplo, José Limón de Arce, *Biografía de Francisco Gonzalo Marín: dedicada a don Santiago Marín* (Ponce: Casa Paoli del Centro de Investigaciones Folklóricas de Puerto Rico; Arecibo: CORDEHISTAR, 2007).

7. Armando J. Martí Carvajal, «Rectificaciones históricas: sobre las banderas de Cuba y Puerto Rico», *Akelarre: historia y ficción,* 30 de noviembre de 2016: https://editorialakelarre.blogspot.com/2016/11/sobre-las-banderas-de-cuba-y-puerto-rico.html (consultado el 11 de junio de 2023).

8. Sobre las diferentes ideologías dentro del grupo de exiliados revolucionarios puertorriqueños, véase Meléndez, *Patria.*

9. Felix V. Matos Rodríguez y Pedro Juan Hernández, *Pioneros: Puerto Ricans in New York City, 1896-1948* (Charleston: Arcadia Publishing, 2001).

10. Díaz Soler, *Puerto Rico: desde sus orígenes,* 690.

11. Delgado Pasapera, *Puerto Rico: sus luchas emancipadoras,* 536-537.

12. Rubén Dávila Santiago, *El derribo de las murallas: los orígenes intelectuales del socialismo en Puerto Rico* (Río Piedras: Editorial Cultural, 1988) 23.

13. Dávila Santiago, *El derribo de las murallas.*

14. Jorell Meléndez-Badillo, *The Lettered Barriada: Workers, Archival Power, and the Politics of Knowledge in Puerto Rico* (Durham: Duke University Press, 2021).

15. Quintero Rivera, «Apuntes para una sociología del análisis social en Puerto Rico: el mundo letrado y las clases sociales en los inicios de la reflexión sociológica», en *Patricios y plebeyos,* 189-279.

16. Informe del Gobernador de Puerto Rico al Ministro de Ultramar, fechado 3 de abril de 1897. A.H.N./U.G. Legajo 5144, Expediente 36, Documento 2.

17. Jorell Meléndez-Badillo, *Voces libertarias: orígenes del anarquismo en Puerto Rico* (3rd ed., Lajas: Editorial Akelarre, 2015) 172-173.

18. José Manuel García Leduc, *Apuntes para una historia breve de Puerto Rico: desde la prehistoria hasta 1898* (San Juan: Isla Negra Editores, 2002) 231-233.

19. Cabrera, *Puerto Rico y su historia íntima,* vol. 2, 604.

20. Scarano, *Puerto Rico,* 629; Blanca G. Silvestrini y María Dolores Luque de Sánchez, *Historia de Puerto Rico: trayectoria de un pueblo* (San Juan: Ediciones Cultural Panamericana, 1992) 380.

21. Figueroa, *Breve historia de Puerto Rico,* vol. 2, 206.

22. Figueroa, *Breve historia de Puerto Rico,* vol. 2, 447-454.

23. Cabrera, *Puerto Rico y su historia íntima,* vol. 2, 604-605.

24. Figueroa, *Breve historia de Puerto Rico,* vol. 2, 206.

25. Figueroa, *Breve historia de Puerto* Rico, vol. 2, 604-605.

26. Scarano, *Puerto Rico,* 629.

27. Sobre el azúcar durante este periodo, véase Cesar J. Ayala, *American Sugar Kingdom: The Plantation Economy of the Spanish Caribbean, 1898-1934* (Chapel Hill: University of North Carolina Press, 1999); Humberto García Muñiz, *Sugar and Power in the Caribbean: La South Porto Rico Sugar Company en Puerto Rico y la República Dominicana, 1900-1921* (Río Piedras: Editorial de la Universidad de Puerto Rico, 2010); Sidney Mintz, «The Cultural History of a

Puerto Rican Sugar Cane Plantation: 1876-1949», *Hispanic American Historical Review* 33, núm. 2 (mayo de 1953) 224-251.

28. Almont Lindsey, *The Pullman Strike: The Story of a Unique Experiment and a Great Labor Upheaval* (Chicago: University of Chicago Press, 1964); Priscilla Murolo, «Wars of Civilization: The US Army Contemplates Wounded Knee, the Pullman Strike, and the Philippine Insurrection», *International Labor and Working-Class History* vol. 80, núm. 1 (2011) 77-102.

29. Véase, por ejemplo, William Libbey, *Princeton in the Spanish American War, 1898* (Princeton: Princeton Press, 1899); s.a., *Harvard Volunteers, 1898* (Cambridge: The Harvard Crimson, 1898); *The Dartmouth*, 29 de abril de 1898.

30. Amy Kaplan, «Black and Blue on San Juan Hill», *Cultures of United States Imperialism*, Amy Kaplan y Donald E. Pease, eds. (Durham: Duke University Press, 1993) 219-236.

31. Kaplan, «Black and Blue on San Juan Hill»; Greg Grandin, «The Pact of 1898», *The End of the Myth: From the Frontier to the Border Wall in the Mind of America* (New York: Metropolitan Books, 2019) 132-147.

32. Figueroa, *Breve historia de Puerto Rico*, vol. 2, 201-203.

33. Proclama Cuartel General del Ejército de los Estados Unidos, Ponce, Puerto Rico, 28 de julio de 1898, firmada por Nelson A. Miles. Rivero, Ángel. *Crónica de la Guerra Hispano Americana en Puerto Rico*. Río Piedras: Editorial Edil, 1972. 232.

34. Edgardo Pratts, *De Coamo a la trinchera de Asomante: incluye testimonios, anécdotas y el cuento de un combatiente de la batalla de Asomante* (Aibonito: Fundación Educativa Idelfonso Pratts, 2006). La batalla de Asomante ha sido objeto de debates historiográficos en Puerto Rico. Algunos se resumen en Francisco Serrano, *Seva vive*, DVD (San Juan: Cine con Ñ, 2010).

35. Véase, Rubén Nazario Velasco, *La historia de los derrotados: americanización y romanticismo en Puerto Rico, 1898-1917* (San Juan: Ediciones Laberinto, 2019).

36. Jorge L. Lizardi Pollock, «Palimpsestos y heterotopías: el espacio y sus prácticas en el Viejo San Juan», *Revista mexicana del Caribe*, vol. IV, núm. 8 (1999), 90-127; Puerto Rico Historic Buildings Drawings Society, «Antigua Prisión La Princesa», 24 de julio de 2014: https://www.prhbds.org/san-juan/2014/7/23/antigua-prisin-la-princesa (consultado el 14 de junio de 2023).

37. Meléndez-Badillo, *The Lettered Barriada*, 12-13.

38. César Andreu Iglesias, «Bosquejo para la historia del movimiento obrero en Puerto Rico», en *Historia del movimiento obrero en Puerto Rico: Brevísima antología documental*, Jesús Delgado, ed. (San Juan: Federación de Maestros de Puerto Rico, 1994) 4.

39. Véase Gervasio L. García y Ángel G. Quintero Rivera, *Desafío y solidaridad: breve historia del movimiento obrero puertorriqueño* (Río Piedras: Ediciones Huracán, 1997); Ángel Quintero Rivera, *Lucha obrera: Antología de grandes documentos de la historia obrera puertorriqueña* (Río Piedras: C.E.R.E.P., 1972); Ángel Quintero Rivera y Lydia Milagros González, *La otra cara de la historia* (Río Piedras: C.E.R.E.P., 1984); Juan Ángel Silén, *Apuntes para la historia del movimiento obrero* (San Juan: Ediciones Gaviota, 2001).

40. Santiago Iglesias Pantín, *Luchas emancipadoras*, vol. 1 (San Juan: Imprenta Cantero Fernández, 1929).

41. Jorell Meléndez-Badillo, «Mateo and Juana: Racial Silencing, Epistemic Violence, and Counterarchives in Puerto Rican Labor History», *International Labor and Working-Class History*, vol. 96 (otoño de 2019) 103-104.

42. Iglesias Pantín, *Luchas emancipadoras*.

43. Gervasio L. García, *Historia crítica, historia sin coartadas* (Río Piedras: Huracán, 1985) 67-68.

44. Gervasio L. García, «Las primeras actividades de los honrados hijos del trabajo: 1873-1898», *Op. Cit: Revista del Centro de Investigaciones Históricas,* núm. 5 (1990) 217-27; Meléndez-Badillo, *The Lettered Barriada.*

45. Ileana Rodríguez Silva, «Racial Silencing and the Organizing of Puerto Rican Labor», en *Silencing Race: Disentangling Blackness, Colonialism, and National Identities in Puerto* Rico (Nueva York: Palgrave Macmillan, 2012) 159-186; Meléndez-Badillo, *La barriada letrada,* 126.

46. Mariano Negrón Portillo, *Las turbas republicanas, 1900-1904* (Río Piedras: Ediciones Huracán, 1990). Dado que carecemos de fuentes archivísticas de la FRT, tal vez resulte imposible averiguar si sus ideas diferían mucho de las de la FLT o de las de la élite intelectual de la isla. Para más información sobre su silenciamiento, véase Rodríguez Silva, «Racial Silencing and the Organizing of Puerto Rican Labor»; Meléndez-Badillo, *The Lettered Barriada.*

47. Picó, *History of Puerto Rico,* 239. [Traducción Lauzardo Ugarte]

48. Arcadio Díaz Quiñones, *Once tésis sobre un crimen* (San Juan: Lusciana C.E., 2019).

49. Luis Caldera Ortiz, *Historia de los ciclones y huracanes tropicales en Puerto Rico,* 112.

50. Stuart B. Schwartz, *Mar de tormentas,* 220-222.

51. Véase José Elías Levis Bernard, *Estercolero,* Carmen Centeno Añeses, ed. (Río Piedras: Editorial de la Universidad de Puerto Rico, 2008).

52. Citado en Estelle Irizarry, *La voz que rompió el silencio: la novelística singular de J. Elías Levis en Puerto Rico post-1898* (San Juan: Ediciones Puerto, 2007) 58.

53. Schwartz, *Mar de tormentas,* 223.

54. Esto equivale a 7.139.180 dólares en 2022. Véase Schwartz, *Mar de tormentas,* 225.

55. Schwartz, *Mar de tormentas,* 225.

56. Lanny Thompson, *Imperial Archipelago: Representations and Rule in the Insular Territories under U.S. Dominion after 1898* (Honolulu: University of Hawai'i Press, 2010).

57. Gervasio L. García, «I am the Other: Puerto Rico in the Eyes of North Americans, 1898», *The Journal of American History,* vol. 87, núm. 1 (junio de 2000) 39-64.

58. Lanny Thompson, «The Imperial Republic: A Comparison of the Insular Territories under U.S. Dominion after 1898», *Pacific Historical Review,* vol. 71, núm. 4 (noviembre de 2002) 573-574. [Traducción Lauzardo Ugarte]

59. Ojeda Reyes, *El desterrado de París,* 450-468.

60. Roberto Gytuérrez Laboy, *Pensar y entender a Hostos* (San Juan: Ediciones Situm, 2009).

61. «Carta de Betances a Estrada Palma», *En busca de una estrella,* 65-67.

6. Fundamentos del colonialismo estadounidense en Puerto Rico

1. Lanny Thompson, *Imperial Archipelago.*

2. Ada Negrón de Montilla, *La americanización en Puerto Rico y el sistema de instrucción pública, 1900-1930* (Río Piedras: Editorial de la Universidad de Puerto Rico, 1998) 25.

3. Solsiree del Moral, *Negotiating Empire: The Cultural Politics of Schools in Puerto Rico, 1898-1952* (Madison: University of Wisconsin Press, 2013) 16.

4. Gervasio L. García, «I am the Other: Puerto Rico in the Eyes of North Americans, 1898», *The Journal of American History,* 49.

5. Negrón de Montilla, *La americanización en Puerto Rico,* 10.

6. Para más información sobre la UPR, véase *Frente a la torre: ensayos del Centenario de la Universidad de Puerto Rico, 1903-2003,* Silvia Álvarez Curbelo y Carmen I. Raffuci, eds. (Río Piedras: Editorial de la Universidad de Puerto Rico, 2005); Axel Hernández, *Políticas imperiales sobre la educación de Puerto Rico, 1800-1920* (Lajas: Editorial Akelarre, 2015) 173-183.

7. Del Moral, *Negotiating Empire,* 17.

8. Del Moral, *Negotiating Empire,* 87-90.

9. Blanca G. Silvestrini, «El impacto de la política de salud pública de los Estados Unidos en Puerto Rico, 1898-1913», *Politics, Society, and Culture in the Caribbean,* Blanca G. Silvestrini, ed. (San Juan: Universidad de Puerto Rico, 1983) 78-80.

10. Raúl Mayo Santana, Silvia E. Rabionet y Ángel A. Román Franco, *Historia de la medicina tropical en Puerto Rico en el siglo* XX (San Juan: Ediciones Laberinto, 2022).

11. Blanca G. Silvestrini, «El impacto de la política de salud pública de los Estados Unidos en Puerto Rico», 82-83; Nicole Trujillo-Pagán, *Modern Colonization by Medical Intervention: U.S. Medicine in Puerto Rico* (Leiden: Brill, 2013).

12. «Reforms in Puerto Rico: Commissioner Carrol Returns and Tells of Conditions There», *The New York Times,* 9 de marzo de 1899, 9; sobre la religión, véase Silvestrini y Luque de Sánchez, *Historia de Puerto Rico,* 386-387; Samuel Silva Gotay, «La iglesia protestante como agente de americanización en Puerto Rico, 1898-1917», *Politics, Society, and Culture in the Caribbean,* 37-66; Pedro A. González-Vélez, *El impacto socio-político de la evangelización de Vieques por la Iglesia Metodista, 1902-1954* (Lajas: Editorial Akelarre, 2016).

13. Findlay, *Imposing Decency: The Politics of Sexuality and Race in Puerto Rico, 1870-1920* (Durham: Duke University Press, 1999), 120.

14. Sobre la historia del trabajo sexual, véase Nieve de los Ángeles Vázquez Lazo, *Meretrices: la prostitución en Puerto Rico de 1876 a 1917* (Hato Rey: Publicaciones Puertorriqueñas, 2008); Mario R. Cancel, «Flores de la noche: las mujeres públicas y el orden a fines del siglo 19», capítulo 4 de *Historias marginales: otros rostros de Jano* by Mario R. Cancel (Mayagüez: CePa, 2007); Eileen J. Findlay, «Decent Men and Unruly Women: Prostitution in Ponce, 18900-1900» capítulo 4 de *Imposing Decency,* 77-109.

15. L.J. Texidor, «El nuevo código penal», *La correspondencia de Puerto Rico,* 31 de enero de 1902, 2.

16. Javier Laureano, *San Juan Gay: conquista de un espacio urbano, 1948-1991* (San Juan: Instituto de Cultura Puertorriqueña, 2016).

17. Jorell Meléndez-Badillo, «Imagining Resistance: Organizing the Puerto Rican Southern Agricultural Strike of 1905», *Caribbean Studies Journal* vol. 43, núm. 2 (julio-diciembre de 2015) 35. [Traducción Lauzardo Ugarte]

18. Meléndez-Badillo, «Imagining Resistance,» 33-81. Para más información sobre las condiciones de vida de los trabajadores entre 1898 y 1920, véase Erick J. Pérez Velazco, «La condición obrera en Puerto Rico», *Plural* vol. 3, núm. 1-2 (enero-diciembre, 1984) 157-170.

19. Jorell Meléndez-Badillo, «A Party of Ex-Convicts: Bolívar Ochart, Carceral Logics, and the Socialist Party in Early Twentieth-Century Puerto Rico», *Hispanic American Historical Review* vol. 101, núm. 1 (febrero de 2021) 76-77.

20. Meléndez-Badillo, «Imagining Resistance», 55; Federación Libre de Ponce, *16 de abril: Crímenes policíacos* (Ponce: Imprenta M. López, 1905).

21. La frase procede de una carta, véase «Marx to Dr. Kugelmann, Concerning the Paris Commune», Londres, 12 de abril de 1871: https://www.marxists.org/archive/marx/works/1871/letters/71_04_12.htm (consultado el 14 de junio de 2023).

22. La frase procede del título del libro de Gervasio L. García y Ángel G. Quintero Rivera *Desafío y solidaridad.*

23. Las mujeres se convirtieron en figuras importantes dentro del movimiento espiritista de principios del siglo XX. Véase Clara Román-Odio, *Mujeres espiritistas en Puerto Rico, 1880-1920* (Humacao: Autoeditado, 2021); Nancy Herzig Shannon, *El Iriz de Paz: el espiritismo y la mujer en Puerto Rico, 1900-1905* (Río Piedras: Ediciones Huracán, 2001).

24. Silvestrini y Luque de Sánchez, *Historia de Puerto Rico,* 419; César Ayala y Rafael Bernabe, *Puerto Rico en el siglo americano: su historia desde 1898.* Traducción de Aurora Lauzardo Ugarte (San Juan: Ediciones Callejón, 2011) 103-104.

25. Véase María de Fátima Barcelo Miller, *La lucha por el sufragio femenino en Puerto Rico, 1896-1935* (Río Piedras: Ediciones Huracán, 2006).

26. Meléndez-Badillo, *The Lettered Barriada,* 15.

27. Meléndez-Badillo, *The Lettered Barriada,* 15.

28. Meléndez-Badillo, *The Lettered Barriada,* 121.

29. Meléndez-Badillo, *The Lettered Barriada,* 121.

30. Meléndez-Badillo, «Becoming Politicians: The Socialist Party and the Politics of Legitimation», capítulo 4 de *The Lettered Barriada,* 108-133; Silvestrini y Luque de Sánchez, *Historia de Puerto Rico,* 420-421.

31. Norma Valle Ferrer, *Luisa Capetillo: historia de una mujer proscrita* (Río Piedras: Editorial Cultural, 1990), 39-58.

32. Para algunos escritos de Capetillo, véase *Amor y anarquía: escritos de Luisa Capetillo,* Julio Ramos, ed. (Cabo Rojo: Editora Educación Emergente, 2021).

33. Meléndez-Badillo, *The Lettered Barriada,* 90; Jorell Meléndez-Badillo, «Luisa Capetillo and the Caribbean's Counter-Republic of Letters», *Small Axe: A Caribbean Journal of Criticism* 69 (noviembre, 2022) 112-120.

34. Véase Aracelis Tinarejo, *El Lector: A History of the Cigar Factory Reader* (Austin: University of Texas Press, 2010).

35. Jorell Meléndez-Badillo, «Luisa Capetillo en La Habana: sus escritos en la prensa anarquista cubana, 1910-1914», *Amor y anarquía,* 214-221; «Notas diversas», *¡Tierra! Periódico anarquista,* 12 de marzo de 1910, reproducido en *Páginas libres: breve antología del pensamiento anarquista en Puerto Rico, 1900-1919,* editado por Jorell Meléndez-Badillo (Cabo Rojo: Editora Educación Emergente, 2021), 80.

36. «Ecos y notas», *El tipógrafo,* 16 de abril 1911, 3.

37. «Luisa Capetillo», *Justicia,* 17 de abril de 1922, 3.

38. Meléndez-Badillo, «Luisa Capetillo and the Caribbean"s Counter-Republic of Letters».

39. Véase Vanessa Valdés, *Diasporic Blackness: The Life and Times of Arturo Alfonso Schomburg* (Albany: State University of New York Press, 2017); Eleanor Des Verney Sinnette, *Arthur Alfonso Schomburg: Black Bibliophile and Collector. A Biography* (Nueva York: Biblioteca Pública de Nueva York, 1989), 41-42; Jesse Hoffnung-Garskof, «The Migration of Arturo Schomburg: On Being Antillano, Negro, and Puerto Rican in New York, 1891-1938», *Journal of American Ethnic History* 21, núm. 1 (otoño de 2001) 3-49.

40. Véase Jesús Colón, *A Puerto Rican in New York and Other Sketches* (Nueva York: International Publishers, 1982); Jesús Colón, *The Way It Was and Other Writings,* editado por Edna Acosta-Belén y Virginia Sánchez Korrol (Houston: Arte Público Press, 1993); Bernardo Vega, *Memorias de Bernardo Vega: Contribución a la historia de la comunidad puertorriqueña en Nueva* York. César Andreu Iglesias (Río Piedras: Ediciones Huracán, 2009).

41. Edward Maldonado citado en *The Puerto Rican Diaspora: Historical Perspectives,* Carmen Teresa Whalen y Víctor Vázquez-Hernández, eds., (Filadelfia: Temple University Press, 2005), 13.

42. Véase Virginia Sánchez Korrol, *From Colonia to Community: The History of Puerto Ricans in New York City* (Berkeley: University of California Press, 1994); Michael Staudenmaier, «"Mostly of Spanish Extraction": Second-Class Citizenship and Racial Formation in Puerto Rican Chicago, 1946-1965», *Journal of American History,* vol. 104, núm. 3 (dic. 2017) 681-706.

43. Ayala y Bernabe, *Puerto Rico en el siglo americano,* 45-48.

44. Mónica Jiménez, «Puerto Rico Under the Colonial Gaze: Oppression, resistance, and the myth of the nationalist enemy», *Latino Studies* 18 (2020) 16.

45. Véase García, «I am the Other».

46. Véase Paul B. Niell, «Architecture, Domestic Space, and the Imperial Gaze in the Puerto Rico Chapters of *Our Islands and Their People, 1899*», *Imperial Islands: Art, Architecture, and Visual Experience in the US Insular Empire After 1898,* Joseph R. Hartman, ed. (Honolulu: University of Hawai'i Press, 2022) 103-121; Hilda Llorens, «Imaging Puerto Rican Natives, 1890-1920», *Imaging the Great Puerto Rican Family: Framing Nation, Race, and Gender During the American Century* (Maryland: Lexington Books, 2014) 1-30.

47. José de Olivares, *Our Islands and their Peoples as Seen with Camera and Pencil,* 2 vols. (Nueva York: N.D. Publishing Co., 1899).

48. Llorens, «Imaging Puerto Rican Natives».

49. García, «I am the Other»; sobre este tema, véase también Rubén Nazario Velasco, *Los derrotados;* Kelvin Santiago-Valle, *Subject People and Colonial Discourses: Economic Transformations and Social Disorder in Puerto Rico, 1898-1947* (Albany: SUNY Press, 1994).

50. Véase Robert McGreevey, *Borderline Citizens: The United States, Puerto Rico, and the Politics of Colonial Migration* (Ithaca: Cornell University Press, 2018); Sam Erman, *Almost Citizens: Puerto Rico, the U.S. Constitution, and Empire* (Cambridge: Cambridge University Press, 2019).

51. McGreevey, *Borderline Citizens,* 33-40.

52. McGreevey, *Borderline Citizens,* 96. [Traducción Lauzardo Ugarte]

53. McGreevey, «The Rise of National Status», *Boderline Citizens,* 41-66 [Traducción Lauzardo Ugarte]; véase también Michael Staudenmaier, «"Mostly of Spanish Extraction": Second-Class Citizenship and Racial Formation in Puerto Rican Chicago».

54. McGreevey, *Borderline Citizens,* 155. [Traducción Lauzardo Ugarte]

55. Meléndez-Badillo, «A Party of Ex-Convicts», 89.

56. Juan José Baldrich, *La huelga como instrumento de lucha, 1915-1942* (Río Piedras: Universidad de Puerto Rico, Departamento de Sociología y Antropología, Recinto de Río Piedras, 2012.

57. Esto se detalla minuciosamente en Rafael Alonso Torres, *Hurto Menor: el célebre caso del allanamiento de morada contra la Federación Libre y el proceso de hurto menor contra el Secretario General de la institución* (San Juan: impresión privada, 1919).

58. *Balzac vs. Porto Rico,* 258 U.S. 298 (1922), *Justia US Supreme Court:* https://supreme.justia.com/cases/federal/us/258/298/ (consultado el 17 de junio de 2023). [Traducción Lauzardo Ugarte]

59. Jorell Meléndez-Badillo, «A Party of Ex-Convicts», 89-90; Francisco Ortiz Santini, *Balsac vs. El Pueblo de Puerto Rico: su historia, sus protagonistas* (San Juan: autopublicado, 2018).

7. Una década turbulenta

1. Picó, *History of Puerto Rico,* 231. [Traducción Lauzardo Ugarte]

2. Miguel Á. Náter, «Ciencia, progreso y escepticismo en *Momentos* de José A. Lanauze Rolón», *Revista de Estudios Hispánicos,* vol. 1, núm. 1 (2014) 157-158.

3. José A. Lanauze Rolón, *Momentos: poesías y cuentos fantásticos* (Ponce: Tipografía El Aguila, 1916).

4. Jorell Meléndez-Badillo, *Voces libertarias: los orígenes del anarquismo en Puerto Rico* (Lajas: Editorial Akelarre, 2015) 178-179.

5. José A. Lanauze Rolón, *El mal de los muchos hijos: polémica sobre el neomalthusianismo* (s.l.: impresión privada, 1926).

6. José A. Lanauze Rolón, *Por los caminos de la violencia: la idea comunista* (Ponce: Casa Editorial América, 1932).

7. Véase Blanca G. Silvestrini, *Los trabajadores puertorriqueños y el Partido Socialista: 1932-1940* (Río Piedras: Editorial de la Universidad de Puerto Rico, 1979); José R. Rivera Caballero, *De lobos y corderos: Afirmación Socialista y la disidencia interna del Paritdo Socialista de Puerto Rico, 1915-1934* (s.l.: impresión privada, 2016).

8. Véase Michel-Rolph Trouillot, *Silencing the Past.*

9. Erick J. Pérez Velazco, «La condición obrera en Puerto Rico, 1898-1920», *Plural,* vol. 3, núms. 1-2 (enero-diciembre 1984) 157-170.

10. Silvestrini y Luque de Sánchez, *Historia de Puerto Rico,* 500.

11. Schwartz, *Mar de tormentas,* 279-280.

12. Esto equivaldría a 1.070.877.108,43 dólares en 2022.

13. Dietz, *Historia económica de Puerto Rico,* 156-157.

14. Sobre las costureras, véase María del Carmen Baerga, «Exclusion and Resistance: Household, Gender, and Work in the Needlework Industry in Puerto Rico, 1914-1940», tesis doctoral: State University of New York at Binghamton, 1996; Rose Pessota, «I Go to Puerto Rico» y «Island Paradise and Mass Tragedy», *Bread Upon the Waters* (Ithaca: ILR Press, 1987) 103-124.

15. Cabrera, *Puerto Rico y su historia íntima,* vol. 2, 832.

16. Cabrera, *Puerto Rico y su historia íntima,* vol. 2, 835.

17. Cabrera, *Puerto Rico y su historia íntima,* vol. 2, 835-836; Juan Carreras, *Escuelas para el hombre olvidado* (San Juan: Imprenta Venezuela, 1932); Bianca M. Medina Báez, *Teresa Angleró Sepúlveda: primera organizadora de las trabajadoras de la industria de la aguja en Puerto Rico* (San Juan: Publicaciones Gaviota, 2019) 195-206.

18. Meléndez-Badillo, «The Socialist Party and the Politics of Legitimation», *The Lettered Barriada,* 108-133.

19. Meléndez-Badillo, *The Lettered Barriada,* 139-142.

20. Ayala y Bernabe, *Puerto Rico en el siglo americano,* 151.

21. Ayala y Bernabe, *Puerto Rico en el siglo americano,* 151.

22. Véase Silvestrini y Luque de Sánchez, *Historia de Puerto Rico,* 488; Picó, *Historia general de Puerto Rico,* 252-254.

23. Dietz, *Historia económica de Puerto Rico,* 181; Taller de Formación Política, *No estamos pidiendo el cielo: huelga portuaria de 1938* (Río Piedras: Ediciones Huracán, 1988); Silvestrini, *Los trabajadores puertorriqueños y el Partido Socialista.*

24. Citado en Meléndez-Badillo, *The Lettered Barriada,* 123-124.

25. Meléndez-Badillo, «Strike Against Labor: The 1933 Student Mobilizations», *The Lettered Barriada,* 134-155

26. Meléndez-Badillo, «Strike Against Labor», *The Lettered Barriada,* 134-155

27. Véase Taller de Formación Política, *¡Huelga en la caña! 1933-1934* (Río Piedrás: Ediciones Huracán, 1982).

28. Dietz, *Historia económica de Puerto Rico,* 184.

29. Dietz, *Historia económica de Puerto Rico,* 184.

30. Mónica Jiménez, «Puerto Rico under the colonial gaze», Taller de Formación Política; https://www-jstor-org.dartmouth.idm.oclc.org/stable/25613093?seq=1#metadata_info_tab_contents (kelvin santiago)

31. Truman R. Clark, *Puerto Rico and the United States, 1917-1933* (Pittsburgh: University of Pittsburgh Press, 1975), 153; «Medicine: Porto Ricochet», *Time,* 15 de febrero de 1933: https://content.time.com/time/subscriber/article/0,33009,743163,00.html (consultado el 18 de junio de 2023). [Traducción Lauzardo Ugarte]

32. Daniel Immerwahr, *How to Hide an Empire: A History of the Greater United* States (Nueva York: Picador, 2019), 137-153.

33. Sobre la historia del Partido Nacionalista, véase Luis Ángel Ferrao, *Pedro Albizu Campos y el nacionalismo puertorriqueño* (Río Piedras: Editorial Cultural, 1990); José Manuel Dávila Marichal, *Pedro Albizu Campos y el ejército libertador del Partido Nacionalista de Puerto Rico, 1930-1939* (San Juan: Ediciones Laberinto, 2022); Margaret Power, *Solidarity Across the Americas: The Puerto Rican Nationalist Party and Anti-Imperialism* (Chapel Hill: University of North Carolina Press, 2023).

34. Véase Carmen Dolores Hernández, *Ricardo Alegría: una vida* (San Juan: Editorial Plaza Mayor, 2002).

35. Véase Cristina Meneses Albizu-Campos y Silvia Lora Gamarra, *Una vida de amor y sacrificio: Laura Meneses de Albizu Campos: una vida dedicada a la lucha* (s.l.: s.e., 1997).

36. Margaret Power, «The Puerto Rican Nationalist Party, Transnational Latin American Solidarity, and the United States during the Cold War», *Human Rights and Transnational Solidarity in Cold War Latin America,* Jessica Stites Mor, ed. (Madison: University of Wisconsin Press, 2013) 21-46.

37. Bayrón Toro, *Historia de las elecciones y los partidos políticos de Puerto Rico,* 239-247.

38. Ayala y Bernabe, *Puerto Rico en el siglo americano,* 159.

39. Véase Ché Paralitici, *Sentencia impuesta: 100 años de encarcelamientos por la independencia de Puerto Rico* (San Juan: Ediciones Puerto, 2004).

40. Ché Paralitici, *Historia de la lucha por la independencia de Puerto Rico: una lucha por la soberanía y la igualdad social bajo el dominio estadounidense* (Río Piedras: Publicaciones Gaviota, 2018) 90.

41. Paralitici, *Historia de la lucha por la independencia de Puerto Rico*, 89.

42. Junta Pedro Albizu Campos, *Nervio y pulso del mundo: nuevos ensayos sobre Pedro Albizu Campos y el nacionalismo revolucionario* (San Juan: Talla de Sombra Editores, 2014).

43. Picó, *History of Puerto Rico*, 257.

44. Véase Manuel E. Moraza Ortiz, *La masacre de Ponce* (Mayagüez: Publicaciones Puertorriqueñas, 2012).

45. Frank Otto Gatell, «Independence Rejected: Puerto Rico and the Tydings Bill of 1936», *Hispanic American Historical Review* vol. 38, núm. 1 (1958) 25-44.

46. Véase Néstor R. Duprey Salgado, *A la Vuelta de la esquina: el Proyecto Tydings de independencia para Puerto Rico y el diseño de una política colonial estadounidense* (Humacao: edición del autor, 2016).

47. Véase Sandra Pujals, *Un caribe soviético: el comunismo internacional en Puerto Rico y el Caribe, 1919-1943* (Madrid: Ediciones Complutense, 2022).

48. Ayala y Bernabe, *Puerto Rico en el siglo americano*, 202. Hay varias tesis de maestría y doctorales que están explorando estos temas: Emmanuel Figueroa Rosado, *Borinquen rojo: procesos sociales y políticos del comunismo en Puerto Rico durante la Tercera Internacional, 1919-1945*, tesis doctoral, Universidad Interamericana de Puerto Rico-Recinto Metropolitano, 2023; Carlos Román Espada, *César Andreu Iglesias: ante un inmortal de la historia*, tesis doctoral, Centro de Estudios Avanzados de Puerto Rico y el Caribe, 2023; Félix V. Arroyo Ríos, *El gobierno de Luis Muñoz Marín: la persecución política hacia el Comité Central del Partido Comunista Puertorriqueño de 1953 a 1960*, tesis doctoral, Centro de Estudios Avanzados de Puerto Rico y el Caribe, 2019; Luis A. Díaz Feliciano, *El Partido Comunista Puertorriqueño y la táctica del Frente Popular, 1934-1945*, tesis de maestría, Centro de Estudios Avanzados de Puerto Rico y el Caribe, 2015.

49. Rivera Caballero, *De lobos y corderos.*

50. Meléndez-Badillo, *The Lettered Barriada*, 182.

51. Meléndez-Badillo, *The Lettered Barriada*, 141.

52. José Vasconcelos, *Indología: una interpretación de la cultura ibero-americana* (Barcelona: Agencia Mundial de Librería, 1939), XXIV.

53. Luis Ángel Ferrao, «Nacionalismo, hispanismo y elite intelectual en el Puerto Rico de la década de 1930», *Del nacionalismo al populismo: cultura y política en Puerto Rico*, Silvia Álvarez Curbelo y María Elena Rodríguez Castro, eds. (Río Piedras: Ediciones Huracán, 1993) 37-60.

54. «Antonio S. Pedreira», *Biografías puertorriqueñas: perfil histórico de un pueblo*, Cesáreo Rosa-Nieves y Esther M. Melón, eds. (Sharon, CT: Troutman Press, 1979) 327-330.

55. Antonio S. Pedreira, *Insularismo* (Río Piedras: Editorial Edil, 2004). Para una crítica a *Insularismo*, véase Juan Flores, *Insularismo e ideología burguesa: una nueva lectura de A.S. Pedreira*. Traducción de Alberto Nicolás (Río Piedras: Ediciones Huracán, 1980).

56. Pedreira, *Insularismo*, 38.

57. Pedreira, *Insularismo*, 27-28.

58. Véase Magali Roy-Féquière, *Women, Creole Identity, and Intellectual Life in Early Twentieth-Century Puerto* Rico (Filadelfia: Temple University, 2004).

59. Véase Arcadio Díaz Quiñones, *Sobre los principios: los intelectuales caribeños y la tradición* (Quilmes: Universidad Nacional de Quilmes Editorial, 2006).

60. Véase Álvarez Curbelo y Rodríguez Castro, *Del nacionalismo al populismo.*

8. El momento populista

1. Díaz Quiñones, *La memoria rota,* 25.

2. Marianna Norris, *Doña Felisa: A Biography of the Mayor of San* Juan (Nueva York: Dodd, Mead and Company, 1969).

3. Alana Casanova-Burguess, «Snow in the Tropics», *La Brega,* WNYC Studios, podcast audio, 6 de enero de 2022: https://www.wnycstudios.org/podcasts/la-brega/articles/8-snow-tropics (consultado el 18 de junio de 2023).

4. «Batalla de nieve en el Sixto Escobar degeneró en 'La Batalla de los Chuponazos de China'», *El Mundo,* 6 de enero de 1953, 1.

5. «Nieve del norte y piraguas del país divierten a niños en batalla en el Escobar», *El Mundo,* 6 de enero de 1954, 1.

6. *Latin American Populism in the Twenty-First* Century, Carlos de la Torres y Cynthia J. Arnson, eds. (Baltimore: Johns Hopkins University Press, 2013) 7. [Traducción Lauzardo Ugarte]

7. Luis A. López Rojas, *Luis Muñoz Marín y las estrategias del poder, 1936-1946* (San Juan y Santo Domingo: Isla Negra Editores, 2007) 45.

8. Luis A. López Rojas, *Luis Muñoz Marín y las estrategias del poder,* 45. [Traducción Lauzardo Ugarte]

9. Ayala y Bernabe, *Puerto Rico en el siglo americano,* 168.

10. Silvestrini and Luque de Sánchez, *Historia de Puerto Rico,* 491.

11. Véase Luis A. López Rojas, *El debate por la nación: ascenso y consolidación del muñocismo: del afán por el poder hasta la discusión por el status entre Luis Muñoz Marín y Gilberto Concepción de Gracia, 1932-1945* (San Juan: Isla Negra Editores, 2011).

12. Véase Silvestrini, *Los trabajadores puertorriqueños,* 106; Meléndez-Badillo, *The Lettered Barriada,* 154; Raúl Guadalupe de Jesús, *Sindicalismo y lucha política: apuntes históricos sobre el Movimiento Obrero Puertorriqueño* (San Juan: Editorial Tiempo Nuevo, 2009) 21-26.

13. Dietz, *Historia económica de Puerto Rico,* 240.

14. Véase Keenneth Lugo del Toro, *Nacimiento y auge de la Confederación General de Trabajadores, 1940-1945* (San Juan: Universidad Interamericana de Puerto Rico, 2013).

15. Fernando Bayrón Toro, *Historia de los partidos políticos, 1809-2012* (San Juan: Publicaciones Gaviota, 2016) 263.

16. López Rojas, *Luis Muñoz Marín y las estrategias del poder,* 102-104.

17. Víctor Rivera Hernández, *Ernesto Ramos Antonini: una biografía necesaria* (San Juan: Centro de Estudios Avanzados de Puerto Rico y el Caribe, 2004) 56.

18. Carlos R. Zapata Oliveras, «Gilberto Concepción de *Gracia,* Luis Muñoz Marín y la fundación del Partido Independentista Puertorriqueño, 1936-1946», *Gilberto Concepción de Gracia: líder de la libertad, escudero de la patria,* José Luis Colón González, ed. (San Juan: Universidad Interamericana de Puerto Rico, 2021) 279-410.

19. Sobre Tugwell, véase Norberto Barreto Velázquez, *Rexford G. Tugwell: el ultimo de los tutores* (Río Piedras: Ediciones Hurcán, 2004); Charles True Goodsell, *Administration of a Revolution: Executive Reform in Puerto Rico Under Governor Tugwell, 1941-1946* (Cambridge: Harvard University Press, 1965); Francisco A. Catalá Oliveras, *Promesa rota: una mirada institucionalista a partir de Tugwell* (San Juan: Ediciones Callejón, 2013).

20. Joaquín Villanueva, comunicación personal con el autor, 24 de mayo de 2022. [Traducción Lauzardo Ugarte]

21. Véase Joaquín Vázquez Brioso, *Eduardo Georgetti: precursor del Plan Chardón y el programa Manos a la Obra: estudio sobre su obra legislativa y el Memorial, 1926* (San Juan: Ediciones Faro de Luz, 2020).

22. Jaime Partsch, *Jesus T. Piñero: el exiliado en su patria* (Río Piedras: Ediciones Huracán, 2006), 68-78.

23. Véase Partsch, «La lucha por la fortaleza», *Jesús T. Piñero*, 91-122.

24. Véase Matthew O. Edel, «Land Reform in Puerto Rico, 1940-1959», *Caribbean Studies Journal*, vol. 2, núm. 3 (octubre de 1962) 26-61; Rubén Nazario Velasco, *El paisaje y el poder: la tierra en el tiempo de Luis Muñoz Marín* (San Juan: Ediciones Callejón, 2014); Ismael García-Colón, *Land Reform in Puerto Rico: Modernizing the Colonial State, 1941-1969* (Gainesville: University Press of Florida, 2009).

25. Eileen J. Suárez Findlay, *We Are Left Without a Father Here: Masculinity, Domesticity, and Migration in Postwar Puerto* Rico (Durham: Duke University Press, 2014) 27.

26. López Rojas, *Luis Muñoz Marín y las estrategias del poder*, 105-106; Sobre la Guerra Fría en Puerto Rico, véase *Tiempos binarios: la Guerra Fría desde Puerto Rico y el Caribe*, Manuel Rodríguez Vázquez y Silvia Álvarez Curbelo, eds. (San Juan: Ediciones Callejón, 2017); Silvia Álvarez Curbelo, Manuel Rodríguez Vázquez, Yanelba Mota Maldonado y Rumar Rolón Narváez, *Puerto Rico y el Caribe: frontera de la Guerra Fría* (San Juan: Fundación Luis Muñoz Marín, 2019).

27. Véase Jorge M. Farinacci Fernós, *La constitución obrera de Puerto Rico: el Partido Socialista y la Convención Constituyente* (Río Piedras: Ediciones Huracán, 2015); Yolanda Martínez Viruet, *María Libertad Gómez Garriga y el proceso de la asamblea constituyente del Estado Libre Asociado de Puerto Rico*, tesis doctoral, Universidad del País Vasco, 2016.

28. Francisco Scarano, «La mascarada jíbara y la política de la subalternidad en la forja de la identidad criolla en Puerto Rico, 1745-1823», *La mascarada jíbara y otros ensayos* (San Juan: Ediciones Laberinto, 2022); Lillian Guerra, «The Jíbaro-Refuge of the Puerto Rican Soul: Elite Discourses of Nostalgia, Incorporation, and Betrayal», *Popular Expression and National Identity in Puerto Rico: The Struggle for Self, Community, and Nation* (Gainesvile: University Press of Florida, 1998).

29. Arlene M. Dávila, «The Institute of Puerto Rican Culture and the Building Blocks of Nationality», *Sponsored Identities: Cultural Politics in Puerto Rico* (Filadelfia: Temple University Press, 1997), 60-98.

30. Catherine Marsh Kennerly, *Negociaciones culturales: Los intelectuales y el proyecto pedagógico del estado muñocista* (San Juan: Ediciones Callejón, 2008) 19.

31. *Explorando la operación serenidad*, Soraya Serra Collazo, ed. (San Juan: Fundación Luis Muñoz Marín, 2011).

32. Véase Marsh Kennerly, *Negociaciones culturales;* Marcos A. Vélez Rivera, *Las ilustraciones de «Los Libros para el Pueblo» de la División de Educación de la Comunidad y la modernización de Puerto Rico, 1949-1964* (Carolina: Ediciones UNE, 2016).

33. Marsh Kennerly, *Negociaciones culturales;* Vélez Rivera, *Las ilustraciones de «Los Libros para el Pueblo»*.

34. Malena Rodríguez Castro, «La década de los cuarenta: de la torre a las calles», *Frente a la torre*, 148-151.

35. Ayala y Bernabe, *Puerto Rico en el siglo americano,* 195-196.

36. Rodríguez Castro, «La década de los cuarenta», 168-173.

37. Rodríguez Castro, «La década de los cuarenta», 168-173.

38. Ivonne Acosta Lespier, *La mordaza: Puerto Rico, 1948-1957* (Río Piedras: Editorial Edil, 2008).

39. Kal Wagenheim y Olga Jiménez de Wagenheim, *The Puerto Ricans: A Documentary History* (Maplewood: Waterfront Press, 1988) 204.

40. Pablo Marcial Ortiz Ramos «No vine a matar», *Claridad,* 1 de marzo de 2022. https://claridadpuertorico.com/no-vine-a-matar/ (consultado el 19 de junio de 2023).

41. División de Educación de la Comunidad, *Emigración* (San Juan: Departamento de Instrucción Pública, 1966); Edgardo Meléndez, *Sponsored Migration: The State and Puerto Rican Postwar Migration to the United* States (Columbus: The University of Ohio Press, 2017).

42. Véase Helen Icken Safa, *The Urban Poor of Puerto Rico: A Study in Development and Inequality* (Nueva York: Holt, Rinehart y Winston, 1974); Zaire Zenit Dinzey-Flores, *Locked In, Locked Out: Gated Communities in a Puerto Rican City* (Filadelfia: University of Pennsylvania Press, 2013) 14-17.

9. La Gran Migración Puertorriqueña

1. Sobre el menú de primera clase a bordo del vapor *Borinquen,* véase Félix F. Matos-Rodríguez y Pedro Juan Hernández, *Pioneros: Puerto Ricans in New York City* (Charleston: Arcadia Publishing, 2001) 20.

2. René Marquéz, *La carreta* (San Juan: Francisco Vázquez Editores, 2016); Juan Antonio Corretjer, «Boricua en la luna». Sobre el nombre de la trabajadora anónima, véase Tatiana Pérez Rivera, «Conoce la historia de Lucy y Alicia, las hijas "del peón de Las Marías y la mujer de Aguadilla" de "Un boricua en la luna"», *El Nuevo Día* (14 de noviembre de 2020) https://www.elnuevodia.com/entretenimiento/cultura/notas/conoce-la-historia-de-lucy-y-alicia-las-hijas-del-peon-de-las-marias-y-la-mujer-de-aguadilla-de-un-boricua-en-la-luna/?r=66511 (consultado el 20 de junio de 2023); Pedro Pietri, «Obituario puertorriqueño».

3. *The Puerto Rican Diaspora: Historical Perspectives,* Carmen Teresa Whalen y Victor Vázquez-Hernández, eds. (Filadelfia: Temple University Press, 2005) 37

4. Edgardo Meléndez, *Patria: Puerto Rican Revolutionary Exiles in Late Nineteenth Century New York* (Nueva York: Centro Press, 2020).

5. Hoffnung-Garskof, *New York City and the Revolutionary Politics of the Spanish Caribbean.*

6. Virginia E. Sánchez Korroll, *From Colonia to Community: The History of Puerto Ricans in New* York City, 2ª ed., (Berkeley: University of California Press, 1994).

7. Carmelo Rosario Natal, *Éxodo puertorriqueño: las emigraciones al Caribe y Hawái, 1900-1915* (San Juan: Editorial Edil, 2001).

8. Whalen y Vázquez-Hernández, *The Puerto Rican Diaspora,* 3; sobre la Ley Jones, véase McGreevy, *Borderline Citizens*; Erman, *Almost Citizens*; Charles R. Venator-Santiago, *Puerto Rico and the Origins of the U.S. Global Empire: The Disembodied Shade* (New York: Routledge, 2015).

9. Sánchez Korrol, *From Colonia to Community,* 28-30.

10. César Andreu Iglesias, *Memorias de Bernardo Vega: contribución a la comunidad puertorriqueña en Nueva York,* (Río Piedras: Ediciones Huracán, 2013); «Territorios compartidos:

Bernardo Vega y el manuscrito de la familia Farallón», *Op. Cit.: Revista del Centro de Investigaciones Históricas* vol. 25 (2008) 17-199; Jesús Colón, *A Puerto Rican in New York and Other Sketches* (Nueva York: International Publishers, 1982).

11. Federico Ribes Tovar, *El libro puertorriqueño de Nueva York* (s.l.: Colección Grandes Emigraciones, 1968), vol. 1, 129-150.

12. Edgardo Meléndez, *Sponsored Migration.*

13. Ambos citados en Whalen y Vázquez-Hernández, *The Puerto Rican Diaspora,* 8. [Traducción Lauzardo Ugarte]

14. Leyes de Puerto Rico, Ley núm. 25 aprobada el 5 de diciembre de 1947. (https://bvirtualogp.pr.gov/ogp/Bvirtual/leyesreferencia/PDF/2/0025-1947.pdf).

15. Duany, *The Puerto Rican Nation on the Move,* 171.

16. Duany, *The Puerto Rican Nation on the Move,* 170.

17. «Socialists Elect 27-year-old Leader; Clarence Senior Is Youngest Ever to Hold Position of National Secretary», *The New York Times,* 3 de julio de 1929, 28. https://timesmachine.nytimes.com/timesmachine/1929/07/03/95975347.html?pageNumber=28 (consultado el 20 de junio de 2023).

18. Jorge Duany, *The Puerto Rican Nation on the Move,* 171; otro reporte que influyó en las ideas del desarrollo económico del gobierno fue Harvey Perloff, *Puerto Rico's Economic Future: A Study in Planned Development* (Chicago: University of Chicago Press, 1950).

19. Edna Acosta-Belén y Carlos E. Santiago, *Puerto Ricans in the United States: A Contemporary Portrait,* 2ª ed., (Boulder: Lynne Rienner Publishers, 2018), 66-67; sobre Chenault, véase «Adjustment Challenges: Puerto Ricans in New York City, 1938-1945: The Writings of Patria Aran Gosnell, Lawrence Chenault, and Frances M. Donohue». *CENTRO. Journal of the Center for Puerto Rican Studies.* 22 de marzo de 2019. https://www.thefreelibrary.com/Adjustment+-Challenges%3a+Puerto+Ricans+in+New+York+City%2c+1938-1945.+The...-a0589697999. (consultado el 20 de junio de 2023)

20. Virgilio Dávila, *Aromas del terruño* (San Juan: Editorial Cordillera, 1979).

21. Meléndez, *Sponsored Migration.*

22. Para ejemplos más contemporáneos de estas negociaciones transnacionales de la identidad puertorriqueña, véase Gina M. Pérez, *The Near Northwest Side Story: Migration, Displacement, and Puerto Rican Families* (Berkeley: University of California Press, 2004); Mérida M. Rúa, *A Grounded Identidad: Making New Lives in Chicago's Puerto Rican Neighborhoods* (Oxford: Oxford University Press, 2002); Elizabeth M. Aranda, *Emotional Bridges to Puerto Rico: Migration, Return Migration, and the Struggles for Incorporation* (Lanham: Roman and Littlefield Publishers, 2007).

23. Duany, *The Puerto Rican Nation on the Move,* 171. [Traducción Lauzardo Ugarte]

24. S.a., *Emigración,* 2ª ed., (San Juan: División de Educación de la Comunidad, Departamento de Instrucción Pública, 1966).

25. Lilia Fernández, *Brown in the Windy City: Mexicans and Puerto Ricans in Postwar Chicago* (Chicago: The University of Chicago Press, 2002) 71-73.

26. Charles R. Venator-Santiago, *Hostages of Empire: A Short History of the Extension of U.S. Citizenship to Puerto Rico, 1989-Present* (s.l., 2018) [Traducción Lauzardo Ugarte]; véase también Charles R. Venator-Santiago, «The Law that Made Puerto Ricans U.S. Citizens, Yet Not Fully American», *Zócalo,* 6 de marzo de 2018: https://www.zocalopublicsquare.org/2018/03/06/

law-made-puerto-ricans-u-s-citizens-yet-not-fully-american/ideas/essay/ (consultado el 20 de junio de 2023). [Traducción Lauzardo Ugarte]

27. Citado en Fernández, *Brown in the Windy City,* 5. [Traducción Lauzardo Ugarte]

28. Fernández, *Brown in the Windy City.*

29. Carmen Teresa Whalen, *From Puerto Rico to Philadelphia,*137. [Traducción Lauzardo Ugarte]

30. Whalen, *From Puerto Rico to Philadelphia,* 173. [Traducción Lauzardo Ugarte]

31. Lorrin Thomas, *Puerto Rican Citizen.*

32. José E. Cruz, *Liberalism and Identity Politics: Puerto Rican Community Organization and Collective Action in New York* (Nueva York: Centro Press, 2019) 106. Para algunos ejemplos, véase Ribes Tovar, *El libro puertorriqueño de Nueva York,* 276-298.

33. José E. Cruz Figueroa, «Entre West Side Story y los Young Lords», *80 Grados* (3 de diciembre de 2021) https://www.80grados.net/entre-west-side-story-y-los-young-lords/ (consultado el 20 de junio de 2023).

34. Ruth Glasser, *My Music is My Flag: Puerto Rican Musicians and their New York Communities, 1917-1940* (Berkeley: University of California Press, 1995).

35. Karen Jaime, *The Queer Nuyorican: Racialized Sexualities and Aesthetics in Loisaida* (New York: New York University Press, 2021), 6. [Traducción Lauzardo Ugarte]

36. Para un importante análisis de lo *queer* y la puertorriqueñidad, véase Lawrence La Fountain-Stokes, *Queer Ricans: Cultures and Sexualities in the Diaspora* (Mineápolis: University of Minnesota Press, 2009); Lawrence La Fountain-Stokes, *Translocas: The Politics of Puerto Rican Drag and Trans* Performance (Ann Arbor: University of Michigan Press, 2021); «Revisiting Queer Puerto Rican Sexualities», Lawrence La Fountain-Stokes y Yolanda Martínez-San Miguel, eds., *Centro Journal,* vol. 30, núm. 2 (verano de 2018); «Puerto Rican Queer Sexualities», Luis Aponte-Parés, Jossianna Arroyo, Elizabeth Crespo-Kebler, Lawrence La Fountain-Stokes, Frances Negrón-Muntaner, eds., *Centro Journal* vol. 19, núm. 1 (primavera de 2007).

37. Lawrence La Fountain Stokes, «The Life and Times of Trans Activist Sylvia Rivera», *Critical Dialogues in Latinx Studies: A Reader,* Ana Y. Ramos-Zayas y Mérida M. Rúa, eds. (Nueva York: New York University Press) 241-253.

38. Ruth Glasser, *Aquí me quedo: Puerto Ricans in Connecticut* (Hartford: Connecticut Humanities Council, 1997).

39. C. Wright Mills, Clarence Senior y Rose Kohn Goldsen, *The Puerto Rican Journey: New York's Newest Migrants* (Nueva York: Harper & Brothers Publishers, 1950) 101. [Traducción Lauzardo Ugarte]

40. Ismael García Colón, *Colonial Migrants at the Heart of Empire: Puerto Rican Workers on U.S. Farms* (Berkeley: University of California Press, 2020) 21. [Traducción Lauzardo Ugarte]

41. Véase Suárez Findlay, *We Are Left Without a Father Here.*

42. Fernando Picó, *History of Puerto Rico,* 287.

43. Ayala y Bernabe, *Puerto Rico en el siglo americano,* 318.

44. Pablo José Hernández Rivera, *Compatriotas: exilio y retorno de Luis Muñoz Marín* (Ponce: Fundanción Rafael Hernández Colón, 2020).

45. Hernández Rivera, *Compatriotas,* 4.

46. Silvia Álvarez Curbelo, «El centro de todo: consumo, arquitectura y ciudad», *San Juan siempre nuevo: arquitectura y modernización en el siglo XX* (San Juan: Comisión San Juan, 2000) 269.

47. «Puerto Rico: The Bard of Bootsrap», *Time*, vol. LXXI, núm. 25 (23 de junio de 1958) http://content.time.com/time/covers/0,16641,19580623,00.html (consultado el 21 de junio de 2023); «Man of the People», *Time*, vol. LIII, núm. 18 (2 de mayo de 1949) https://content.time.com/time/covers/0,16641,19490502,00.html (consultado el 21 de junio de 2023).

48. Ayala y Bernabe, *Puerto Rico en el siglo americano*, 273; Picó, *History of Puerto Rico*, 300-301.

49. Jennifer Hinojosa, «Two Sides of the coin of Puerto Rican Migration: Depopulation in Puerto Rico and the Redefinition of the Diaspora», *Centro Journal* 30, núm. 3 (2018) 234.

50. Francisco Rivera-Batiz y Carlos E. Santiago, *Island Paradox*, 45; Whalen y Vázquez-Hernández, *The Puerto Rican Diaspora*, 37.

10. La Guerra Fría y el nuevo impulso independentista

1. Sobre las dimensiones culturales del discurso del PPD, véase Eileen J. Suárez-Findlay, «Family and Fatherhood in a "New Era for All": Populist Politics and Reformed Colonialism», *We Are Left Without a Father Here*, 25-59; véase también «Discurso preparado para el gobernador por Arturo Morales Carrión» (4 de octubre de 1953) *Centro de Documentación Histórica Arturo Morales Carrión*, FPH-32-12, Universidad Interamericana de Puerto Rico. http://dspace.cai.sg.inter.edu/xmlui/handle/123456789/11631.

2. Carlos Quiles, *Pupa: mujer en lucha* (San Juan: Publicaciones Gaviota, 2007) 31.

3. Quiles, *Pupa*, 28.

4. Quiles, *Pupa*, 31.

5. Quiles, *Pupa*, 45.

6. Quiles, *Pupa*, 34.

7. Quiles, *Pupa*, 53.

8. Paralitici, *Historia de la lucha por la independencia de Puerto Rico*, 175-176.

9. Paralitici, *Historia de la lucha por la independencia de Puerto Rico*, 173-174.

10. Quiles, *Pupa*, 66-67.

11. Quiles, *Pupa*, 56.

12. Quiles, *Pupa*, 111-112.

13. Sobre las mujeres en el PSP, véase Cristina M. Nieves Labiosa, «La mujer en el Partido Socialista Puertorriqueño: entre la ideología y el género, 1971-77», *En pie de lucha: nuevas investigaciones históricas puertorriqueñas*, Evelyn Vélez Rodríguez y Carmelo Campos Cruz, eds. (Ponce: Mariana Editores, 2019) 205-240.

14. Juan Ángel Silén, *La nueva lucha de independencia* (Río Piedras: Editorial Edil, 1973).

15. Carmen Gautier Mayoral y Teresa Blanco Stahl, «COINTELPRO en Puerto Rico: documentos secretos del FBI, 1960-1971», *Las carpetas: persecución política y derechos civiles en Puerto Rico*, Ramón Bosque Pérez y José Javier Colón Morera eds. (Río Piedras: Centro para la Investigación y Promoción de los Derechos Civiles, 1997) 255-300; Francisco Pagán Oliveras, «COINTELPRO: aplicación del programa de contraespionaje doméstico en Puerto Rico, 1960-1971», *En pie de lucha: nuevas investigaciones históricas puertorriqueñas*, 135-168.

16. Ángel Pérez Soler, *Del Movimiento Pro Independencia al Partido Socialista Puertorriqueño: la transición de la lucha nacionalista a la lucha de los trabajadores: 1959-1971* (San Juan: Publicaciones Gaviota, 2018) 146.

17. López Soler, *Del Movimiento Pro Independencia al Partido Socialista Puertorriqueño,* 123.

18. López Sóler, *Del Movimiento Pro Independencia,* 133.

19. Anne Garland Mahler, *From the Tricontinental to the Global South: Race, Radicalism, and Transnational Solidarity* (Durham: Duke University Press, 2018).

20. Álvaro M. Rivera Ruiz, *Violencia política y subalternidad colonial: el caso de Filiberto Ojeda y el MIRA* (San Juan: s.e., 2020) 182

21. Véase Ángel M. Agosto, *Del MPI al PSP: el eslabón perdido* (Río Grande: La Casa Editora de Puerto Rico, 2018).

22. José Atiles Osorio, *Jugando con el derecho,* 92.

23. Raul Álzaga Manresa, «Prologo al terrorismo de derecha», *La represión contra el independentismo puertorriqueño,* 203.

24. José Trías Monge, *Puerto Rico: las penas de la colonia más antigua del mundo* (San Juan: La Editorial, UPR, 1999) 174.

25. Trías Monge, *Puerto Rico,* 175.

26. Paralitici, *Historia por la lucha de la independencia de Puerto Rico,* 253; Trías Monge, *Puerto Rico,* 176.

27. Trías Monge, *Puerto Rico,* 177.

28. Trías Monge, *Puerto Rico,* 178.

29. Véase Norma Tapia, *La crisis del PIP* (Río Piedras: Editorial Edil, 1980).

30. Paralitici, *Historia por la lucha por la independencia,* 192.

31. Ángel M. Agosto, *Del MPI al PSP,* 79; Ayala y Bernabe, *Puerto Rico en el siglo americano,* 327.

32. Edwin A. López Tosado, «El Movimiento Obrero Unido: entre sindicalismo y represión», *En pie de lucha: nuevas investigaciones históricas puertorriqueñas,* 297.

33. Atiles, *Jugando con el derecho,* 98.

34. Fernando Bayrón Toro, *Historia de las elecciones y los partidos políticos de Puerto Rico,* 339, 369.

35. Rachel A. May, Alejandro Schneider y Roberto González Arana, *Caribbean Revolutions: Cold War Armed Movements* (Cambridge: Cambridge University Press, 2018) 129.

36. May, Schneider y González Arana, *Caribbean Revolutions,* 131.

37. Citado en May, Schenider y González Arana, *Caribbean Revolutions,* 134. [Traducción Lauzardo Ugarte]

38. Ángel M. Agosto, *Lustro de gloria: cinco años que estremecieron el siglo* (Río Grande: La Casa Editora de Puerto Rico, 2013) 182.

39. Agosto, *Del MPI al PSP,* 11.

40. *Revolution Around the Corner: Voices from the Puerto Rican Socialist Party in the United States,* José E. Velázquez, Carmen V. Rivera y Andrés Torres, eds. (Filadelfia: Temple University Press, 2021) 38.

41. Velázquez, Rivera y Torres, *Revolution Around the Corner,* 16.

42. Velázquez, Rivera y Torres, *Revolution Around the Corner,* 360. [Traducción Lauzardo Ugarte]

43. Velázquez, Rivera y Torres, *Revolution Around the Corner,* 360. Enfatizado en el texto original. [Traducción Lauzardo Ugarte]

44. Velázquez, Rivera y Torres, *Revolution Around the Corner,* 360.

45. Johanna Fernández, *The Young Lords: A Radical History* (Chapel Hill: University of North Carolina Press, 2020); Darrel Wanzer-Serrano, *The Young Lords and the Struggle for Liberation* (Filadelfia: Temple University Press, 2015); *The Young Lords: A Reader,* Darrel Enck-Wanzer, ed. (Nueva York: NYU Press, 2010).

46. Iris Morales, *Through the Eyes of Rebel Women: The Young Lords: 1969-1976* (Nueva York: Red Sugarcane Press, 2016).

47. Emma Francis-Snyder, «The Hospital Occupation that Changed Public Health Care», *The New York Times,* 12 de octubre de 2021: https://www.nytimes.com/2021/10/12/opinion/young-lords-nyc-activism-takeover.html (consultado el 27 de agosto de 2023).

48. Marisol LeBrón, comunicación personal con el autor, 26 de mayo de 2022. [Traducción Lauzardo Ugarte]

49. Para otras formas de activismo, véase Mirelsie Velázquez, *Puerto Rican Chicago: Schooling the City, 1940-1977* (Champaign: University of Illinois Press, 2022); María E. Pérez y González y Virginia Sánchez Korrol, *Puerto Rican Studies in the City University of New York: The First Fifty Years* (Nueva York: Centro Press, 2021); Lorrin Thomas, *Puerto Rican Citizen*; Lorrin Thomas y Aldo Lauria-Santiago, *Rethinking the Struggle for Puerto Rican Rights* (Nueva York: Routledge, 2019).

50. Ayala y Bernabe, *Puerto Rico en el siglo americano, 338.*

51. Lucila Irizarry Cruz, *CAL: Una historia clandestina* (San Juan: Isla Negra Editores, 2010).

52. Atiles, *Jugando con el derecho,* 98.

53. Ayala y Bernabe, *Puerto Rico en el siglo americano,* 341.

54. «Operación diez por uno», *Claridad,* 25 de abril de 1971, *Centro de Documentación de los Medios Armados:* https://cedema.org/digital_items/2046 (consultado el 27 de agosto de 2023).

55. Luis Nieves Falcón, *Un siglo de represión en Puerto Rico, 1898-1998* (San Juan: Ediciones Puerto, 2009) 165; José Enrique Ayora Santaliz, *Patriotas: contracanto al olvido* (Cayey: Mariana Editores, 2009) 329; *La represión contra el independentismo puertorriqueño: 1960-2010,* Che Paralitici, ed. (San Juan: Publicaciones Gaviota, 2011) 247.

56. Paralitici, *Historia de la lucha,* 213-214.

57. Nieves Falcón, *Un siglo de represión política,* 156; Atiles, *Jugando con el derecho,* 107; Pedro Reina Pérez, «La primavera nueva y la deuda con Puerto Rico», *80 Grados,* 1 de mayo de 2015: https://www.80grados.net/la-primavera-nueva-y-la-deuda-con-puerto-rico/ (consultado el 27 de agosto de 2023); Rosa Mari Pesquera, «Mi hermano Chagui», *80 grados,* 25 de marzo de 2011: https://www.80grados.net/mi-hermano-chagui/ (consultado el 27 de agosto de 2023).

58. José Rafael Reguero, *Alejo y los niños de sangre azul* (s.l.: s.e., 2010); Paralitici, *La represión contra el independentismo puertorriqueño.*

59. Atiles, *Jugando con el derecho,* 108.

60. «Nation: Death at Maravilla», *Time Magazine,* 14 de mayo de 1979: https://web.archive.org/web/20100728231423/http://www.time.com/time/magazine/article/0,9171,916768,00.html (consultado el 24 de julio de 2023).

61. «Nation: Death at Maravilla» [Traducción Lauzardo Ugarte]

62. Picó, *Puerto Rico,* 290.

63. Picó, *Puerto Rico,* 291.

64. Véase Bosque Pérez y José Colón Morera, *Las carpetas: persecución política y derechos civiles en Puerto Rico.*

65. José Anazagasty, «Las carpetas y la era de la disculpa», *80 grados: Prensa sin prisa,* 6 de abril de 2012: https://www.80grados.net/las-carpetas-y-la-era-de-la-disculpa-consideraciones-iniciales/ (consultado el 24 de julio de 2023)

11. El camino hacia el colapso

1. Ayala y Bernabe, *Puerto Rico en el siglo americano,* 377.

2. Cabrera, *Puerto Rico y su historia íntima,* vol. 2, 1019.

4. Ayala y Bernabe, *Puerto Rico en el siglo americano,* 378.

5. Picó, *History of Puerto Rico,* 291.

6. Liliana Cotto, *Desalambrar: orígenes de los rescates de terreno en Puerto Rico y su pertinencia en los movimientos sociales contemporáneos* (San Juan: Editorial Tal Cual, 2006).

7. Bárbara I. Abadía Rexach, «Adolfina Villanueva Osorio, presente», *NACLA,* 19 de junio de 2021: https://nacla.org/adolfina-villanueva-osorio-puerto-rico (consultado el 24 de julio de 2023).

8. Nydia Bauzá, «Viudo de Adolfina Villanueva recuerda su valentía antes y después de morir a manos de la Policía», *Primera Hora,* 10 de junio de 2020.

9. Citado en «Villa Sin Miedo, destruida», *El País* (España), 19 de mayo de 1982: https://elpais.com/diario/1982/05/20/internacional/390693623_850215.html (consultado el 4 de julio de 2023).

10. Marisol LeBrón, *Policing Life and Death: Race, Violence, and Resistance in Puerto Rico* (Oakland: University of California Press, 2019).

11. Érika Fontánez Torres, *Casa, suelo y título: vivienda e informalidad en Puerto Rico* (San Juan: Ediciones Laberinto, 2020) 126-130.

12. Arlene Dávila, *El Mall: The Spatial and Class Politics of Shopping Malls in Latin America* (Oakland: University of California Press, 2016); Rubén Dávila Santiago, *El Mall: del mundo al paraíso* (San Juan: Ediciones Callejón, 2005).

13. Cabrera, *Puerto Rico y su historia íntima,* vol. 2, 1026.

14. Marc D. Joffe y Jesse Martínez, «Origins of the Puerto Rico Fiscal Crisis», *Mercatus Research,* Mercatus Center at George Mason University: http://dx.doi.org/10.2139/ssrn.3211660 (consultado el 24 de julio de 2023).

15. Juan G. Gelpí, *Literatura y paternalismo en Puerto Rico* (Río Piedras: Editorial de la Universidad de Puerto Rico, 1993); Rafael Bernabe, *La maldición de Pedreira: aspectos de la crítica romántico-cultural de la modernidad en Puerto Rico* (Río Piedras: Ediciones Huracán, 2002); Luis Ángel Ferrao, «Nacionalismo, hispanismo y élite intelectual en el Puerto Rico de los años treinta», *Del nacionalismo al populismo,* 37-60.

16. María del Carmen Baerga, «Historia crítica, historia autorreflexiva: CEREP y el reto de la teoría», *Claridad,* 17-23 de noviembre de 2011, 18-19.

17. Carlos J. Carrero Morales, «Reflexionando sobre CEREP y la Nueva Historia Puertorriqueña: a 28 años del final de un proyecto historiográfico». Ponencia presentada en la Asociación de Estudiantes Graduados de Historia (CEAPRC) el 20 de marzo de 2016: https://

aeghcea.files.wordpress.com/2016/03/20-reflexionando-sobre-cerep3.pdf (consultado el 24 de julio de 2023).

18. Marcia Rivera, Ángel Chuco Quintero Rivera, Arcadio Díaz Quiñones y Lydia Milagros González, «¿Qué fue CEREP, el centro que tanto aportó a Puerto Rico?», *Voz Alternativa,* programa en Radio Isla 1320, 23 de enero de 2022.

19. Pérez y González y Sánchez Korrol, *Puerto Rican Studies in the City University of New York,* 3.

20. Pérez y González y Sánchez Korrol, *Puerto Rican Studies in the City University of New York,* 4.

21. Pedro Cabán, «Remaking Puerto Rican Studies at 50 Years», *Puerto Rican Studies in the City University of New York,* 18. [Traducción Lauzardo Ugarte]

22. Cabán, «Remaking Puerto Rican Studies at 50 Years», 18.

23. Atiles, *Jugando con el derecho,* 114; May, Schenider y González Arana, *Caribbean Revolutions,* 138.

24. May, Schenider y González Arana, *Revoluciones caribeñas,* 138.

25. Atiles, *Jugando con el derecho,* 114; May, Schenider y González Arana, *Caribbean Revolutions,* 139.

26. May, Schenider y González Arana, *Caribbean Revolutions,* 139.

27. Atiles, *Jugando con el derecho,* 115-121.

28. Rubén Berrios Martínez, *La independencia de Puerto Rico: razón y lucha* (San Juan: Editorial Linea, 1983).

29. Duany, *The Puerto Rican Nation on the Move*; Dávila, *Sponsored Identities;* Marsh Kennerly, *Negociaciones culturales.*

30. Antonio Quiñones Calderón, *Partido Nuevo Progresista: antecedentes y fundación* (Río Piedras: Publicaciones Gaviota, 2017) 118.

31. Citado en Mario Ramos Méndez, *Posesión del ayer: la nacionalidad cultural en la estadidad* (San Juan: Isla Negra Editores, 2007) 129.

32. Ayala y Bernabe, *Puerto Rico en el siglo americano,* 393.

33. «Exgobernador Hernández Colón recuerda la visita del Rey a Puerto Rico», *La vanguardia,* 2 de junio de 2014: https://www.lavanguardia.com/politica/20140602/54408617477/exgobernador-hernandez-colon-recuerda-la-visita-del-rey-a-puerto-rico.html (consultado el 26 de julio de 2023).

34. Sociedad Estatal Para la Ejecución de Programas del Quinto Centenario, *Gran regata Colón quinto centenario: programa oficial* (San Juan: s.e., 1992).

35. «Exgobernador Hernández Colón recuerda la visita del Rey a Puerto Rico», *La vanguardia,* 2 de junio de 2014: https://www.lavanguardia.com/politica/20140602/54408617477/exgobernador-hernandez-colon-recuerda-la-visita-del-rey-a-puerto-rico.html (consultado el 26 de julio de 2023).

36. Fernando Bayrón Toro, *Historia de las elecciones y los partidos políticos de Puerto Rico,* 449.

37. Fernando Bayrón Toro, *Historia de las elecciones,* 450.

38. Mario Ramos Méndez, *Posesión del ayer,* 149-160.

39. Los resultados fueron los siguientes: Estado Libre Asociado: 823.250; estadidad: 785.859; independencia: 75.253; votos en blanco o nulos: 17.025; total: 1,701,395. Véase Bayrón Toro, *Historia de las elecciones,* 469.

40. Petra R. Rivera-Rideau, *Remixing Reggaeton: The Cultural Politics of Race in Puerto* Rico (Durham: Duke University Press, 2015) 36; Dinzey-Flores, *Locked In, Locked Out,* 29; Marisol LeBrón, *Policing Life and Death.*

41. LeBrón, *Policing Life and Death,* 64.

42. José Fusté, «Colonial Laboratories, Irreparable Subjects: The Experiment of (B)ordering San Juan's Public Housing Residents», *Social Identities* vol. 16, núm. 1 (2010) 41-59.

43. Dinzey-Flores, *Locked In, Locked Out,* 16-17.

44. Rivera-Rideau, *Remixing Reggaeton,* 36. [Traducción Lauzardo Ugarte]

45. Dinzey-Flores, *Locked In, Locked Out,* 30.

46. Scarano, *Puerto Rico: cinco siglos de historia,* 994.

47. Scarano, *Puerto Rico: cinco siglos de historia,* 995.

48. Bayrón Toro, *Historia de las elecciones,* 475.

49. Bayrón Toro, *Historia de las elecciones,* 491.

50. Juan Cruz Ricart, *Memoria corta: una breve historia de Puerto Rico, 1800 a 2000* (San Juan: Ediciones Situm, 2006) 135-139.

51. Citado en Bayrón Toro, *Historia de las elecciones,* 492.

52. Ayala y Bernabe, *Puerto Rico en el siglo americano,* 419.

53 Lirio Márquez y Jorge Fernández Porto, «El impacto ambiental de las actividades de la Marina de Guerra de los Estados Unidos en la isla-municipio de Vieques», *Exégesis* (2001): https://web.archive.org/web/20230516113017/https:/www.uprh.edu/exegesis/fernandezporto.pdf (consultado el 27 de agosto de 2023).

54. Marie Cruz Soto, «The Making of Viequenses: Militarized Colonialism and Reproductive Rights», *Meridians* vol. 19, núm. 2 (2020) 362. [Traducción Lauzardo Ugarte]

55. Véase Márquez y Fernández Porto, «El impacto ambiental de las actividades de la Marina de Guerra».

56. Ayala y Bernabe, *Puerto Rico en el siglo americano,* 421-422.

57. Véase Marisol LeBrón, *Policing Life and Death.*

58. Office of the Inspector General, «Chapter Three: Chronology of Events in the Surveillance and Arrest Operation», *A Review of the September 2005 Shooting Incident Involving the Federal Bureau of Investigation and Filiberto Ojeda Ríos,* agosto de 2006: https://oig.justice.gov/sites/default/files/archive/special/s0608/chapter3.htm (consultado el 27 de julio de 2023).

59. Paralitici, *Historia de la lucha por la independencia,* 284.

12. Promesas rotas y resistencia constante

1. Juan R. Torruella, «Ruling America"s Colonies: The Insular Cases», *Yale Law and Policy Review* vol. 32, núm. 1 (2013) 84; https://digitalcommons.law.yale.edu/ylpr/vol32/iss1/3 (consultado el 29 de agosto de 2023); Jennifer Wolff (2016). Debtors' Island: How Puerto Rico Became a Hedge Fund Playground. *New Labor Forum,* 25 (2), 48–55. https://www.jstor.org/stable/26419984 (consultado el 29 de agosto de 2023).

2. Joel Cintrón Arbasetti, Carla Minett, Alex V. Hernández y Jessica Stites, «100 Years of Colonialism: How Puerto Rico Became Easy Prey for Profiteers», *In These Times,* 13 de noviembre de 2017: https://inthesetimes.com/article/puerto-rico-debt-vulture-funds-economy-bankruptcy-trump-municipal-bonds (consultado el 27 de julio de 2023).

3. Jorell Meléndez-Badillo, «Commemorating May Day in Puerto Rico», *NACLA* vol. 51, núm. 3 (2019) 301-305.

4. «Papel Machete - Jorge Díaz Ortiz», *Visible, s.f.*: https://www.visibleproject.org/blog/project/papel-machete/ (consultado el 27 de julio de 2023). [Traducción Lauzardo Ugarte]

5. «Ninguno pa" gobernador», *Actipedia,* s.f.: https://actipedia.org/project/ninguno-pa%E2%80%99-gobernador (consultado el 27 de julio de 2023).

6. «Acevedo Vilá agradecido con el pueblo», *El Nuevo Día,* 2 de diciembre de 2008: https://www.elnuevodia.com/noticias/politica/notas/acevedo-vila-agradecido-con-el-pueblo/ (consultado el 27 de julio de 2023).

7. Bayrón Toro, *Historia de las elecciones y los partidos políticos en Puerto Rico,* 542.

8. Wanda I. Ocasio-Rivera, *Metáforas extremas del neoliberalismo en la literatura latinoamericana,* tesis doctoral, Universidad de Illinois en Urbana-Champaign, 2015; Fionnuala Murphy, *Un sueño para vender: The Economics of Memory and The Malvinas War in Argentinian Political Discourse, 1989-2015,* tesis de honor, Dartmouth College, 2021.

9. Sobre CAREF, véase Jorell Meléndez-Badillo, «The Puerto Rican Experiment: Crisis, Colonialism, and Popular Response», *The End of the World as We Know It? Crisis, Resistance, and the Age of Austerity,* Deric Shannon, ed. (Oakland: AK Press, 2014) 165-181. Sobre el bloque criollo, véase Joaquín Villanueva y Martín Cobián, «Beyond Disaster Capitalism: Dismantling the Infrastructure of Extraction in Puerto Rico"s Neo-Plantation Economy», *Antipode Online,* 25 de junio de 2019: https://antipodeonline.org/2019/06/25/beyond-disaster-capitalism/ (consultado el 27 de julio de 2023).

10. Meléndez-Badillo, «The Puerto Rican Experiment».

11. Marc D. Joffe y Jesse Martínez, «Origins of the Puerto Rican Fiscal Crisis», *Mercatus Research,* 12 de abril de 2016: http://dx.doi.org/10.2139/ssrn.3211660 (consultado el 28 de julio de 2023).

12. Meléndez-Badillo, «The Puerto Rican Experiment», 172.

13. «Ley 7 fue adversa para la economía», *Primera hora,* 19 de abril de 2011: https://www.primerahora.com/noticias/gobierno-politica/notas/ley-7-fue-adversa-para-la-economia/ (consultado el 28 de julio de 2023).

14. «Ley 7 fue adversa para la economía», *Primera hora,* 19 de abril de 2011: https://www.primerahora.com/noticias/gobierno-politica/notas/ley-7-fue-adversa-para-la-economia/ (consultado el 28 de julio de 2023).

15. Yarimar Bonilla and Rafael A. Boglio Martínez, «Puerto Rico in crisis: Government Workers Battle Neoliberal Reform», *NACLA,* 5 de enero de 2010: https://nacla.org/article/puerto-rico-crisis-government-workers-battle-neoliberal-reform (consultado el 28 de julio de 2023).

16. Bonilla y Boglio Martínez, «Puerto Rico in Crisis: Government Workers Battle Neoliberal Reform».

17. Citada en Bonilla y Boglio Martínez, «Puerto Rico in crisis: Government Workers Battle Neoliberal Reform». [Traducción Lauzardo Ugarte]

18. «Concluye el paro sin mayores incidentes», *El Nuevo Día,* 15 de octubre de 2009: https://www.elnuevodia.com/noticias/locales/notas/concluye-el-paro-sin-mayores-incidentes/ (consultado el 28 de julio de 2023).

19. «Tensa situación entre estudiantes y Policía en el expreso Las Américas», *Primera hora,* 15 de octubre de 2009: https://www.primerahora.com/noticias/gobierno-politica/notas/tensa-situacion-entre-estudiantes-y-policia-en-el-expreso-las-americas/ (consultado el 28 de julio de 2023).

20. Rima Brusi, «A New, Violent Order at the University of Puerto Rico», *Graduate Journal of Social Science,* vol. 8, núm. 1 (junio de 2011) 45.

21. «Descontento en Puerto Rico por privatización del aeropuerto», *Univisión,* 28 de febrero de 2013: https://web.archive.org/web/20221022135710/https://www.univision.com/noticias/noticias-de-latinoamerica/descontento-en-puerto-rico-por-privatizacion-del-aeropuerto (consultado el 29 de agosto de 2023).

22. Jennifer Wolff, «Debtors" Island: How Puerto Rico Became a Hedge Fund Playground», *New Labor Forum* vol. 25, núm. 2 (2016) 48-55. https://www.jstor.org/stable/26419984 (consultado el 29 de agosto de 2023).

23. United States General Accounting Office, «Tax Policy: Puerto Rico and the Section 936 Tax Credit», Report to the Chairman, Committee on Finance, US Senate, junio de 1993: https://www.gao.gov/assets/ggd-93-109.pdf (consultado el 28 de julio de 2023); Yarimar Bonilla, «The Coloniality of Disaster: Race, Empire, and the Temporal Logics of Emergency in Puerto Rico, USA», *Political Geography,* vol. 78 (abril 2020): https://doi.org/10.1016/j.polgeo.2020.102181 (consultado el 28 de julio de 2023); Stephen Kim Park y Tim R. Samples, «Puerto Rico's Debt Dilemma and Pathways Toward Sovereign Solvency», *American Business Law Journal* vol. 54, núm. 1 (primavera de 2017) 9-60; Rafael Bernabe, «Puerto Rico: Economic Reconstruction, Debt Cancellation,a and Self-Determination», Committee for the Abolishment of Illegitimate Debt», 13 de diciembre de 2018: http://www.cadtm.org/Puerto-Rico-Economic-reconstruction-debt-cancellation-and-self-determination#nb9 (consultado el 28 de julio de 2023).

24. Joan Benach, Marinilda Rivera Díaz, Nylca J. Muñoz, Eliana Martínez-Herrera y Juan Manel Pericás, «What the Puerto Rican Hurricanes Make Visible: Chronicle of a Public Health», *Social Science & Medicine* vol. 238 (octubre de 2019): https://doi.org/10.1016/j.socscimed.2019.112367 (consultado el 28 de julio de 202e); véase también José Fusté, «Repeating Islands of Debt: Historicizing the Transcolonial Relationality of Puerto Rico's Economic Crisis», *Radical History Review,* 128 (mayo de 2017) 91-120.

25. CNN Money, «Gorbenador de Puerto Rico: "La deuda es impagable"», *CNN,* 29 de junio de 2015: https://cnnespanol.cnn.com/2015/06/29/gobernador-de-puerto-rico-la-deuda-es-impagable/ (consultado el 28 de julio de 2023); Ed Morales, *Fantasy Island: Colonialism, Exploitation, and the Betrayal of Puerto* Rico (Nueva York: Bold Type Books, 2019) 119.

26. «Puerto Rico», *Last Week Tonight with John Oliver,* HBO, 25 de abril de 2016: https://www.youtube.com/watch?v=Tt-mpuR_QHQ&ab_channel=LastWeekTonight (consultado el 28 de julio de 2023).

27. Francisco J. Fortuño Bernier, «Cerrar para abrir: Puerto Rican Student Struggles and the Crisis of Colonial-Capitalism», *Viewpoint Magazine,* 27 de abril de 2017: https://viewpointmag.com/2017/04/27/cerrar-para-abrir-puerto-rican-student-struggles-and-the-crisis-of-colonial-capitalism/ (consultado el 27 de julio de 2023). [Traducción Lauzardo Ugarte]

28. Lyle Denniston, «Opinion Analysis: Setback for Puerto Rico"s Independent Powers (UPDATED)», *SCOTUSblog,* 9 de junio de 2016: https://www.scotusblog.com/2016/06/opinion-analysis-setback-for-puerto-ricos-independent-powers/ (consultado el 28 de julio de

2023); Otro caso decidido esa misma semana, *Puerto Rico vs. Franklin*, estableció que los municipios de Puerto Rico no podían declararse en quiebra, véase Lyle Denniston, «Opinion Analysis: Puerto Rico's Debt Woes Left to Congress», *SCOTUSblog*, 13 de junio de 2016: https://www.scotusblog.com/2016/06/opinion-analysis-puerto-ricos-debt-woes-left-to-congress/ (consultado el 28 de julio de 2023).

29. «Puerto Rico Oversight, Management, and Economic Stability Act» (P.R.O.M.E.S.A). 4 de enero de 2016. Título I. Sección 101. [Traducción Alejandro Álvarez Nieves] La traducción oficial al español del nombre de «La Junta» es Junta de Supervisión y Administración Financiera. Alejandro Álvarez Nieves, profesor del Programa Graduado de Traducción de la UPR, junto con un grupo de estudiantes y egresados del programa, tradujo al español algunos de los documentos más importantes relacionados con la ley PROMESA. El nombre de la Junta se tradujo como Junta de Control Fiscal, no de supervisión fiscal. En la «Nota sobre la traducción», Álvarez Nieves explica la decisión de traducirlo así y plantea ideas muy interesantes sobre las traducciones de documentos oficiales en Puerto Rico. https://pgt.uprrp.edu/promesa. (consultado el 31 de agosto de 2023).

30. Marisol LeBrón, «People Before Debt», *NACLA Report on the* Americas vol. 48, núm. 2 (2016) 116.

31. LeBrón, «People Before Debt», 116. [Traducción Lauzardo Ugarte]

32. Luna Olavarría Gallegos, «Puerto Rican Activists Shut Down the First Scheduled PROMESA Conference in San Juan», 31 de agosto de 2016: https://remezcla.com/culture/promesa-conference-protest-san-juan/ (consultado el 29 de julio de 2023); «Puerto Rican Activists Protest First #PROMESA Conference (Democracy Now! VIDEO)», 4 de septiembre de 2016: https://www.latinorebels.com/2016/09/04/puerto-rican-activists-protest-first-promesa-conference-democracy-now-video/ (consultado el 28 de julio de 2023); «Puerto Rico: 6 Arrested Protesting Pro-PROMESA Media Coverage», 30 de agosto de 2016: https://www.democracynow.org/2016/8/30/headlines/puerto_rico_6_arrested_protesting_pro_promesa_media_coverage (consultado el 28 de julio de 2023).

33. Arys Rodríguez Andino, «Escritora denuncia que Ricky Rosselló la plagió», *Primera Hora*, 31 de julio de 2014: https://www.primerahora.com/noticias/gobierno-politica/notas/escritora-denuncia-que-ricky-rossello-la-plagio/ (consultado el 28 de julio de 2023).

34. «El escándalo de Ricky Rosselló», 31 de agosto de 2012: https://www.noticel.com/80-grados/blogs/opiniones/20120831/el-escandalo-de-ricky-rossello/ (consultado el 28 de julio de 2023).

35. Citado en A.W. Maldonado, *Burst and Boom*, 118. [Traducción Lauzardo Ugarte]

36. A.W. Maldonado, *Burst and Boom*,128-129.

37. Aurora Santiago Ortiz, «Apuntes sobre la *charterización* y cierre de escuelas en Puerto Rico», *Políticas educativas y justiciar social: entre lo global y lo local*, Carmen Rodríguez-Martínez, Fernanda Saforcada y Javier Campos-Martínez, eds. (Madrid: Ediciones Morata, 2020) 70-71.

38. «Puerto Rico"s Debt Crisis Claims Another Casualty: Its Schools», *The New York Times*, 10 de mayo de 2017. [Traducción Lauzardo Ugarte]

39. Centro para la Reconstrucción del Habitat, *Cierre de escuelas públicas en Puerto Rico: impactos comunitarios y recomendaciones*, agosto de 2020: https://ntc-prod-public-pdfs.s3.us-east-2.amazonaws.com/XZjUc0k1f3xq4__zcjGQR3G8_ls.pdf (consultado el 28 de julio de 2023).

40. Financial Oversight and Management Board for Puerto Rico. «Carta a Gobenador Rossello Nevares 9 de marzo 2017»: https://drive.google.com/file/d/1bQtefD1ovAsK69N4VYXt0WB9vsPqXkZl/view [Traducción Lauzardo Ugarte]

41. José Caraballo Cueto, «UPR: mitos y realidades», *80 grados*, 7 de abril de 2017; véase también Universidad de Puerto Rico, *Presupuesto Puerto Rico:* https://presupuesto.pr.gov/PRESUPUESTOPROPUESTO2020-2021/PresupuestosAgencias/Universidad%20de%20Puerto%20Rico.htm (consultado el 28 de julio de 2023).

42. Juan C. Dávila, «Students of Puerto Rico Lead Resistance Against Promesa», *HuffPost*, 9 de abril de 2017: https://www.huffpost.com/entry/students-of-puerto-rico-lead-resistance-against-promesa_b_58e851c1e4b00dd8e016ec0e (consultado el 2 de septiembre de 2023); para una cronología de la huelga estudiantil de 2017, véase «Cronología de la huelga en la UPR», *Metro*, 15 de junio de 2017 https://www.metro.pr/pr/noticias/2017/06/05/cronologia-la-huelga-la-upr.html (consultado el 2 de septiembre de 2023).

43. Dávila, «Students of Puerto Rico». FE: Kiria Hurtado González, Lirca Feliciano Centeno y Zoila Alvarez Aponte, «La 'Gran Huelga 2017"» en la Universidad de Puerto Rico: Vivencias y reflexiones», 8ª Conferencia Latinoamericana y Caribeña de Ciencias Sociales, Buenos Aires, 19-23 de noviembre de 2018. https://www.clacso.org.ar/conferencia2018/presentacion_ponencia.php?ponencia=201881320583-8208-pg (consultado el 2 de septiembre de 2023).

44. Fortuño Bernier, «Cerrar para abrir».

45. Gabriela Carrasquillo Piñeiro, «Cronología: caso contra estudiantes tras la huelga de la UPR en 2017», 5 de febrero de 2020: https://pulsoestudiantil.com/cronologia-caso-contra-estudiantes-tras-la-huelga-de-la-upr-en-2017/ (consultado el 28 de julio de 2023).

46. José Karlo Pagán Negrón, «Huelga 2017: 72 días en defensa de la UPR», *Diálogo*, 8 de junio de 2017: https://dialogo.upr.edu/huelga-2017-72-dias-en-defensa-de-la-upr/ (consultado el 17 de septiembre de 2022); «Cronología de la huelga en la UPR», *Metro Puerto Rico*, 5 de junio de 2017: https://www.metro.pr/pr/noticias/2017/06/05/cronologia-la-huelga-la-upr.html (consultado el 28 de julio de 2023).

47. Meléndez-Badillo, «Commemorating May Day», 303.

48. Para más información sobre su caso, véase LeBrón, «Policing *Coraje* in the Colony», 801-826.

13. La noche en que todo se sumió en el silencio

1. Dánica Coto, «Report: FEMA Fumbled in Puerto Rico After Storms Irma, María», *AP News*, 1 de octubre de 2020: https://apnews.com/article/puerto-rico-hurricane-irma-storms-latin-america-hurricanes-8bfd2865519e79a2109bab7edb625436 (consultado el 28 de julio de 2023).

2. Saidiya Hartman, *Scenes of Subjection: Terror, Slavery, and Self-Making in Ninteenth-Century* America (Nueva York: Oxford University Press, 1997); también, Saidiya Hartman, «Venus in Two Acts», *Small Axe* vol. 12, núm. 2 (junio de 2008) 1-14. Algunos escritores han experimentado con el significado del huracán María a través de la literatura. Véase Xavier Navarro Aquino, *Velorio*, traducción de Aurora Lauzardo Ugarte (Nueva York: Harper Collins Español, 2022); Xochitl González, *Olga Dies Dreaming: A Novel* (Nueva York: Flatiron Books, 2022).

3. Para una discusión sobre la etimología de la palabra «huracán», véase Stuart B. Schwartz, *Mar de tormentas,* 34-35.

4. Amarilys Arocho Barreto, «La invasión de San Ciriaco», *Proyecto 1867:* https://www.proyecto1867.com/la-invasioacuten-de-san-ciriaco.html (consultado el 28 de julio de 2023).

5. Coralys Molina Rodríguez, «Los siete huracanes más devastadores de la historia de Puerto Rico», *Pulso estudiantil,* 29 de septiembre de 2020: https://pulsoestudiantil.com/los-siete-huracanes-mas-devastadores-en-la-historia-de-puerto-rico/ (consultado el 28 de julio de 2023); veinte huracanes amenazaron a Puerto Rico a lo largo del siglo XX, véase Caldera Ortiz, *Historia de los ciclones y huracanes en Puerto Rico.*

6. Álvarez Guedes, «Álvarez Guedes y huracanes», YouTube, 2 de mayo de 2019: https://www.youtube.com/watch?v=leUX4Yr0zB8&ab_channel=AndyPonce (consultado el 28 de julio de 2023).

7. Aurora Santiago Ortiz, «Testimonio as stich work: Undoing coloniality through autoethnography in Puerto Rico», *Chicana/Latina Studies: The Journal of Mujeres Activas en Letras y Cambio* Social vol. 20, núm. 2 (2021) 131. [Traducción Lauzardo Ugarte]

8. Levi Gahman, «In the Caribbean, Colonialism and Inequality Mean Hurricanes Hit Harder», *The Conversation,* 20 de septiembre de 2017: https://theconversation.com/in-the-caribbean-colonialism-and-inequality-mean-hurricanes-hit-harder-84106 (consultado el 28 de julio de 2023).

9. Michael Deibert, *When the Sky Fell: Hurricane María and the United States in Puerto Rico* (Nueva York: Apollo Publishers, 2019) 114.

10. Homeland Security Operational Analysis Center, «Hurricanes Irma y María: Impact and Aftermath», RAND Corporation: https://www.rand.org/hsrd/hsoac/projects/puerto-rico-recovery/hurricanes-irma-and-maria.html (consultado el 28 de julio de 2023).

11. Asociación Nacional de Derecho Ambiental, «Threats on Tap: Drinking Water Violations in Puerto Rico»: https://www.nrdc.org/sites/default/files/threats-on-tap-drinking-water-puerto-rico-ip.pdf (consultado el 28 de julio de 2023).

12. NRDC, «Threats on Tap: Drinking Water Violations in Puerto Rico»: https://www.nrdc.org/sites/default/files/threats-on-tap-drinking-water-puerto-rico-ip.pdf (consultado el 28 de julio de 2023). [Traducción Lauzardo Ugarte]

13. Christine Santillana, «AES Puerto Rico: 20 años de contaminación por cenizas de carbón», *Earth Justice,* 13 de enero de 2022: https://earthjustice.org/from-the-experts/2022-january/aes-puerto-rico-tras-20-anos-de-contaminacion-por-cenizas-de-carbon#:~:text=AES%2DPR%20produce%20un%20promedio,de%2012%20pisos%20de%20altura (consultado el 28 de julio de 2023); Omar Alfonso, «Viven y juegan entre el arsénico de las cenizas de AES», *Centro de Periodismo Investigativo* y *La Perla del* Sur, 20 de agosto de 2019: https://periodismoinvestigativo.com/2019/08/viven-y-juegan-entre-el-arsenico-de-las-cenizas-de-aes/ (consultado el 28 de julio de 2023).

14. «Así fue la visita de Trump a Puerto Rico», *TelemundoPR,* 4 de octubre de 2017: https://www.telemundo51.com/noticias/noticias-destacados/el-presidente-donald-trump-visitara-puerto-rico-el-martes/138929/ (consultado el 28 de julio de 2023).

15. Aaron Blake, «Trump's Half-Baked Puerto Rico photo op, annotated», *The Washington Post,* 3 de octubre de 2017: https://www.washingtonpost.com/news/the-fix/wp/2017/10/03/

trumps-half-baked-puerto-rico-press-conference-annotated/ (consultado el 28 de julio de 2023). [Traducción Lauzardo Ugarte]

16. Omaya Sosa Pascual y Jeniffer Wiscovitch, «Aparecen decenas de muertos no contados por el huracán María», *Centro de Periodismo Investigativo,* 16 de noviembre de 2017: https://periodismoinvestigativo.com/2017/11/aparecen-decenas-de-muertos-no-contados-por-el-huracan-maria/ (consultado el 28 de julio de 2023).

17. «Morgue de Puerto Rico aún con cadáveres sin reclamar desde el paso de María», *El Heraldo,* 11 de junio de 2018: https://www.elheraldo.co/mundo/morgue-de-puerto-rico-aun-con-cadaveres-sin-reclamar-desde-el-paso-de-maria-505560 (consultado el 28 de julio de 2023).

18. «Piden más tiempo para estudiar las muertes por el huracán María», *El Nuevo Día,* 21 de mayo de 2018: https://www.elnuevodia.com/noticias/locales/notas/piden-mas-tiempo-para-estudiar-las-muertes-por-el-huracan-maria/ (consultado el 28 de julio de 2023).

19. Nishant Kishore, Domingo Marqués, Ayesha Mahmud, et. al., «Mortality in Puerto Rico after Hurricane Maria», *The New England Journal of Medicine,* núm. 379 (12 de julio de 2018) 162-170.

20. Hilda Llorens, «US Media Depictions of Climate Migrants: The Recent Case of the Puerto Rican "Exodus"», *Aftershocks of Disaster: Puerto Rico Before and After the Storm,* Yarimar Bonilla y Marisol LeBrón, eds. (Chicago: Haymarket Books, 2019) 127. [Traducción Lauzardo Ugarte]

21. Frances Negrón-Muntaner, «Our Fellow Americans: Why Calling Puerto Ricans "Americans" Will Not Save Them», *Aftershocks of Disaster: Puerto Rico Before and After the Storm,* 117. [Traducción Lauzardo Ugarte]

22. Frances Negrón-Muntaner, «Our Fellow Americans», 118-119. [Traducción Lauzardo Ugarte]

23. Deibert, *When the Sky Fell,* 145. [Traducción Lauzardo Ugarte]

24. Jamelle Bouie, «Why Trump Doesn"t Care About Puerto Ricans», *Slate,* 1 de octubre de 2017: https://slate.com/news-and-politics/2017/10/trumps-poor-response-to-puerto-rico-is-no-surprise.html (consultado el 28 de julio de 2023). [Traducción Lauzardo Ugarte]

25. «Estudio confirma FEMA trajo chatarra a PR», *Noticel,* 14 de junio de 2018: https://www.noticel.com/huracanes/el-tiempo/la-calle/top-stories/20180614/estudio-confirma-fema-trajo-comida-chatarra-a-pr/ (consultado el 29 de julio de 2023).

26. Jacqueline Villarrubia-Mendoza y Roberto Vélez-Vélez, «Centros de Apoyo Mutuo: reconfigurando la asistencia en tiempos de desastre», *Revista Centro,* vol. 32, núm, 3 (otoño de 2020) 89-117.

27. Villarrubia-Mendoza and Vélez-Vélez, «Centros de Apoyo Mutuo».

28. Sarah Molinari, «Authenticating Loss and Contesting Recovery: FEMA and the Politics of Colonial Disaster Management», *Aftershocks of Disaster,* 287. [Traducción Lauzardo Ugarte]

29. Molinari, «Authenticating Loss and Contesting Recovery», 294. [Traducción Lauzardo Ugarte]

30. Molinari, «Authenticating Loss and Contesting Recovery», 294. [Traducción Lauzardo Ugarte]

31. Joel Cintrón Arbasetti, *El Local* (San Juan: Instituto de Cultura Puertorriqueña, 2017).

32. Sarita R, «Punk, Self-Determination, and Solidarity Post-María: An Interview with Félix Rodríguez of El Local», *Boston Hassle,* 12 de septiembre de 2018: https://bostonhassle.com/

punk-self-determination-and-solidarity-post-maria-an-interview-with-felix-rodriguez-of-el-local/ (consultado el 29 de julio de 2023); «Sobre El Local», *El Local en Santurce:* https://ellocalensanturce.com/sobre-el-local/ (consultado el 29 de julio de 2023).

33. Jhoni Jackson, «The Rock Club That Helped Feed San Juan After Hurricane María», 11 de enero de 2018: https://pitchfork.com/thepitch/the-rock-club-that-helped-feed-san-juan-after-hurricane-maria/ (consultado el 29 de julio de 2023).

34. Blanca Ortiz Torres, «Decoloniality and community-psychology practice in autonomous organizing (*autogestión*) and self-determination», *International Review of Psychiatry* vol. 32, núm. 4 (2020) 359-364. [Traducción Lauzardo Ugarte]

14. La tormenta después de María

1. José Delgado y Omayra González, «Desespero llega a Rincón», *El Nuevo Día,* 25 de septiembre de 2017, 30.

2. «Leptospirosis», *Centers for Disease Control and Prevention*: https://www.cdc.gov/leptospirosis/infection/index.html (consultado el 29 de julio de 2023).

3. Alexa S. Dietrich, Adriana María Garriga-López y Claudia Sofía Garriga-López, «Hurricane María Exposes Puerto Rico's Stark Environmental and Health Inequalities», *Items,* 3 de octubre de 2017: https://items.ssrc.org/just-environments/hurricane-maria-exposes-puerto-ricos-stark-environmental-and-health-inequalities/#:~:text=Hurricane%20Maria%20Exposes%20Puerto%20Rico's%20Stark%20Environmental%20and%20Health%20Inequalities,-As%20Puerto%20Rico&text=While%20the%20situation%20for%20residents,seen%20as%20an%20isolated%20event (consultado el 29 de julio de 2023).

4. Frances Solá Santiago, «This Puerto Rican Town Went Viral for Its SOS Call After María. This is its Message Today», *Remezcla,* 8 de agosto de 2018: https://remezcla.com/culture/this-puerto-rican-town-went-viral-for-its-sos-call-after-maria-this-is-its-message-today/ (consultado el 29 de julio de 2023).

5. Manuel Ernesto Riva, «Hallan millones de botellas de agua abandonadas en una pista de Puerto Rico a un año del paso de María», *Univisión,* 12 de septiembre de 2018: https://www.univision.com/local/puerto-rico-wlii/hallan-millones-de-botellas-de-agua-abandonadas-en-una-pista-de-puerto-rico-a-un-ano-del-paso-de-maria (consultado el 29 de julio de 2023).

6. «FEMA justifica decomiso de miles de botellas de agua», *NotiUno,* 29 de julio de 2019: https://www.notiuno.com/noticias/gobierno-y-politica/fema-justifica-decomiso-de-miles-de-botellas-de-agua/article_11f1dc0e-b26f-11e9-92b8-6f668853e591.html (consultado el 29 de julio de 2023).

7. Víctor Martínez, «The Diaspora Helps Rebuild Puerto Rico», *Centro: Center for Puerto Rican Studies,* s.f.: https://centropr.hunter.cuny.edu/events-news/rebuild-puerto-rico/policy/diaspora-helps-rebuild-puerto-rico (consultado el 29 de julio de 2023).

8. «Our Story», *María Fund:* https://www.mariafund.org/about (consultado el 29 de julio de 2023).

9. «Encuentran vagones con suministros dañados en Puerto Rico», *Telemundo 51,* 12 de agosto de 2018: https://www.telemundo51.com/noticias/local/encuentran-vagones-con-suministros-danados-en-puerto-rico/168326/ (consultado el 29 de julio de 2023); «Encuentran vagones con suministros dañados en la CEE», *El Vocero,* 10 de agosto de 2018: https://www.

elvocero.com/gobierno/encuentran-vagones-con-suministros-da-ados-en-la-cee/article_7c012a32-9cdb-11e8-b507-73f5ba82ebda.html (consultado el 29 de julio de 2023).

10. Melissa Correa Velázquez, «Apunta el FBI a Unidos por Puerto Rico», *El Vocero,* 16 de julio de 2019: https://www.elvocero.com/ley-y-orden/apunta-el-fbi-a-unidos-por-puerto-rico/article_4ed8e534-a77c-11e9-a7e0-ff53b7a5f82b.html (consultado el 29 de julio de 2023).

11. Wilma Maldonado Arrigoitía, «Cargos contra Raúl Maldonado son un patrón de persecución, dice su abogada Mayra López Mulero», *ENDI,* 19 de enero de 2022: https://www.elnuevodia.com/noticias/locales/notas/cargos-contra-raul-maldonado-son-un-patron-de-persecucion-dice-su-abogada-mayra-lopez-mulero/ (consultado el 29 de julio de 2023).

12. Javier Moya, «¿Qué tiene que ver Beatriz Rosselló con todo esto?», *WKAQ,* 25 de junio de 2019: https://www.univision.com/radio/puerto-rico-wkaq-am/wkaq-580-am/que-tiene-que-ver-beatriz-rossello-con-todo-esto-raul-maldonado-acusa-al-gobernador-de-cambiar-reporte-de-vagones-para-ayudar-a-su-esposa-video (consultado el 29 de julio de 2023).

13. «Beatriz Rosselló reacciona a expresiones de hijo de Raúl Maldonado», *Metro Puerto Rico,* 25 de junio de 2019: https://www.metro.pr/pr/noticias/2019/06/25/beatriz-rossello-dice-expresiones-raulie-maldonado-falsas.html (consultado el 12 de febrero de 2022).

14. Javier Moya, «¿Qué tiene que ver Beatriz Rosselló con todo esto?»

15. Véase Karrieann Soto Vega, «The Imperious Rule of Julia Keleher: Gender, Race, and Colonialism in the Corruption of Public Education in Puerto Rico», *Centro Journal,* vol. 34, núm. 2 (verano de 2022) 123-144.

16. Carmen Lydia Arcelay Santiago, *La agenda inconclusa de Ricardo Rosselló Nevarez* (Hato Rey: Publicaciones Puertorriqueñas, 2020) 80-82; «Arrestan a la Secretaria de Educación Julia Keleher», *Primera Hora,* 10 de julio de 2019: https://www.primerahora.com/noticias/gobierno-politica/notas/arrestan-a-la-exsecretaria-de-educacion-julia-keleher/ (consultado el 29 de julio de 2023).

17. Carlos Rubén Rosario, *¡Ricky Renuncia!: crónicas del verano del "19* (S.l.: publicación independiente, 2020) 70.

18. Carmen Lydia Arcelay Santiago, *La agenda inconclusa de Ricardo Rosselló Nevares* (Hato Rey: Publicaciones Puertorriqueñas, 2020) 83-84.

19. Rubén Rosario, *¡Ricky Renuncia!,* 69.

20. Rubén Rosario, *¡Ricky Renuncia!,* 80.

21. Rubén Rosario, *¡Ricky Renuncia!,* 81-83.

22. Rubén Rosario, *¡Ricky Renuncia!,* 100.

23. Luis J. Valentín Ortiz y Carla Minet, «Las 889 páginas de Telegram entre Rosselló Nevares y sus allegados», *Centro de Periodismo Investigativo,*13 de julio de 2019: https://periodismoinvestigativo.com/2019/07/las-889-paginas-de-telegram-entre-rossello-nevares-y-sus-allegados/ (consultado el 29 de julio de 2023).

24. «Calculan que 500.000 personas se manifestaron ayer contra Rosselló», *El Nuevo Día,* 18 de julio de 2019: https://www.elnuevodia.com/noticias/locales/notas/calculan-que-500000-personas-se-manifestaron-ayer-contra-rossello/ (consultado el 29 de julio de 2023).

25. «Escalera pide reunión con organizadores de protestas contra Rosselló», *El Nuevo Día,* 19 de julio de 2019: https://www.elnuevodia.com/noticias/seguridad/notas/escalera-pide-una-reunion-con-organizadores-de-protestas-contra-rossello/?utm_term=Au-

tofeed&utm_medium=Social&utm_source=Facebook&fbclid=IwAR1OT4EDlQVAr0YzJeL-fkSkxGfNXwkKp8-9-BblkZ_UzzSQwM1WhiutCS5c#Echobox=1563579354 (consultado el 29 de julio de 2023); Aurora Santiago Ortiz y Jorell Meléndez-Badillo, «Puerto Rico"s Multiple Solidarities: Emergent Landscapes and the Geographies of Protest», *The Abusable Past,* 22 de julio de 2019: https://www.radicalhistoryreview.org/abusablepast/puerto-ricos-multiple-solidarities-emergent-landscapes-and-the-geographies-of-protest/ (consultado el 29 de julio de 2023).

26. Sobre el coraje, véase Marisol LeBrón, «Policing *Coraje* in the Colony», 801-826.

27. Hugo J. Delgado Martí, «La noche es pa"l combate», *Bandera Roja,* 23 de julio de 2019: https://www.bandera.org/la-noche-es-pal-combate/?fbclid=IwAR3mU_mcjEKCdjYWVN-H2d2JQF9i6cQxaAoTxNLtjmQNrFD51HppKQRVQd7g (consultado el 29 de julio de 2023).

28. Frances Rosario, «Denuncian que el gobierno violenta los derechos constitucionales de los manifestantes», *Primera hora,* 19 de julio de 2019: https://www.primerahora.com/noticias/gobierno-politica/notas/denuncian-que-el-gobierno-violenta-los-derechos-constitucionales-de-los-manifestantes/ (consultado el 30 de julio de 2023).

29. Rubén Rosario, *¡Ricky Renuncia!,* 168.

30. Santiago Ortiz and Meléndez-Badillo, «Puerto Rico"s Multiple Solidarities». [Traducción Lauzardo Ugarte]

31. Santiago Ortiz and Meléndez-Badillo, »Puerto Rico"s Multiple Solidarities». [Traducción Lauzardo Ugarte]

32. Aurora Santiago Ortiz y Jorell Meléndez-Badillo, «*La Calle Fortaleza* in Puerto Rico's *Primavera de Verano*», *Society and Space Journal,* 25 de febrero de 2020: https://www.societyandspace.org/articles/la-calle-fortaleza-in-puerto-ricos-primavera-de-verano (consultado el 30 de julio de 2023).

33. Aurora Santiago Ortiz, «La Colectiva Feminista en Construcción are Leading the Puerto Rican Resistance», *Open Democracy,* 14 de enero de 2020: https://www.opendemocracy.net/en/oureconomy/la-colectiva-feminista-en-construccion-are-leading-the-puerto-rican-resistance/ (consultado el 30 de julio de 2023); véase también, Rocío Zambrana, «Black Feminist Tactics: On La Colectiva Feminista en Construcción"s Politics Without Guarantees», *Decolonial Geographies of Puerto Rico's 2019 Summer Protests,* foro en línea, Marisol LeBrón y Joaquín Villanueva, eds., *Society and Space Journal,* 25 de febrero de 2020: https://www.societyandspace.org/articles/black-feminist-tactics-on-la-colectiva-feminista-en-construccions-politics-without-guarantees (consultado el 30 de julio de 2023).

34. Rubén Rosario, *¡Ricky Renuncia!,* 201-202. [Traducción Lauzardo Ugarte]

35. Rubén Rosario, *¡Ricky Renuncia!,* 200. «Shep Smith presses Puerto Rico"s Governor: Attacks On Your Own People Are Not Mistakes», *Fox News,* 22 de julio de 2019: https://www.youtube.com/watch?v=trQatZPmULk&ab_channel=FoxNews (consultado el 30 de julio de 2023); Frances Rosario, «Alcalde de San Sebastián desmiente a Ricardo Rosselló», *Primera Hora,* 22 de julio de 2019: https://www.primerahora.com/noticias/gobierno-politica/notas/alcalde-de-san-sebastian-desmiente-a-ricardo-rossello/ (consultado el 30 de julio de 2023).

36. Santiago Ortiz y Meléndez-Badillo, «*La Calle Fortaleza* in Puerto Rico's *Primavera de Verano*».

37. Patricia Mazzei y Frances Robles, «Ricardo Rosselló anunció su renuncia a la gobernación de Puerto Rico», *The New York Times,* 24 de julio de 2019: https://www.nytimes.com/

es/2019/07/24/espanol/america-latina/rossello-renuncia-puerto-rico.html (consultado el 30 de julio de 2023).

38. Patricia Mazzei, «Who Is Pedro Pierluisi, Who Has Been Sworn In As Puerto Rico"s Next Governor?», *The New York Times,* 1 de agosto de 2019: https://www.nytimes.com/2019/08/01/us/puerto-rico-governor-pedro-pierluisi.html (consultado el 30 de julio de 2023). Prensa Asociada, «El tribunal superior de Puerto Rico dictamina que Pedro Pierluisi no puede ser gobernador», *Los Angeles Times,* 8 de agosto de 2019: https://www.latimes.com/espanol/eeuu/articulo/2019-08-08/el-tribunal-superior-de-puerto-rico-dictamina-que-pedro-pierluisi-no-puede-ser-gobernador (consultado el 30 de julio de 2023); Alejandra Rosa, Patricia Mazzei y Frances Robles, «Puerto Rico Supreme Court Ousts New Governor, and Another Is Sworn In», *The New York Times,* 7 de agosto de 2019: https://www.nytimes.com/2019/08/07/us/puerto-rico-governor-wanda-vazquez.html (consultado el 30 de julio de 2023).

39. Jacqueline Villarrubia-Mendoza y Roberto Vélez-Vélez, «Puerto Rican Peoples" Assembly Shift from Protest to Proposal», *NACLA,* 20 de agosto de 2019: https://nacla.org/news/2019/08/22/puerto-rican-people%E2%80%99s-assemblies-shift-protest-proposal (consultado el 29 de julio de 2023).

40. Aurora Santiago Ortiz está desarrollando este tema en el manuscrito de un libro titulado *Circuits of Self-Determination: Solidarities and Radical Political Pedagogies in Puerto Rico.*

41. Pedro Lebrón Ortiz, «Against the Mythological Machine, Towards Decolonial Revolt», *Theory & Event* vol. 24, núm. 3 (julio de 2021) 809. [Traducción Lauzardo Ugarte]

42. «Puerto Rico Earthquakes», *Center for Disaster Philanthropy,* 3 de diciembre de 2020: https://disasterphilanthropy.org/disaster/puerto-rico-earthquakes/ (consultado el 30 de julio de 2023).

43. Nicholas Van Der Elst, Jeanne L. Hardebeck y Andre J. Michael, «Potential Duration of Aftershocks of the 2020 Southwestern Puerto Rico Earthquake», *USGS Numbered Series* (2020), DOI: 10.3133/ofr20201009. [Traducción Lauzardo Ugarte]

44. Daniel Edgardo Adorno Cruz, «Terremoto en Puerto Rico demuestra que el gobierno no puede manejar una crisis», *Open Democracy,* 15 de enero de 2020: https://www.opendemocracy.net/es/democraciaabierta-es/terremoto-en-puerto-rico-demuestra-que-el-gobierno-no-puede-manejar-una-crisis/ (consultado el 30 de julio de 2022).

45. Hilda Llorens, *Making Livable Worlds: Afro-Puerto Rican Women Building Environemtal Justice* (Seattle: University of Washington Press, 2021).

46. Hilda Llorens, *Making Livable Worlds,* 122. [Traducción Lauzardo Ugarte]

47. «Educación registra 16.105 estudiantes menos que el año pasado», *Noticel,* 2 de octubre de 2020: https://www.noticel.com/educacion/ahora/top-stories/20201002/educacion-registra-16105-estudiantes-menos-que-el-ano-pasado/ (consultado el 30 de julio de 2023); «Colegio de Ingenieros advierte que solo 500 escuelas están reforzadas contra terremotos», *El Nuevo Día,* 8 de enero de 2020: https://www.elnuevodia.com/noticias/locales/notas/colegio-de-ingenieros-advierte-que-solo-500-escuelas-estan-reforzadas-contra-terremotos/?r=24893 (consultado el 31 de julio de 2023).

48. «Cinco mil puertorriqueños siguen sin hogar tras el terremoto de 6,4 grados de magnitud», *Democracy Now,* 15 de enero de 2020: https://www.democracynow.org/es/2020/1/15/titulares/5_000_puerto_ricans_still_homeless_after_64_magnitude_earthquake (consultado el 31 de julio de 2023).

49. Daniel Edgardo Adorno Cruz, «Terremoto en Puerto Rico demuestra que el gobierno no puede manejar una crisis».

50. «Habla el León Fiscalizador sobre el vídeo que sacudió al país», *Primera hora,* 20 de enero de 2020: https://www.primerahora.com/noticias/puerto-rico/notas/habla-el-leon-fiscalizador-sobre-el-video-que-sacudio-al-pais/ (consultado el 31 de julio de 2023).

51. Marisol LeBrón, *Against Muerto Rico: Lessons from the Verano Boricua* (Cabo Rojo: Editora Educación Emergente, 2021) 14-15.

52. Joaquín Villanueva, Martín Cobián y Félix Rodríguez, «San Juan, the Fragile City: Finance Capital, Class, and the Making of Puerto Rico's Economic Crisis», *Antipode,* vol. 50, núm. 5 (2018) 1,419.

53. LeBrón, *Against Muerto Rico,* 17.

15. Memorias rotas e historias orientadas al futuro

1. Damaris Suárez, «Publicist Edwin Miranda Tried to Conceal his Propaganda Work, but Reports Say Otherwise», *Centro de Periodismo Investigativo,* 21 de enero de 2020: https://periodismoinvestigativo.com/2020/01/publicist-edwin-miranda-tried-to-conceal-his-propaganda-work-but-reports-say-otherwise/ (consultado el 31 de julio de 2023).

2. Página 868 del chat, al que puede accederse aquí: Luis J. Valentín Ortiz y Carla Minet, «The 889 Pages of the Telegram Chat Between Rosselló Nevares and His Closest Aides», *Centro de Periodismo Investigativo,* 13 de julio de 2019: https://periodismoinvestigativo.com/2019/07/the-889-pages-of-the-telegram-chat-between-rossello-nevares-and-his-closest-aides/ (consultado el 30 de julio de 2023).

3. Whalen, *From Puerto Rico to Philadelphia,* 137.

4. Donald Yacovone, *Teaching White Supremacy: America's Democratic Ordeal and the Forging of Our National Identity* (Nueva York: Pantheon Books, 2022); Carol Anderson, *White Rage: The Unspoken Truth of Our Racial Divide* (Nueva York: Bloomsbury, 2016); *Policing the Black Man: Arrest, Prosecution, and Imprisonment,* Angela J. Davis, ed. (Nueva York: Pantheon Books, 2017); Keeanga-Yamatha Taylor, *From #BlackLivesMatter to Black Liberation* (Chicago: Haymarket Books, 2016).

5. Jennifer Hinojosa, Edwin Meléndez y Kathya Severino Pietri, *Population Decline and School Closure in Puerto Rico,* Centro (mayo de 2019) 5. [Traducción Lauzardo Ugarte]

6. World Population Review: https://worldpopulationreview.com/states/puerto-rico-population (consultado el 31 de julio de 2023).

7. Nellie Bowles, «Making a Crypto Utopia in Puerto Rico», *The New York Times,* 2 de febrero de 2018: https://www.nytimes.com/2018/02/02/technology/cryptocurrency-puerto-rico.html (consultado el 31 de julio de 2023). [Traducción Lauzardo Ugarte]

8. Naomi Klein, *La batalla por el paraíso: Puerto Rico y el capitalismo del desastre.* Traducción de Teresa Córdova (Chicago: Haymarket Books, 2018) 20.

9. Bowles, «Making a Crypto Utopia in Puerto Rico».

10. Jillian Crandall, «Blockchains and the "Chains of Empire": Contextualizing Blockchain, Cryptocurrency, and Neoliberalism in Puerto Rico», *Design and Culture: The Journal of the Design Studies Forum* vol. 11, núm. 3 (2019) 287.

11. Crandall, «Blockchains and the "Chains of Empire"», 286.

12. Crandall, «Blockchains and the "Chains of Empire"», 283.

13. José Atiles, «The Paradise Performs: Blockchain, Cryptocurrencies, and the Puerto Rican Tax Haven», manuscrito inédito.

14. Atiles, «The Paradise Performs». [Traducción Lauzardo Ugarte]

15. Coral Murphy Marcos y Patricia Mazzei, «The Rush for a Slice of Paradise in Puerto Rico», *The New York Times,* 31 de enero de 2022: https://www.nytimes.com/2022/01/31/us/puerto-rico-gentrification.html (consultado el 31 de julio de 2023). [Traducción Lauzardo Ugarte]

16. José Orlando Delgado Rivera, «Identifican sobre 22,000 habitaciones de alquileres a corto plazo en Puerto Rico», *El Nuevo Día,* 23 de abril de 2022: https://www.elnuevodia.com/negocios/turismo/notas/estudio-revela-la-existencia-de-sobre-22000-habitaciones-de-alquileres-a-corto-plazo-en-puerto-rico/ (consultado el 31 de julio de 2023).

17. Discover Puerto Rico, «Annual Report, 2020-2021», 33 https://www.discoverpuertorico.com/media/589356 (consultado el 31 de julio de 2023).

18. «Puerto Rico superará a la economía en general en los próximos 10 años», *Compañía de Turismo de Puerto Rico,* 14 de junio de 2022: https://prtourism.com/2022/06/14/pronostican-que-el-sector-de-viajes-y-turismo-en-puerto-rico-superara-a-la-economia-en-general-en-los-proximos-10-anos-2/#:~:text=Antes%20de%20la%20pandemia%2C%20la,represent%C3%B3%20una%20p%C3%A9rdida%20del%2038,6%20%25 (consultado el 31 de julio de 2023).

19. Atiles, «The Paradise Performs».

20. Jennifer A. Marcial Cancel, «Gobernadora de Puerto Rico pide restringir espacio aéreo y uso de aeropuertos», *Orlando Sentinel,* 18 de marzo de 2020: https://www.orlandosentinel.com/elsentinel/os-es-gobierno-puerto-rico-pide-cerrar-aeropuertos-20200318-swuzchrs6vggpngqrujesffi6m-story.html (consultado el 31 de julio de 2023).

21. «Puerto Rico registra año récord en turismo», *EFE: Agencia EFE,* 27 de septiembre de 2021: http://web.archive.org/web/20210927210518/https://www.efe.com/efe/america/economia/puerto-rico-registra-ano-record-en-turismo/20000011-4639343 (consultado el 7 de septiembre de 2023)

22. Yarimar Bonilla, «Las turistas "aterradoras"», *El Nuevo Día,* 19 de marzo de 2021: https://www.elnuevodia.com/opinion/punto-de-vista/las-turistas-aterradoras/ (consultado el 31 de julio de 2023). Énfasis de la autora.

23. Comisión Estatal de Elecciones del Estado Libre Asociado de Puerto Rico, *Informe Estadístico: Elecciones generales, 5 de noviembre de 2000,* 1: https://ww2.ceepur.org/sites/ComisionEE/es-pr/Informe%20Estadstico/ESTADISTICAS%20DE%20LAS%20ELECCIONES%20 2000.pdf (consultado el 31 de julio de 2023); Comisión Estatal de Elecciones de Puerto Rico, «Restulados Isla: Gobernador», https://elecciones2020.ceepur.org/Escrutinio_General_93/index.html#es/default/GOBERNADOR_Resumen.xml (consultado el 31 de julio de 2023).

24. Comisión Estatal de Elecciones del Estado Libre Asociado de Puerto Rico, «Resultados Isla: Gobernador», http://168.62.166.179/EG2012/REYDI_Escrutinio/index.html#es/default/GOBERNADOR_ISLA.xml (consultado el 31 de julio de 2023).

25. Matthew Goldstein, «Judge in Puerto Rico"s Debt Lawsuit Handled Major Financial Crises», *The New York Times,* 5 de mayo de 2017: https://www.nytimes.com/2017/05/05/business/dealbook/judge-puerto-rico-case.html (consultado el 31 de julio de 2023).

26. Michelle Kaske, «Puerto Rico"s Bankruptcy is Ending, What Comes Next?», *The Washington Post,* 29 de enero de 2022: https://www.washingtonpost.com/business/puerto-ricos-bankruptcy-is-ending-what-comes-next/2022/01/26/44215fa6-7ea0-11ec-8cc8-b696564ba796_story.html (consultado el 31 de julio de 2023).

27. Natalie Jaresko y David Skeel, «Getting Puerto Rico"s Financial House in Order: The Territory's Crushing Debt Load Has Been Lifted», *The Wall Street Journal,* 24 de enero de 2022: https://global-factiva-com.ezproxy.library.wisc.edu/redir/default.aspx?P=sa&an=WSJO000020220124ei1o00691&cat=a&ep=ASE (consultado el 8 de agosto de 2022).

28. «Gobernadores, legisladores, secretarios y alcaldes: Wanda Vázquez se une a la larga lista de funcionarios acusados por fraude y corrupción desde 2020», *Univisión,* 4 de agosto de 2022: https://www.univision.com/local/puerto-rico-wlii/corrupcion-puerto-rico-legisladores-secretarios-alcaldes-ppd-pnp-fotos (consultado el 31 de julio de 2023).

29. José Atiles, Gustavo A. García López y Joaquín Villanueva, «Beyond Corruption and Anti-corruption Narratives: Introducing A Critical Research Agenda for Puerto Rican Studies», *Centro Journal,* vol. 34, núm. 2 (verano de 2022) 13-14. [Traducción Lauzardo Ugarte]

30. Véase Villanueva, «The Criollo Bloc», 13-14.

31. Gustavo J. Bobonis, Luis Raúl Cámara Fuertes, Harold J. Toro y Julie Wilson, «Development and Decay: Political Organization and Municipal Corruption in Puerto Rico, 1952-2015», *Revista Centro,* vol. 34, núm. 2 (verano de 2022) 281. [Traducción Lauzardo Ugarte]

32. Atiles García López y Villanueva, «Beyond Corruption», 18. [Traducción Lauzardo Ugarte]

33. José Atiles, «From Anti-Corruption to Decolonial Justice: A Sociolegal Analysis of the Puerto Rican Summer of 2019», *Revista Centro,* vol. 34, núm. 2 (verano de 2022) 353-380.

34. Alex Figueroa Cancel, «Autoridades confirman que manifestante fue herido con una bala viva en Aguadilla», *El Nuevo Día,* 31 de enero de 2023: https://www.elnuevodia.com/noticias/seguridad/notas/autoridades-confirman-que-manifestante-fue-herido-con-una-bala-viva-en-aguadilla/ (consultado el 1 de agosto de 2023).

35. «Hijo del Gobernador Pierluisi controla negocio AirBnb y alquileres», *En Blanco y Negro,* 8 de febrero de 2023: https://sandrarodriguezcotto.substack.com/p/hijo-del-gobernador-pierluisi-controla?sd=pf (consultado el 1 de agosto de 2023).

36. «Erradiquemos la violencia de la cotidianidad», *El Nuevo Día,* 27 de enero de 2023: https://www.elnuevodia.com/opinion/editorial/erradiquemos-la-violencia-de-la-cotidianidad/ (consultado el 1 de agosto de 2023).

37. «El apagón», pista 16 en *Un verano sin ti.* Universal Music Publishing Group, Warner Chappel Music, Inc. Bad Bunny. Compositores: Benito Antonio Martínez Ocasio, Hector L. Pagán, Joselly Rosario y Marco Daniel Borrero, 2022.

BIBLIOGRAFÍA TEMÁTICA ESCOGIDA

Historias Generales Puerto Rico

Ayala, César y Rafael Bernabe, *Puerto Rico en el siglo americano: su historia desde 1898*. Traducción de Aurora Lauzardo Ugarte. San Juan: Ediciones Callejón, 2011.

Bayrón Toro, Fernando. *Historia de las elecciones y los partidos políticos de Puerto Rico, 1809-2012*. San Juan: Publicaciones Gaviota, 2016.

Brau, Salvador. *Historia de Puerto Rico*. Río Piedras: Editorial Edil, 2000.

Cabrera, Gilberto R. *Puerto Rico y su historia íntima: 1500-1995*. 2 vols. San Juan: Academia Puertorriqueña de la Historia, 1997.

Díaz Quiñones, Arcadio. *La memoria rota: ensayos sobre cultura y política*. Río Piedras: Ediciones Huracán, 1993.

Díaz Soler, Luis M. *Puerto Rico desde sus orígenes hasta el cese de la dominación española* Río Piedras: Editorial de la Universidad de Puerto Rico, 1994.

Dietz, James L. *Historia económica de Puerto Rico*. Traducción de Yvette Torres Rivera. Río Piedras: Ediciones Huracán, 1989.

Duany, Jorge. *Puerto Rico: What Everyone Needs to Know*. Oxford: Oxford University Press, 2017.

———. *The Puerto Rican Nation on the Move: Identities on the Island and in the United States*. Chapel Hill: University of North Carolina Press, 2002.

Jiménez de Wagenheim, Olga. *Puerto Rico: An Interpretive History from Pre-Columbian times to 1900*. Princeton: Markus Wiener Publishers, 2006.

Morales Carrión, Arturo. *Historia del pueblo de Puerto Rico*. San Juan: Editorial Cordillera, Inc., 1983.

Silén, Juan Ángel. *Historia de la nación puertorriqueña*. Río Piedras: Editorial Edil, 1980.

Silvestrini, Blanca G. y María Dolores Loque de Sánchez. *Historia de Puerto Rico: trayectoria de un pueblo*. San Juan: Ediciones Cultural Panamericana, 1992.

Teresa Whalen, Carmen y Víctor Vázquez-Hernández, eds. *The Puerto Rican Diaspora: Historical Perspectives*. Filadelfia: Temple University Press, 2005.

Trías Monge, José. *Puerto Rico: las penas de la colonia más antigua del mundo*. San Juan: La Editorial, UPR, 1999.

Sociedades precolombinas

Altman, Ida. *Life and Society in the Early Spanish Caribbean: The Greater Antilles, 1493-1550*. Baton Rouge: Luisiana University Press, 2021.

Chanlatte Bail, Luis A. *Proceso y desarrollo de los primeros pobladores de Puerto Rico y las Antillas*. San Juan: s.e., 1986.

Gómez, Labor y Manuel Ballesteros Gabrois. *Culturas indígenas de Puerto Rico*. Río Piedras: Editorial Cultural, 1978.

Moscoso, Francisco. *Sociedad y economía de los taínos*. Río Piedras: Editorial Edil, 2003.

Oliver, José R. *Caciques and Cemi Idols: The Web Spun by Taino Rulers Between Hispaniola and Puerto Rico*. Tuscaloosa: University of Alabama Press, 2009.

Robiou Lamarche, Sebastián. *Taínos y caribes: las culturas aborígenes antillanas. San Juan: Editorial Punto y Coma, 2019.*

Rouse, Irving. *The Tainos: Rise and Decline of the People Who Greeted Columbus*. New Haven: Yale University Press, 1992.

Sued Badillo, Jalil. *Agüeybaná el Bravo*. San Juan: Ediciones Puerto, 2008.

———. *Caribe taíno: ensayos históricos sobre el siglo XVI*. San Juan: Editorial Luscinia C.E., 2020.

———. *La mujer indígena y su sociedad*. Río Piedras: Editorial Cultural, 2010.

Periodo colonial temprano (1508-1800)

Delgado Negrón, Juan Alberto. *La visión y misión evangelizadora del obispo Alonso Manso en Las Américas*. Lajas: Centro de Estudios e Investigaciones del Sur Oeste, 2020.

Díaz Soler, Luis M. *Historia de la esclavitud negra en Puerto Rico*. Río Piedras: Editorial de la Universidad de Puerto Rico, 1981.

Gelpí Báez, Elsa. *Siglo en blanco: estudio de la economía azucarera en Puerto Rico, siglo XVI*. Río Piedras: Editorial de la Universidad de Puerto Rico, 2000.

López Cantos, Ángel. *Los puertorriqueños: mentalidad y actitudes. Siglo XVIII*. San Juan: Ediciones Puerto, 2001.

———. *Mi tío, Miguel Enríquez*. San Juan: Ediciones Puerto, 2006.

———. *Miguel Enríquez*. San Juan: Ediciones Puerto, 1998.

Morales Carrión, Arturo. *Puerto Rico y la lucha por la hegemonía en el Caribe*. Río Piedras: Editorial de la Universidad de Puerto Rico, 2003.

Moscoso, Francisco. *Agricultura y sociedad en Puerto Rico, siglos 16 al 18*. San Juan: Instituto de Cultura Puertorriqueña, 2001.

———. *El hato: latifundio ganadero y mercantilismo en Puerto Rico, siglos 16 al 18*. San Juan: Publicaciones Gaviota, 2020.

———. *Fundación de San Juan en 1522*. San Juan: Ediciones Laberinto, 2020.

Rodríguez López, Miguel. *El indio borincano y el rey emperador: un encuentro para la historia, 1528*. San Juan: Editorial EDP, 2021.

Sued Badillo, Jalil y Ángel López Cantos. *Puerto Rico negro*. Río Piedras: Editorial Cultural, 2007.

Tapia y Rivera, Alejandro. *Biblioteca histórica de Puerto Rico, que contiene varios documentos de los siglos XV, XVI, XVII y XVIII*. San Juan: Editorial Mundo Nuevo, 2010.

Taveras de León, José Aridio. *San Germán: comunidad, parroquia y misión, 1511-1556*. N.l.: edición del autor, 202.

Torres, Bibiano. *La isla de Puerto Rico*. San Juan: Instituto de Cultura Puertorriqueña, 1968.

Siglo XIX y principios del siglo XX

Altagracia Espada, Carlos. *La utopía del territorio perfectamente gobernado: miedo y poder en la época de Miguel de la Torre. Puerto Rico, 1822-1837*. S.l.: s.e., 2013.

Álvarez Curbelo, Silvia. *Un país del porvenir: el afán de modernidad en Puerto Rico, siglo XIX*. San Juan: Ediciones Callejón, 2005.

Baerga, María del Carmen. *Negociaciones de sangre: dinámicas racializantes en el Puerto Rico decimonónico*. Madrid: Iberoamericana Vevuert, 2015.

Baralt, Guillermo. *Esclavos rebeldes: conspiraciones y sublevaciones de esclavos en Puerto Rico, 1795-1873*. Río Piedras: Ediciones Huracán, 1981.

Cancel Sepúlveda, Mario R. *El laberinto de los indóciles: estudios sobre historiografía puertorriqueña del siglo 19*. Cabo Rojo: Editora Educación Emergente, 2021.

———. *Segundo Ruiz Belvis: el prócer y el ser humano*. Bayamón: Editorial Universidad de América, 1994.

Cruz Monclova, Lidio. *Historia de Puerto Rico, siglo XIX*. 3 vols. Río Piedras: Editorial Universitaria, 1971.

Findlay, Eileen. *Imposing Decency: The Politics of Sexuality and Race in Puerto Rico, 1870-1920*. Durham: Duke University Press, 1999.

Quintero Rivera, Ángel G. *Patricios y plebeyos: burgueses, hacendados, artesanos y obreros. Las relaciones de clase en el Puerto Rico de cambio de siglo*. Río Piedras: Ediciones Huracán, 1988.

Meléndez, Edgardo. *Patria: Puerto Rican Revolutionary Exiles in Late Nineteenth Century New York*. Nueva York: Centro Press, 2020.

Ojeda Reyes, Félix. *El desterrado de París: biografía del doctor Ramón Emeterio Betances*. San Juan: Ediciones Puerto, 2001.

Rodríguez Silva, Ileana. *Silencing Race: Disentangling Blackness, Colonialism, and National Identities in Puerto Rico*. Nueva York: Palgrave Macmillan, 2012.

El largo siglo XX (1898-2005)

Álvarez Curbelo, Silvia y Carmen I. Raffuci, eds. *Frente a la torre: ensayos del Centenario de la Universidad de Puerto Rico, 1903-2003*. Río Piedras: Editorial de la Universidad de Puerto Rico, 2005.

Ayala, César J. *American Sugar Kingdom: The Plantation Economy of the Spanish Caribbean, 1898-1934*. Chapel Hill: University of North Carolina Press, 1999.

Dávila, Arlene M. *Sponsored Identities: Cultural Politics in Puerto Rico*. Filadelfia: Temple University Press, 1997

Del Moral, Solsiree. *Negotiating Empire: The Cultural Politics of Schools in Puerto Rico, 1898-1952*. Madison: University of Wisconsin Press, 2013.

Erman, Sam. *Almost Citizens: Puerto Rico, the U.S. Constitution, and Empire*. Cambridge: Cambridge University Press, 2019.

García, Gervasio L. y Ángel G. Quintero Rivera. *Desafío y solidaridad: breve historia del movimiento obrero puertorriqueño*. Río Piedras: Ediciones Huracán, 1997.

García Muñiz, Humberto. *Sugar and Power in the Caribbean: The South Porto Rico Sugar Company in Puerto Rico and the Dominican Republic, 1900-1921*. Río Piedras: Editorial de la Universidad de Puerto Rico, 2010.

Hernández, Jesús Manuel. *Nilita Vientós Gastón y la legitimación de las disidencias políticas bajo su presidencia en el Ateneo Puertorriqueño, 1946-1961*. San Juan: Disonante, 2018.

Lugo del Toro, Kenneth. *Nacimiento y auge de la Confederación General de Trabajadores, 1940-1945*. San Juan: Universidad Interamericana de Puerto Rico, 2013.

Marsh Kennerly, Catherine. *Negociaciones culturales: los intelectuales y el proyecto pedagógico del estado muñocista*. San Juan: Ediciones Callejón, 2008.

McGreevey, Robert. *Borderline Citizens: The United States, Puerto Rico, and the Politics of Colonial Migration*. Ithaca: Cornell University Press, 2018.

Medina Báez, Bianca M. *Teresa Angleró Sepúlveda: primera organizadora de las trabajadoras de la industria de la aguja en Puerto Rico*. San Juan: Publicaciones Gaviota, 2019.

Meléndez-Badillo, Jorell. *The Lettered Barriada: Workers, Archival Power, and the Politics of Knowledge in Puerto Rico*. Durham: Duke University Press, 2021.

Nazario Velasco, Rubén. *La historia de los derrotados: americanización y romanticismo en Puerto Rico, 1898-1917*. San Juan: Ediciones Laberinto, 2019.

Paralitici, Ché. *Historia de la lucha por la independencia de Puerto Rico: una lucha por la soberanía y la igualdad social bajo el dominio estadounidense*. Río Piedras: Publicaciones Gaviota, 2018.

Pérez Soler, Ángel. *Del Movimiento Pro Independencia al Partido Socialista Puertorriqueño: la transición de la lucha nacionalista a la lucha de los trabajadores: 1959-1971*. San Juan: Publicaciones Gaviota, 2018.

Suárez Findlay, Eileen J. *We Are Left Without a Father Here: Masculinity, Domesticity, and Migration in Postwar Puerto Rico*. Durham: Duke University Press, 2014.

Thompson, Lanny. *Imperial Archipelago: Representations and Rule in the Insular Territories under U.S. Dominion after 1898*. Honolulu: University of Hawaii Press, 2010.

La diáspora puertorriqueña

Acosta-Belén, Edna. *Puerto Ricans in the United States: A Contemporary Portrait*. 2ª ed. Colorado: Lynne Rienner Publishers, 2018.

Cruz, José E. *Liberalism and Identity Politics: Puerto Rican Community Organization and Collective Action in New York*. Nueva York: Centro Press, 2019.

Duany, Jorge. *The Puerto Rican Nation on the Move: Identities on the Island and in the United States*. Chapel Hill: University of North Carolina Press, 2002.

Fernández, Lillia. *Brown in the Windy City: Mexicans and Puerto Ricans in Postwar Chicago*. Chicago: The University of Chicago Press, 2002.

Fernández, Johanna. *The Young Lords: A Radical History*. Chapel Hill: University of North Carolina Press, 2020.

Fernández-Jones, Delia. *Making the MexiRican City: Migration, Placemaking, and Activism in Grand Rapids, Michigan*. Champaign: University of Illinois Press, 2023.

García Colón, Ismael. *Colonial Migrants at the Heart of Empire: Puerto Rican Workers on U.S. Farms*. Berkeley: University of California Press, 2020.

Glasser, Ruth. *My Music is My Flag: Puerto Rican Musicians and their New York Communities, 1917-1940*. Berkeley: University of California Press, 1995.

Hoffnung-Garskof, Jesse. *New York City and the Revolutionary Politics of the Spanish Caribbean*. Princeton: Princeton University Press, 2019.

La Fountain-Stokes, Lawrence. *Queer Ricans: Cultures and Sexualities in the Diaspora*. Mineápolis: University of Minnesota Press, 2009.

LeBrón, Marisol. *Policing Life and Death: Race, Violence, and Resistance in Puerto Rico*. Oakland: University of California Press, 2019.

Matos Rodríguez, Felix V. y Pedro Juan Hernández. *Pioneros: Puerto Ricans in New York City, 1896-1948*. Charleston: Arcadia Publishing, 2001.

Meléndez, Edgardo. *Sponsored Migration: The State and Puerto Rican Postwar Migration to the United States*. Columbus: The Ohio State University Press, 2017.

Pérez, Gina M. *The Near Northwest Side Story: Migration, Displacement, and Puerto Rican Families*. Berkeley: University of California Press, 2004.

Rosario Natal, Carmelo. *Éxodo puertorriqueño: las emigraciones al Caribe y Hawaii, 1900-1915*. San Juan: Editorial Edil, 2001.

Rúa, Mérida M. *A Grounded Identidad: Making New Lives in Chicago's Puerto Rican Neighborhoods*. Oxford: Oxford University Press, 2002.

Sánchez Korrol, Virginia. *From Colonia to Community: The History of Puerto Ricans in New York City*. Berkeley: University of California Press, 1994.

Teresa Whalen, Carmen. *From Puerto Rico to Philadelphia: Puerto Rican Workers and Postwar Economies*. Filadelfia: Temple University Press, 2001.

Thomas, Lorrin. *Puerto Rican Citizen: History and Political Identity in Twentieth-Century New York*. Chicago: The University of Chicago Press, 2010.

Valdés, Vanessa. *Diasporic Blackness: The Life and Times of Arturo Alfonso Schomburg*. Albany: State University of New York Press, 2017.

Velázquez, Mirelsie. *Puerto Rican Chicago: Schooling the City, 1940-1977*. Champaign: University of Illinois Press, 2022.

Velázquez, José E., Carmen V. Rivera y Andrés Torres. Editors. *Revolution Around the Corner: Voices from the Puerto Rican Socialist Party in the United States*. Filadelfia: Temple University Press, 2021.

El colapso (2005-2023)

Atiles, José. *Profanaciones del verano del 2019: Corrupción, frentes comunes y justicia decolonial*. Cabo Rojo: Editora Educación Emergente, 2020.

Bonilla, Yarimar y Marisol LeBrón. Editors. *Aftershocks of Disaster: Puerto Rico Before and After the Storm*. Chicago: Haymarket Books, 2019.

Deibert, Michael. *When the Sky Fell: Hurricane María and the United States in Puerto Rico*. Nueva York: Apollo Publishers, 2019.

Klein, Naomi. *La batalla por el paraíso: Puerto Rico y el capitalismo del desastre*. Traducción de Teresa Córdova. Chicago: Haymarket Books, 2018.

LeBrón, Marisol. *Against Muerto Rico: Lessons from the Verano Boricua*. Cabo Rojo: Editora Educación Emergente, 2021.

Llorens, Hilda. *Making Livable Worlds: Afro-Puerto Rican Women Building Environemtal Justice*. Seattle: University of Washington Press, 2021.

Powers Guimond, Christopher. *4645*. Cabo Rojo: Editora Educación Emergente, 2020.

Rodríguez Castro, Malena. *Poéticas de la devastación y la insurgencia: María y el Verano del 19*. Cabo Rojo: Editora Educación Emergente, 2022.

Serán dueñas de la tierra. Dirección de Juanma Pagán Teitelbaum. San Juan: Producciones Libélula, Inc, 2022.

Simulacros de liberación. Dirección de Juan C. Dávila Santiago. San Juan: República 21 Media, 2021.

Zambrana, Rocío. *Deudas coloniales: El caso de Puerto Rico.* Cabo Rojo: Editora Educación Emergente, 2022.

ÍNDICE ANALÍTICO

Nota: «PR» se refiere a Puerto Rico. Los números de página en cursiva indican las ilustraciones.